東海大学菅生高等学校

〈収録内容〉

便利な DL コンテンツは右の QR コードから

⇒ 

※データのダウンロードは 2025 年 3 月末日まで。
※データへのアクセスには、右記のパスワードの入力が必要となります。 ⇒ 211760

〈合格最低点〉

※学校からの合格最低点の発表はありません。

本書の特長

実戦力がつく入試過去問題集

▶ 問題 ……………… 実際の入試問題を見やすく再編集。
▶ 解答用紙 …… 実戦対応仕様で収録。
▶ 解答解説 …… 詳しくわかりやすい解説には、難易度の目安がわかる「基本・重要・やや難」の分類マークつき（下記参照）。各科末尾には合格へと導く「ワンポイントアドバイス」を配置。採点に便利な配点つき。

入試に役立つ分類マーク 

基本 確実な得点源！
受験生の90%以上が正解できるような基礎的、かつ平易な問題。
何度もくり返して学習し、ケアレスミスも防げるようにしておこう。

重要 受験生なら何としても正解したい！
入試では典型的な問題で、長年にわたり、多くの学校でよく出題される問題。
各単元の内容理解を深めるのにも役立てよう。

やや難 これが解ければ合格に近づく！
受験生にとっては、かなり手ごたえのある問題。
合格者の正解率が低い場合もあるので、あきらめずにじっくりと取り組んでみよう。

合格への対策、実力錬成のための内容が充実

▶ 各科目の出題傾向の分析、合否を分けた問題の確認で、入試対策を強化！
▶ その他、学校紹介、過去問の効果的な使い方など、学習意欲を高める要素が満載！

解答用紙ダウンロード 解答用紙はプリントアウトしてご利用いただけます。弊社ＨＰの商品詳細ページよりダウンロードしてください。トビラのＱＲコードからアクセス可。

見やすく読みまちがえにくいユニバーサルデザインフォントを採用しています。

東海大学菅生（すがお）高等学校

学習と部活動の両立による相乗効果で人間力を大きく高め大学に進学する

普通科
生徒数　1092名
〒197-0801
東京都あきる野市菅生1817
☎042-559-2200
八王子駅・八王子楢原　スクールバス
秋川駅・小作駅　バス10〜13分

URL	https://www.tokaisugao.ac.jp/

自立・自学・自生の教育で人間力を向上

緑豊かな西多摩の丘陵に東海大学の系列校として1983年に開校。世界観・歴史観・人生観を培い、正しいものの見方と考え方ができ、人間性が豊かで使命感を持ち社会に貢献できる人材の育成に努めている。自立・自学・自生の教育指針で文武両道に取り組む。

緑に囲まれた校舎と充実した施設

12万m²の校地は、自然に恵まれた丘陵地帯にある。全教室に冷暖房を完備し、3つのコンピュータ教室、図書室も充実している。メニューが豊富で340人を収容できる食堂もある。スポーツ施設には、野球・サッカー・ラグビー・ハンドボール・ソフトボールの専用グラウンド、テニスコート、武道館、弓道場、トレーニングハウス、2棟の体育館などがある。

大学進学のためのシステム

特進PBL・進学の2コースがある。どちらのカリキュラムも、入試だけでなく、大学入学後に要求される多面的なものの見方や論理的思考力を確実に身につけられるようにバランスよく編成され、進学コースでは全員ほぼ共通の教科を学び、3年次に必修選択科目を履修する。週6日制で修得単位数も多くなっている。

広い敷地に多彩な施設が並ぶ

1年次の数学・英会話は少人数の授業クラスで力を伸ばし、夏休みにはサマースクールを行い、基礎学力を確実に身につけている。毎朝20分間の朝学習があり、既習事項の定着と授業の集中力を高めるために課題学習や読書そして小テストにも取り組む。

学習をサポートするシステムとして、「自学館」がある。講習・学習相談・自習空間の3つの機能があり、朝は7時25分から、放課後は17時30分まで利用できる。さらにシラバスや、生徒が自分の学習を計画・実行・分析のサイクルで管理できる本校独自の「勉強簿」など、自学力を高めるツールが用意されている。

活発な部活動は全国レベル

部活動が非常に活発で、吹奏楽部・野球部・サッカー部・テニス部をはじめ文化部・運動部とも全国大会出場のクラブがたくさんある。文化祭・体育祭などの行事は、生徒会と委員会が中心になって進めていく。年間行事としては他にも、新入生宿泊研修や、夏休み集中講習（サマースクール）などがある。東海大学の付属高校が一堂に集う学園オリンピックは学校の枠にとどまらないスケールの大きな行事である。国際交流に力を入れており、オーストラリアとカナダの学校と提携を結び、語学研修、交換留学、ターム留学を設定している。また、近隣のアメリカンハイスクールとも交流を行っている。修学旅行は沖縄で、平和・環境・異文化理解をテーマに学習している。

[クラブ]　硬式野球(男)、バレーボール(男・女)、剣道、陸上競技、柔道、卓球（男・女)、テニス(男)、ラグビー、バドミントン（男・女)、サッカー(男)、スキー、ゴルフ、バスケットボール（男・女)、ソフトテニス、ハンドボール(男)、弓道、軟式野球(男)、ソフトボール(女)、ワンダーフォーゲル、ダンス、茶道、コンピュータ、家庭科、創作活動、吹奏楽、合唱、美術、EEC、自然科学、写真、軽音楽

自習・学習相談・講習を行う自学館

東海大へ付属推薦進学 難関大学進学も増加

ほとんどの生徒が進学希望で、90％以上の生徒が現役で進学している。併設の東海大学へは、希望者の約9割が付属推薦制度で進学している。他大学へは、東京学芸大、山梨大、電気通信大、横浜国立大、信州大、慶應義塾大、青山学院大、上智大、明治大、立教大、法政大、中央大、成蹊大、武蔵大、日本女子大、日本大など有名大学への進学も増加している。推薦型・総合型選抜入試の対策も積極的に行っている。

特待生制度と奨学金　特待生制度がある。特待生には3種類（スーパー、アドバンス、プライマリ）あり、第1回一般入試の成績優秀者の中から選考される。その他にも、一般奨学金、兄弟姉妹奨学金、卒業生の子女・弟妹のための奨学金など学園独自の制度が用意されている。

2025年度入試要項

試験日　1/22（推薦）　2/10（一般第1回）
2/11（一般第2回）
2/15（一般第3回）

試験科目　面接（A1推薦）
適性〈数・英〉+面接（A2・C推薦）
国・数・英＋面接（一般）

2024年度	募集定員	受験者数	合格者数	競争率
推薦	15/120	3/199	3/192	1.0/1.6
第1回	20/125	33/225	33/211	1.0/1.1
第2回		6/42	6/37	1.0/1.1
第3回		0/14	0/9	-/1.6

※人数はすべて特進PBLコース/進学コース

過去問の効果的な使い方

① **はじめに**　入学試験対策に的を絞った学習をする場合に効果的に活用したいのが「過去問」です。なぜならば，志望校別の出題傾向や出題構成，出題数などを知ることによって学習計画が立てやすくなるからです。入学試験に合格するという目的を達成するためには，各教科ともに「何を」「いつまでに」やるかを決めて計画的に学習することが必要です。目標を定めて効率よく学習を進めるために過去問を大いに活用してください。また，塾に通われていたり，家庭教師のもとで学習されていたりする場合は，それぞれのカリキュラムによって，どの段階で，どのように過去問を活用するのかが異なるので，その先生方の指示にしたがって「過去問」を活用してください。

② **目的**　過去問学習の目的は，言うまでもなく，志望校に合格することです。どのような分野の問題が出題されているか，どのレベルか，出題の数は多めか，といった概要をまず把握し，それを基に学習計画を立ててください。また，近年の出題傾向を把握することによって，入学試験に対する自分なりの感触をつかむこともできます。

過去問に取り組むことで，実際の試験をイメージすることもできます。制限時間内にどの程度までできるか，今の段階でどのくらいの得点を得られるかということも確かめられます。それによって必要な学習量も見えてきますし，過去問に取り組む体験は試験当日の緊張を和らげることにも役立つでしょう。

③ **開始時期**　過去問への取り組みは，全分野の学習に目安のつく時期，つまり，9月以降に始めるのが一般的です。しかし，全体的な傾向をつかみたい場合や，学習進度が早くて，夏前におおよその学習を終えている場合には，7月，8月頃から始めてもかまいません。もちろん，受験間際に模擬テストのつもりでやってみるのもよいでしょう。ただ，どの時期に行うにせよ，取り組むときには，集中的に徹底して取り組むようにしましょう。

④ **活用法**　各年度の入試問題を全問マスターしようと思う必要はありません。できる限り多くの問題にあたって自信をつけることは必要ですが，重要なのは，志望校に合格するためには，どの問題が解けなければいけないのかを知ることです。問題を制限時間内にやってみる。解答で答え合わせをしてみる。間違えたりできなかったりしたところについては，解説をじっくり読んでみる。そうすることによって，本校の入試問題に取り組むことが今の自分にとって適当かどうかが，はっきりします。出題傾向を研究し，合否のポイントとなる重要な部分を見極めて，入学試験に必要な力を効率よく身につけてください。

数学

各都道府県の公立高校の入学試験問題は，中学数学のすべての分野から幅広く出題されます。内容的にも，基本的・典型的なものから思考力・応用力を必要とするものまでバランスよく構成されています。私立・国立高校では，中学数学のすべての分野から出題されることには変わりはありませんが，出題形式，難易度などに差があり，また，年度によっての出題分野の偏りもあります。公立高校を含め，ほとんどの学校で，前半は広い範囲からの基本的な小問群，後半はあるテーマに沿っての数問の小問を集めた大問という形での出題となっています。

まずは，単年度の問題を制限時間内にやってみてください。その後で，解答の答え合わせ，解説での研究に時間をかけて取り組んでください。前半の小問群，後半の大問の一部を合わせて50%以上の正解が得られそうなら多年度のものにも順次挑戦してみるとよいでしょう。

英語

英語の志望校対策としては，まず志望校の出題形式をしっかり把握しておくことが重要です。英語の問題は，大きく分けて，リスニング，発音・アクセント，文法，読解，英作文の5種類に分けられます。リスニング問題の有無(出題されるならば，どのような形式で出題されるか)，発音・アクセント問題の形式，文法問題の形式(語句補充，語句整序，正誤問題など)，英作文の有無(出題されるならば，和文英訳か，条件作文か，自由作文か）など，細かく具体的につかみましょう。読解問題では，物語文，エッセイ，論理的な文章，会話文などのジャンルのほかに，文章の長さも知っておきましょう。また，読解問題でも，文法を問う問題が多いか，内容を問う問題が多く出題されるか，といった傾向をおさえておくことも重要です。志望校で出題される問題の形式に慣れておけば，本番ですんなり問題に対応することができますし，読解問題で出題される文章の内容や量をつかんでおけば，読解問題対策の勉強として，どのような読解問題を多くこなせばよいかの指針になります。

最後に，英語の入試問題では，なんと言っても読解問題でどれだけ得点できるかが最大のポイントとなります。初めて見る長い文章をすらすらと読み解くのはたいへんなことですが，そのような力を身につけるには，リスニングも含めて，総合的に英語に慣れていくことが必要です。「急がば回れ」ということわざの通り，志望校対策を進める一方で，英語という言語の基本的な学習を地道に続けることも忘れないでください。

国語

国語は，出題文の種類，解答形式をまず確認しましょう。論理的な文章と文学的な文章のどちらが中心となっているか，あるいは，どちらも同じ比重で出題されているか，韻文(和歌・短歌・俳句・詩・漢詩)は出題されているか，独立問題として古文の出題はあるか，といった，文章の種類を確認し，学習の方向性を決めましょう。また，解答形式は，記号選択のみか，記述解答はどの程度あるか，記述は書き抜き程度か，要約や説明はあるか，といった点を確認し，記述力重視の傾向にある場合は，文章力に磨きをかけることを意識するとよいでしょう。さらに，知識問題はどの程度出題されているか，語句(ことわざ・慣用句など)，文法，文学史など，特に出題頻度の高い分野はないか，といったことを確認しましょう。出題頻度の高い分野については，集中的に学習することが必要です。読解問題の出題傾向については，脱語補充問題が多い，書き抜きで解答する言い換えの問題が多い，自分の言葉で説明する問題が多い，選択肢がよく練られている，といった傾向を把握したうえで，これらを意識して取り組むと解答力を高めることができます。「漢字」「語句・文法」「文学史」「現代文の読解問題」「古文」「韻文」と，出題ジャンルを分類して取り組むとよいでしょう。毎年出題されているジャンルがあるとわかった場合は，必ず正解できる力をつけられるよう意識して取り組み，得点力を高めましょう。

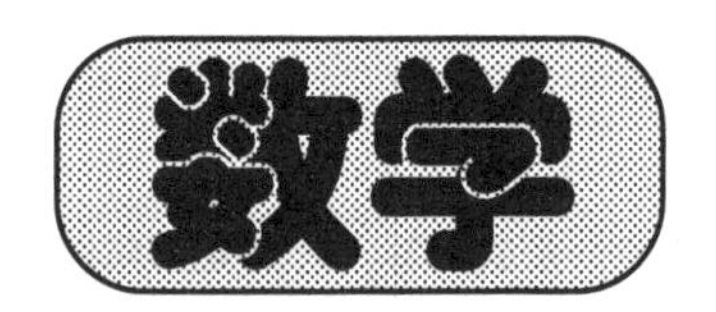

出題傾向の分析と合格への対策

●出題傾向と内容

本年度の出題数は，大問が5題，小問数にして18題であり，マークシート方式に変更になった。

出題内容は，1が正負の数，平方根，式の計算，方程式の利用，連立方程式の変形の小問群，2が式の値，確率，角度の小問群，3が図形と関数・グラフの融合問題，4が平面図形の計量問題，5が場合の数の問題であった。中学数学のあらゆる分野からまんべんなく出題されている。

レベルは標準的であり，大半は基本的な知識や考え方を問う問題なので，落ち着いて取り組めば十分に対応できる。1題1題ていねいにミスのないように解いていこう。

✔学習のポイント

教科書を中心に学習し，内容を十分理解した上で標準的な問題集に取り組もう。計算問題を速く正確に処理する能力も必要だ。

●2025年度の予想と対策

来年度も，量・難易度ともに大きく変わることはないだろう。中学数学全域にわたって出題されるので，不得意分野を残さないようにしっかりと基礎力を身につけておきたい。したがって，教科書を中心に基本事項を1つ1つ確認し，公式や定理を正確に使えるように，問題練習を重ねていくことが必要である。特に難問は出題されないと思われるので，標準的な問題集に集中的に取り組もう。

特に，図形の分野では，特別な直角三角形の性質を用いた問題がよく出題されるので，しっかり確認しておこう。

▼年度別出題内容分類表……

出題内容			2020年	2021年	2022年	2023年	2024年
数と式		数の性質	○	○		○	○
		数・式の計算	○	○	○	○	○
		因数分解	○	○	○	○	
		平方根	○	○	○	○	○
方程式・不等式		一次方程式	○	○	○		○
		二次方程式	○	○	○	○	
		不等式					
		方程式・不等式の応用			○		○
関数		一次関数	○	○	○	○	○
		二乗に比例する関数	○	○		○	○
		比例関数			○		
		関数とグラフ	○	○	○	○	○
		グラフの作成					
図形	平面図形	角度	○	○	○	○	○
		合同・相似		○		○	○
		三平方の定理	○			○	○
		円の性質		○	○	○	○
	空間図形	合同・相似			○		
		三平方の定理	○		○		
		切断					
	計量	長さ	○	○			○
		面積	○		○	○	○
		体積	○		○	○	
		証明					
		作図					
		動点					
統計		場合の数		○	○	○	○
		確率	○		○		○
		統計・標本調査					
融合問題		図形と関数・グラフ	○	○	○	○	○
		図形と確率	○				
		関数・グラフと確率					
		その他					
その他			○				

東海大学菅生高等学校

出題傾向の分析と合格への対策

●出題傾向と内容

本年度は語句補充，対話文完成，二文一致，語句整序，読解問題4題の計8題の出題で，難易度は昨年とほぼ同じくらいであった。解答形式はすべて記号選択であった。問題数が多いので，時間配分に注意する必要がある。

文法は中学の学習範囲の幅広い知識を問うものがほとんどであるが，難問はない。

長文読解は総合的な問題で，一部，難しい語句を含んでいる。内容吟味は本文に合うものを全て選ぶ形式のため，ていねいに選択肢を読む必要がある。

全体としては標準レベルであるが，バリエーションに富んだ問題構成となっている。

✔学習のポイント

出題構成が変わる可能性があるので，いろいろな形式の問題に慣れるとともに，長文が4題出題されており，時間配分のコツも身につけておこう。

●2025年度の予想と対策

来年度も中学英語の基本的事項を幅広く出題するという傾向やレベルは変わらないと思われるが，出題形式は年により変更がある。

長文対策としては，比較的平易な英文を数多く読んで，細部まで正確に読み取る練習をすることだ。内容吟味問題や英文補充問題など，内容理解を問う問題を多くこなしておきたい。

文法問題対策としては，教科書に出てくる基本事項をしっかりと理解した上で標準的な問題集に取り組んでおくことだ。反復学習を十分に行って頻出のものは即答できるようにしよう。

また，基本的な口語表現，慣用表現も教材を利用して正確に覚えること。

▼年度別出題内容分類表 ……

	出題内容	2020年	2021年	2022年	2023年	2024年
話し方・聞き方	単語の発音					
	アクセント					
	くぎり・強勢・抑揚					
	聞き取り・書き取り					
語い	単語・熟語・慣用句		○		○	○
	同意語・反意語					
	同音異義語					
読解	英文和訳(記述・選択)					
	内容吟味	○	○	○	○	○
	要旨把握	○	○	○	○	○
	語句解釈					
	語句補充・選択	○	○	○	○	○
	段落・文整序					
	指示語				○	○
	会話文	○	○	○	○	
文法・作文	和文英訳					
	語句補充・選択	○	○	○	○	○
	語句整序	○	○	○	○	○
	正誤問題					
	言い換え・書き換え	○	○	○	○	
	英問英答	○	○	○		○
	自由・条件英作文					
文法事項	間接疑問文	○	○	○	○	○
	進行形			○		○
	助動詞	○	○	○	○	○
	付加疑問文					
	感嘆文					
	不定詞	○	○	○	○	○
	分詞・動名詞	○	○	○	○	○
	比較	○	○	○	○	○
	受動態	○	○	○	○	○
	現在完了	○		○	○	○
	前置詞	○			○	○
	接続詞		○		○	○
	関係代名詞	○		○	○	○

東海大学菅生高等学校

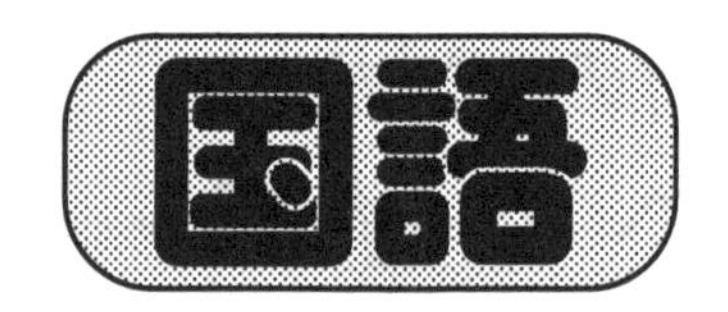

出題傾向の分析と合格への対策

●出題傾向と内容

知識の独立問題1題，現代文の読解問題2題，古文1題の，大問4題の構成であった。

知識問題は，漢字の読み書き，ことわざ・慣用句，文学史が問われた。

現代文は，論説文と物語文からの出題。ともに文脈把握の力が問われる内容で，言い換え表現を抜き出す設問や脱文・脱語補充の問題を通して，内容理解を問う内容であった。

古文は，文脈把握を問う設問が中心で，短い文章の内容をしっかりととらえる力が試された。

解答形式は，記号選択と記述の併用で，記述は抜き出しのみであった。

学習のポイント

読解問題は，言い換え表現をとらえる練習をしよう！　漢字，慣用句などの知識は，幅広い出題に備えよう！

●2025年度の予想と対策

来年度も同様の傾向が続くと予想される。文脈把握の設問の占める割合が多いので，読解力を十分に養っておきたい。論説文，小説，随筆など，できるだけ幅広く文章を読み，読解問題も数をこなしておくことが必要である。

毎年出題されている古文は，注釈の少ない文章から内容を把握できるように，基本的な語句と文法を習得して，古文の文章や表現に慣れておくことが肝要である。

漢字の読み書き，ことわざ・慣用句，文学史などの知識問題は幅広い出題に対応できるよう，標準的な問題をくり返し解いて，練習を積んでおこう。

▼年度別出題内容分類表 ……

		出題内容	2020年	2021年	2022年	2023年	2024年
内容の分類	読解	主題・表題	○	○			
		大意・要旨	○	○	○	○	○
		情景・心情		○	○	○	○
		内容吟味	○	○	○	○	○
		文脈把握	○	○	○	○	○
		段落・文章構成		○			
		指示語の問題			○		○
		接続語の問題		○	○	○	○
		脱文・脱語補充	○	○	○	○	○
	漢字・語句	漢字の読み書き	○		○	○	○
		筆順・画数・部首		○			
		語句の意味	○				○
		同義語・対義語	○			○	
		熟語	○	○	○	○	○
		ことわざ・慣用句	○	○	○	○	○
	表現	短文作成					
		作文(自由・課題)					
		その他					
	文法	文と文節					
		品詞・用法		○			○
		仮名遣い					
		敬語・その他			○		
	古文の口語訳			○	○	○	○
	表現技法				○		○
	文学史		○	○	○	○	○
問題文の種類	散文	論説文・説明文	○		○	○	○
		記録文・報告文					
		小説・物語・伝記		○	○	○	○
		随筆・紀行・日記		○			
	韻文	詩					
		和歌(短歌)					
		俳句・川柳					
	古文		○	○	○	○	○
	漢文・漢詩						

東海大学菅生高等学校

2024年度 合否の鍵はこの問題だ!!

数学 ②(1), ③(3), ④, ⑤(1)

②(1)　aは整数部分，bは小数部分と言い換えられる。

③(3)　②　△OABと△ABCの面積の和と考えてもよい。

④　平行線と比の定理，相似形の面積比など，図形の定理や公式は十分に使いこなせるようにしておこう。

⑤(1)　まず目の数の組み合わせを考え，次にどのさいころになるかを考える。

◎図形や関数の大問では，各小問は関連しているので，ミスのないように解いていきたい。

英語 ⑤, ⑥, ⑧

⑤，⑥，⑧を取り上げる。本文に関する英問に対して，適切な応答文を選択する形式(全て4択)であるが，内容吟味や要旨把握の範疇に属する設問とも言える。合計で，14題で，計28点と高配点となっている。

設問自体は，本文中の該当箇所を見つけ出せば，すぐに解答がわかるものも少なくないが，一方で，複数箇所を確認しなければならないものや選択肢に紛らわしいものも含まれており，なおかつ，本文中に，注が付けられていない難しい語句も一部用いられている。

また，今年度は長文が4題も出題されており，他の文法問題も含めた全体の問題数も50題(各2点)と多く，長文を読み，問題を解くのには，ある程度のスピードが要求されることになる。

対策としては，読解に必要な基礎文法力と語彙力の育成に励み，長文に対するアレルギーをなくすために，それほど難しいものである必要はないので，長文読解問題の演習を通して，なるべく多くの長文に接するように心がけると良いだろう。

国語 二 問三

★なぜこの問題が合否を分けるのか

文章の中に技法を問う問題が出てくるため，覚えておくと文章も読みやすくなる。擬音語は，実際に出ている音を表現したもの。擬態語は様子を表現したものである。違いは，「音が実際に出ているかどうか」ということである。

★こう答えると合格できない

表現技法の意味がわからなければ，正答できない。

★これで合格！

表現技法を読み解くことで，筆者の伝えたいことをより深く理解することができる。表現技法の意味を覚えるようにまとめてみる。

2024年度

★★★★★★★★★★★★★★★★★★★★★★★

入　試　問　題

2024年度

東海大学菅生高等学校入試問題

【数　学】（50分）　＜満点：100点＞

【注意】 1．定規，コンパス，分度器を使用してはいけない。

2．各問題に対する解答方法

ア，イ，ウ，……の1つ1つには，それぞれ対応する1つの数（0～9），または−（負の記号）を，ア，イ，ウ，……で示される解答欄に順次マークすること。

分数形で解答が求められているときは，それ以上約分できない形で答えること。符号は分子につけ，分母につけてはいけない。

根号（$\sqrt{}$）の中はできるだけ小さい自然数にすること。例えば，$4\sqrt{2}$と答えるところを，$2\sqrt{8}$と答えてはいけない。

例　⑴　$\boxed{\text{アイ}}$ の答えが−1のとき

⑵　$\dfrac{\boxed{\text{ウエ}}}{\boxed{\text{オ}}}$ の答えが$\dfrac{-2}{3}$のとき

⑶　$\boxed{\text{カ}}\sqrt{\boxed{\text{キ}}}$ の答えが$4\sqrt{2}$のとき

1	解	答	欄													
	−	±	0	1	2	3	4	5	6	7	8	9	a	b	c	d
1ア	●	±	0	1	2	3	4	5	6	7	8	9	a	b	c	d
2イ	−	±	0	●	2	3	4	5	6	7	8	9	a	b	c	d
3ウ	●	±	0	1	2	3	4	5	6	7	8	9	a	b	c	d
4エ	−	±	0	1	●	3	4	5	6	7	8	9	a	b	c	d
5オ	−	±	0	1	2	●	4	5	6	7	8	9	a	b	c	d
6カ	−	±	0	1	2	3	●	5	6	7	8	9	a	b	c	d
7キ	−	±	0	1	●	3	4	5	6	7	8	9	a	b	c	d

1　次のア～クに対応する数（0～9），または−（負の記号）を，解答用紙の解答欄に順次マークしなさい。

⑴　$3-\left(-\dfrac{1}{2}\right)^2\div\dfrac{3}{4}\times27$を計算すると $\boxed{\text{アイ}}$

⑵　$(\sqrt{6}+1)^2-(\sqrt{3}+\sqrt{2})^2$を計算すると $\boxed{\text{ウ}}$

⑶　$(2x+1)^2-(2x+3)(2x-1)$ を計算すると $\boxed{\text{エ}}$

⑷　ある正の数から3を引いて2乗すると，もとの数の4倍より20大きくなりました。もとの数は $\boxed{\text{オカ}}$ です。

⑸　連立方程式 $\begin{cases} y = \frac{1}{2}x - 1 \\ x + 2y = 6 \end{cases}$ を解くと，$x =$ キ ，$y =$ ク

※1の解答欄は，ケ～ホが空欄（マークしない）になります。

2　次のア～ケに対応する数（０～９），または－（負の記号）を，解答用紙の解答欄に順次マークしなさい。

⑴　$2+\sqrt{3}$を超えない最大の整数をaとします。$2+\sqrt{3}$からaを引いたものをbとするとき，ab^2の値は，アイ － ウ$\sqrt{\text{エ}}$ です。

⑵　$a+b=5$，$a^2-b^2=40$のとき，$a-b$の値は オ

⑶　１枚の硬貨を３回投げるとき，3回とも表が出る確率は $\frac{\text{カ}}{\text{キ}}$

⑷　下の図において，$\angle x$の大きさは クケ °

（ただし，点A，B，C，Dは円の周上にあるものとします。）

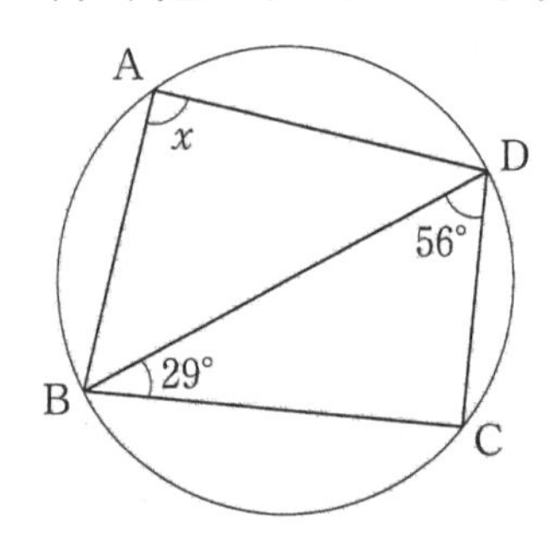

※2の解答欄は，コ～ホが空欄（マークしない）になります。

3　次のア～ケに対応する数（０～９），または－（負の記号）を，解答用紙の解答欄に順次マークしなさい。

次のページの図のように，放物線$y=ax^2$上に３点A，B，Cがあります。

点Aの座標が（－２，－２）であり，点Cのx座標が４です。また，直線ACとOBは平行です。このとき，

⑴　aの値は $\frac{\text{アイ}}{\text{ウ}}$ です。

⑵　点Bの座標は，（ エ ， オカ ）です。

⑶　直線ACとy軸との交点をDとします。

このとき，

①　四角形OADBの面積は， キ です。

②　四角形OACBの面積は， クケ です。

※3の解答欄は，コ～ホが空欄（マークしない）になります。

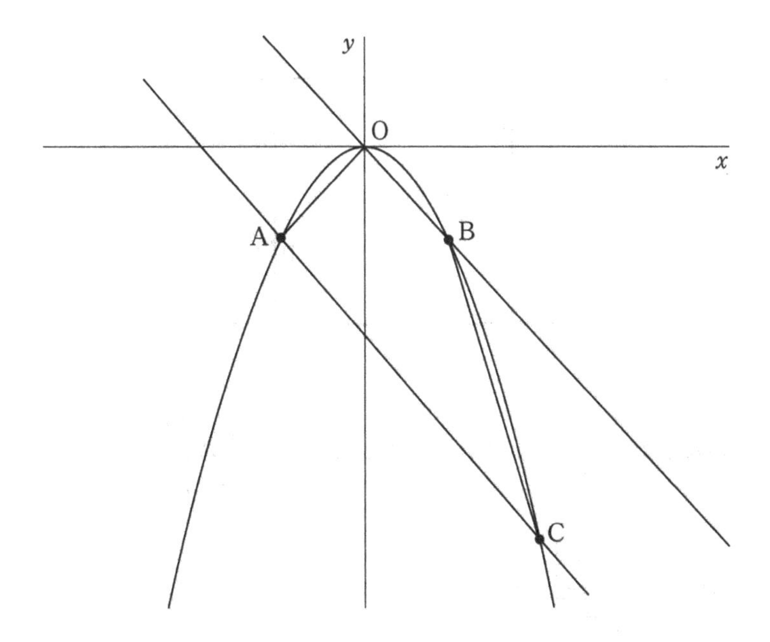

4 次のア～ケに対応する数（0～9），または－（負の記号）を，解答用紙の解答欄に順次マークしなさい。

下の図の3つの四角形ABGH，BCFG，CDEFは，すべて1辺の長さが1の正方形です。線分AEとGDの交点をPとします。また，AEと辺BG，CFの交点をそれぞれQ，R，GDと辺CFの交点をSとします。

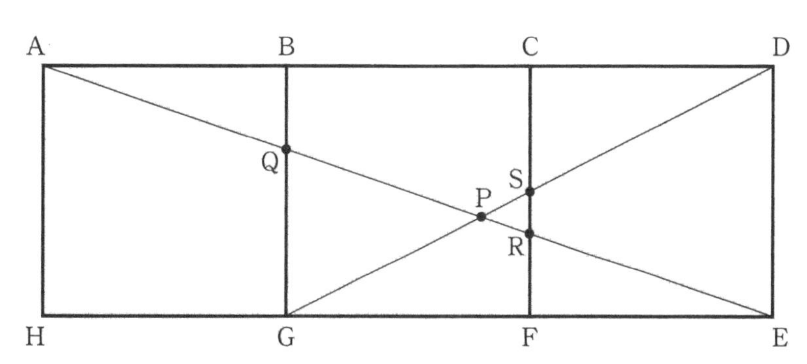

⑴ 線分GDの長さは$\sqrt{\boxed{ア}}$，線分GPの長さは$\dfrac{\boxed{イ}\sqrt{\boxed{ウ}}}{\boxed{エ}}$です。

⑵ 線分SRの長さは$\dfrac{\boxed{オ}}{\boxed{カ}}$です。

⑶ △PSRの面積は$\dfrac{\boxed{キ}}{\boxed{クケ}}$です。

※4の解答欄は，コ～ホが空欄（マークしない）になります。

5 次のア～オに対応する数（０～９），または－（負の記号）を，解答用紙の解答欄に順次マークしなさい。

大，中，小の３個のさいころを同時に投げるとき，

(1) 出た目の和が４になる場合は **ア** 通りで，出た目の和が９になる場合は **イウ** 通りです。

(2) 出た目の最大の値が３にしかならない場合は **エオ** 通りです。

※5の解答欄は，カ～ホが空欄（マークしない）になります。
また，6の解答欄は，すべて空欄になります。

【英　語】（50分）　＜満点：100点＞

1　（　）に入る最も適切なものを選びなさい。

1．I had a nice time with you. But I have to go now! I'm looking forward to (　　) you soon.
① see　② saw　③ seen　④ seeing

2．Angus (　　) have to wash his father's car tomorrow.
① mustn't　② hasn't　③ doesn't　④ can't

3．Amy has no parents. She (　　) up by her grandparents.
① brought　② was bringing　③ was brought　④ will bring

4．Hanna's aunt lives in Hawaii. But Hanna has never (　　) there.
① been　② gone　③ been to　④ gone to

5．This is a rare fish (　) in the river. Its name is "Ito" in Japanese.
① catch　② caught　③ catching　④ to catch

6．Today is my parents' wedding anniversary. I have a present for (　　).
① they　② their　③ them　④ theirs

7．My father (　　) come home early last night.
① don't　② doesn't　③ didn't　④ hasn't

8．My bike is (　　) than my mother's.
① new　② as new　③ newer　④ newest

9．New York is the city (　　) has a lot of high buildings.
① who　② which　③ where　④ whose

10．(　　) you a famous baseball player, Shohei?
① Do　② Did　③ Are　④ Was

11．Kotaro came to our home last year. He is (　　) dog.
① we　② our　③ us　④ ours

12．I live in Akiruno City. (　　) do you live, Courtney?
① What　② When　③ Where　④ How

13．I was so tired (　　) I studied all night.
① when　② while　③ because　④ before

2　次の各英文が日本語の意味を表すように，［　］内を並べかえた場合，（A）と（B）に入るものの組み合わせとして最も適切なものを選びなさい。文頭に来る語も小文字になっています。

14．彼は私が最も尊敬する人です。
He is [ア respect / イ the / ウ I / エ the person / オ most].
He is (　　)(　　)(A)(　　)(B).
① アーオ　② ウーオ　③ ウーイ　④ エーア

15．両親は私に幸せになってほしいと思っている。
My parents [ア me / イ happy / ウ want / エ be / オ to].

My parents (　　)(　A　)(　　)(　B　)(　　).

① アーイ　② イーオ　③ オーイ　④ アーエ

16. 今朝彼は朝食にパン２枚を食べました。

He [ア of / イ slices / ウ had / エ bread / オ two] this morning.

He (　　)(　A　)(　　)(　　)(　B　) this morning.

① エーア　② オーエ　③ エーオ　④ ウーエ

17. 昨夜，同じ野球の試合を見ていましたか。

[ア baseball game / イ the same / ウ you / エ watching / オ were] last night?

(　　)(　　)(　A　)(　　)(　B　) last night?

① オーア　② オーイ　③ エーア　④ イーエ

18. 私が帰ってくるまで，鞄を預かっていただけますか。

[ア you / イ could / ウ my bag / エ until / オ keep] I come back?

(　A　)(　　)(　　)(　　)(　B　) I come back?

① アーエ　② ウーオ　③ アーウ　④ イーエ

19. その知らせは私たちを悲しませました。

[ア made / イ news / ウ sad / エ the / オ us].

(　A　)(　　)(　　)(　　)(　B　).

① アーエ　② ウーオ　③ エーウ　④ イーエ

3 次の会話が成り立つように，(　)に入る最も適切なものを選びなさい。

20. A：Are you ready to go to school?

B：(　　) I'll catch up later.

① So am I.　② Please go ahead.

③ Right now.　④ I've already done.

21. A：Can you give me a ride to the station?

B：(　　) I'll be waiting for you in front of your house in 5 minutes.

① It'll be a pleasure.　② You're welcome.

③ Yes, I do.　④ Quite well.

22. A：You must study harder than before to pass the examination.

B：(　　) I'll do my best.

① In any time　② From now on

③ In the past　④ For instance

23. A：How is your food?

B：Well, everything is good, except for the soup.

A：Is it something wrong with it?

B：(　　)

① Yes.　It's too spicy.　② No.　It's my favorite.

③ Yes, of course.　④ OK, I'd like to order now.

24. A：Would you like to play tennis with me after school?
    B：Sorry, I can't. I have to go straight home to help my mother.
    A：(　　　)
    B：That'll be fine.
    ① How about tomorrow, then?　　② How come?
    ③ Why don't you go with me?　　④ Are you kidding?

4　ａとｂの２つの文がほぼ同じ意味になるように，(　)に入る最も適切なものを選びなさい。

25. a. The little boy can go to the station.
    b. The little boy knows (　　　) to go to the station.
    ① how　② way　③ why　④ what
26. a. Please call me back later.
    b. I want (　　　) call me back later.
    ① you　② to　③ to you　④ you to
27. a. It is necessary for her to speak English fluently.
    b. She (　　　) speak English fluently.
    ① will　② may　③ has to　④ can
28. a. I saw the movie last night. It was very interesting.
    b. The movie (　　　) saw last night was very interesting.
    ① which　② I　③ I was　④ that
29. a. The library is a place which we usually use to read books.
    b. The library is a place (　　　) for reading books.
    ① use　② is using　③ used　④ using
30. a. The winter in Tokyo is not as cold as that in Hokkaido,
    b. The winter in Hokkaido is (　　　) than that in Tokyo.
    ① hotter　② hottest　③ colder　④ coldest
31. a. May came to Akiruno two years ago. She lives here,
    b. May (　　　) in Akiruno for two years.
    ① lives　② lived　③ has lived　④ is living

5　次は高校１年生のヒロとオーストラリアの高校１年生マイクのメールのやり取りです。メールを読んで後の問いに答えなさい。

From: Mike
To: Hiro
Date: January 28, 2024 7:34

Subject: Surprise news!

Hi Hiro,

How are you? Is it cold in Japan? It's hot now in Australia!
By the way, I have big news! I,m coming to Japan from March 22nd to 29th. I'll visit Kyoto first and stay there for 3 days. I'll look around Kyoto and experience old traditional Japanese cities and temples. After that, I'll go to Tokyo and stay there for 5 days. Can we meet in Tokyo or can I visit your house and meet your family?
I want to decide the schedule in Tokyo after checking your answer. So please check your schedule and let me know it as soon as possible.

See you soon,
Mike

From: Hiro
To: Mike
Date: January 29, 2024 10:02

Subject: Visit us in March!

Hi Mike,
I'm really happy to hear the news! I can't believe it!!
When I visited Australia last August, you and your family hosted me very kindly. I had a great time!
So please come to my house and stay here with me. My house is in Tachikawa City. It takes 50 minutes by train from Tachikawa Station to Tokyo Station. It is a little bit far from the center of Tokyo, but Tachikawa is a very convenient city. There are a lot of nice shops and restaurants around the station. Anyway, please come to my house. Let's go around Tokyo together.
The schedule is nice too. I'll just be on spring break.
I'm looking forward to seeing you!

Hiro

From: Mike
To: Hiro
Date: January 29, 2024 14:45

Subject: Thanks!!!

Hi Hiro,
Thank you so much for letting me know your answer and your schedule. I'm glad to visit you and go around Tokyo with you. And also, I can meet your family.
I can't wait to experience real Japanese life. I learned Japanese and its life through anime such as "Kimetsu no Yaiba", "Dragon-Ball", and "Naruto". But I'm wondering if Japanese people wear kimono in their daily lives? In anime, many characters wear kimono, but when you came to Sydney, you didn't wear one at all. So, I want to know about real Japanese life and culture.
I have about two months until I go to Japan, so I will study Japanese more to talk with your family.
Please say thank you to your parents for me!

Your friend,
Mike

32. What will Mike do in Kyoto?
　① Do business.　② Study Japanese.
　③ Visit his friends.　④ Enjoy Japanese old town and temples.
33. What did Hiro write about in his mail?
　① Delicious food.　② His hometown.
　③ Kyoto sightseeing.　④ Hiro's trip to Tokyo.
34. How did Mike know about Japan?
　① He learned about Japan from Hiro.
　② He studied Japan by watching Japanese movies.
　③ He searched Japan on the Internet.
　④ He knew about Japan through Japanese anime.
35. Which is true from the e-mails above?
　① Mike will visit Kyoto and Nara first and then come to Tokyo.
　② Hiro and Mike stayed in Sydney together about five months ago.
　③ Tokyo Station is close to Tachikawa Station. It takes about 50 minutes by car.
　④ Mike is going to study hard to pass the examination in March.

6 次の英文は学校に新しくできるコースのポスターです。英文を読み各問いに答えなさい。この話はフィクションです。

Welcome to Our New Course!!

"Shizen Kyosei Course"

Tokai University Sugao High School is about to open a new course in 2025. The name is *Shizen Kyosei Course.* We already have three courses: *Igaku Nankan Course, Tokushin PBL Course* and *Shingaku Course.* *Shizen Kyosei Course* is our fourth course.

"*Shizen Kyosei*" means living together with nature. The goal of *Shizen Kyosei Course* is to feel nature in your school life. Do you like nature? Tokai University Sugao High School is in the middle of mountains and surrounded by forests. The students can see the green forests from every window.

There will be a subject called *Shizen* (nature) and in that class, students will study about a relationship with nature. Why do we need nature? How have humans lived with nature in history? These are important questions for us to ask ourselves in order to live happily on this earth.

The course includes three unique activities.

- Camping
  We will have a camp every month at school and students will stay one night in tents, cook by themselves, and learn how to use fire. They will be able to feel four seasons when they camp.
  - ✓ In spring, they will see a lot of colorful flowers.
  - ✓ In summer, they will smell the earth and hear sounds of insects.
  - ✓ In fall, mountains turn red.
  - ✓ In winter, they will see mountains covered with snow.
- Hiking
  Students will hike near the school regularly. They will climb mountains near the school three times a year. They will also visit shrines and temples and learn how Japanese religions are related to nature.
- Farming
  Students will grow a lot of vegetables and plants. They will have daily tasks to pull out weeds and clean fallen leaves. They will enjoy eating vegetables they grew at last.

Are you interested in *Shizen Kyosei Course*? If you enter this course, your school life will be very special and different from regular high school students. Please choose the *Shizen Kyosei Course.* Tokai University Sugao High School promises you will have a wonderful three years in nature. Let's get wild!

Contact us: Tokai University Sugao High School
1817 Sugao Akiruno City, Tokyo 197-0801

※ *Igaku Nankan Course* 医学難関コース　*Tokushin PBL Course* 特進PBLコース
Shingaku Course 進学コース　*Shizen Kyosei Course* 自然共生コース　religion 宗教

36. Which is the newest course in Tokai University Sugao High School?
① It is *Igaku Nankan Course.*
② It is *Tokushin PBL Course.*
③ It is *Shingaku Course.*
④ It is *Shizen Kyosei Course.*

37. Where is Tokai University Sugao High School?
① It is in the middle of a city.
② It is on the top of a mountain.
③ It is in the woods.
④ It is in the camp site.

38. What will you do, if you enter *Shizen Kyosei Course*?
① You will learn a relationship between human and animals.
② You will camp three times a year.
③ You will ski in winter.
④ You will plant a garden with vegetables.

39. What is the most important thing in *Shizen Kyosei Course*?
① To camp and hike with other course's students.
② To feel nature and to learn from nature.
③ To grow vegetables and to raise animals.
④ To enter Tokai University.

40. What is the main point of this poster?
① Introducing Tokai University Sugao High School.
② Explaining about four courses in Tokai Unversity Sugao High School.
③ Giving information of *Shizen Kyosei Course* at Tokai University Sugao High School.
④ Inviting to school information sessions of Tokai University Sugao High School.

7 次の英文は，ユリアさんが行った英語のスピーチ原稿です。原稿を読んで各問いに答えなさい。

Do you have any pets? I have two dogs. One is a Labrador Retriever and the other is a French Bulldog. I love dogs very much. So, I did some research on dogs for an English assignment. Have you ever heard of "domestic dogs?" It means pet dogs. It is said that there are 700 — 800 kinds of dogs in the world. Domestic dogs are clearly separated from wild dogs, such as coyotes and wolves. Domestic dogs are usually kept as pets. About one-third of the world's families have dogs, and (ア)they are the most popular pets.

Where did domestic dogs come from? It is believed that domestic dogs genetically changed from wild wolves about 15,000 to 30,000 years ago, but the fact is still a mystery. It probably follows its ancestors, the extinct Eurasian wolf. (イ)It is thought that it (many years / wolves / took / to become / for) domestic dogs. Perhaps the wolves came closer to humans. They also ate our food waste, for example. Or perhaps humans raised wolf babies and raised them to keep them as pets. In any case, wolves have got closer and closer to humans before finally coming to live with us. It is possible that humans and wolves developed a good relationship with each other over thousands of years.

As you know, there are many types of dogs that are very different from wolves in the wild. Each dog has a special role. Even domestic dogs have roles as herders, hunters, protectors, and as friends or family. Each type of dog has their own personalities of their breed. Working dogs have many roles, such as search and rescue to help the police, protecting people, finding disease, and being support for handicapped people. Many people know about guide dogs and service dogs. We cannot live without dogs.

Understanding the history of dogs themselves can help us make better relationships with dogs. Dogs shake their tails, bark, and smell around. It is based on the communication and survival instincts of wolves in the wild. If you have dogs in your family, please watch how they act and what they tell you. You may feel signs of the wolf in your dogs!

Thank you for listening!

※ genetically 遺伝子的に　ancestors 先祖　the extinct Eurasian wolf 絶滅したユーラシアオオカミ
herders 羊や牛の世話をするもの　breed 種族　survival instincts 生存本能

41. 次の英語の質問の答えとして適切なものを選びなさい。

What are "domestic dogs"?

① They are a kind of wolves in the wild.
② We know where they come from.
③ They live with human and work for them.
④ They are very different from pet dogs.

42. 下線部(ア)の指す内容を選びなさい。

① coyotes　② wolves　③ dogs　④ pets

43. 下線部(イ)を意味が通るように並べ替えるとき，(★) に入る語の組み合わせとして最も適切なものを選びなさい。

It is thought that it (many years / wolves / took / to become / for) domestic dogs.

It is thought that it (　　)(★)(　　)(　　)(★) domestic dogs.

① domestic dogs − wolves　② many years − to become

③ many years – for　　④ domestic dogs – for

44. 45. 本文の内容と合っているものを２つ選び，(44)と(45)にそれぞれ答えなさい（順不同）。

① Wolves became domestic dogs when humans caught and trained them in their houses.

② Domestic dogs have many roles according to their characters.

③ Domestic dogs are difficult to become friendly with wild coyotes and wolves.

④ Humans should understand dog's history to make good relationships with dogs.

46. ユリアさんのスピーチのタイトルとして適切なものを選びなさい。

① Dog History and Human History

② From Wolves to Pets: Dog Evolution

③ Wild Animals and Domestic Dogs

④ What Kind of Pets Do You Like?

8 留学生の Ossi 君がクラスメートの Ken と Aoi と話しています。会話を読んで各問いに答えなさい。

Ken : Hi, Ossi! Did you do your math homework?

Ossi : Yes, of course. That was not so difficult. How about you?

Ken : I did it a little, but it was hard for me. Can you teach me how to solve Question 3?

Ossi : OK, well... Do you have your math textbook?

Ken : No... I left it at home...

Aoi : Shall I lend you mine?

Ken : Thanks! My bag is full of textbooks and notebooks and it's always so heavy.

Ossi : In Finland, we don't have textbooks.

Ken : Why? Don't you study in Finland?

Ossi : No way! We use digital textbooks. We don't have any paper textbooks.

Ken : I see!

Aoi : You mean, your bag is not heavy in Finland. That's wonderful!

Ossi : That's right. I have learned many differences since I came to Japan. In Finland, parents don't need to pay any money for school.

Ken : Really? That is surprising, too.

Ossi : But the percentage of sales tax in Finland is fourteen percent more expensive than that in Japan. So, students can eat lunch for free, too.

Aoi : Unbelievable! I want to go to Finland!

Ossi : But we don't have club activities so much like Japanese schools.

Aoi : Then, when do you play sports or learn cultural things?

Ossi : We belong to clubs in our community. For example, Ice hockey, Volleyball, handicraft, and so on. You can do anything you want. Actually, I play ice hockey and I am good at it. Look at this picture. This is a picture of me playing ice hockey.

Aoi : You're cool!

Ossi : Thanks. In those clubs, there are many kinds of people there, such as business people, young kids, and old people.

Ken : It seems to be fun! You can make friends with people there.

Ossi : That's true, but I like Japanese style club activities. We can enjoy sports with students of the same age. We can share fun and hardships.

Ken : Indeed. I was a member of the baseball team. I have a lot of friends from the team and I could make lots of memories with them!

Aoi : Through the club activities, students can experience a lot. For me, I am a member of the English Club and Tea Ceremony Club. I can learn English and tea ceremony. I will have more chances to learn about other cultures through communicating with international students like you.

Ossi : That's for sure. I have also experienced a tea ceremony in Japan and learned that the tea ceremony can teach us Japanese politeness and caring for others.

Aoi : What kind of culture is Finland famous for?

Ossi : Well, how about the sauna? Finnish love the sauna. The Finnish sauna is good for health by warming up the cold body in the long winters and little sunlight in the northern European climate. Finnish saunas are not too hot, so we can stay in it for a long time and communicate with people in it.

Ken : The sauna is like Japanese Sento or Onsen. I want to try it someday when I visit Finland.

Aoi : Me too! By the way, I think you must do your math homework, don't you?

Ken : Oh shoot, I have almost forgotten about that.

Ossi : OK, let's begin! I can help you!

※ politeness 礼儀正しさ

47. According to the conversation, what is for free in Finland?
① Lunch at school. ② Breakfast at home.
③ Taxi ride for students. ④ Tax for young children and old people.

48. How much is the percentage of sales tax in Finland?
① 4% ② 14% ③ 24% ④ More than 25%

49. What kind of Japanese culture has Ossi tried before?
① Kabuki ② Sumo ③ Anime ④ Tea ceremony

50. What is **not** talked about the sauna in their conversation?
① The sauna is a national treasure in Finland.
② The sauna makes the body warm and good for communication.
③ The sauna is like the Japanese Sento and Onsen.
④ Ken and Aoi want to try a Finnish sauna in the future.

るままに、妻が※4あからさまに立ち出(い)でたるひまに、米を一(ひと)ほほうちくくみ食はんとするところに、妻帰りたりければ、恥づかしさに顔をうち赤らめて居たり。①ほおのはれて見えければ、「いかに」と問へども声もせず、いよいよ顔赤みければ、はれものの大事にて物も言はぬにやとて、驚きて、父母に「②かく」と言へば、父母来たり見て、「いかにいかに」と言ふ。③いよいよ色も赤くなるを見、隣の者集まりて、「聟殿のはれものの、※5大事におはすなる、あさまし」とて※6とぶらふ。さるほどに、医師(くすし)を呼ぶべきにて、藪医師(やぶくすし)の、近々にありけるを呼びて見すれば、④「ゆゆしき御大事のものなり。とくとく療治し参らせん」とて、火針を赤く焼きて、ほおを通したれば、⑤米のほろほろとこぼれにけり。

（『沙石集』）

（注）

※1　俗……出家をしていない人。

※2　聟……婿。

※3　なまこざかしくよしばみて……こなまいきに気取って。

※4　あからさまに……ちょっとの間。

※5　大事におはすなる……ひどくていらっしゃるとかいうのは。

※6　とぶらふ……見舞う。

問一　――線①「ほおのはれて見えければ」とあるが、なぜこうなったのでしょうか。選択肢より選び答えなさい。

ア　重い病気にかかりほおがはれてしまったから。

イ　医者に火で焼かれてはれあがってしまったから。

ウ　米をこっそり食べようとして口に含んだから。

エ　気取っているところを嫁に見られてしまったから。

問二　――線②「かく」の指示内容を本文中より十六字で探し、最初の五字を抜き出しなさい。

問三　――線③「いよいよ色も赤くなる」とあるが、なぜ赤くなったのでしょうか。選択肢より選び答えなさい。

ア　病気がますますひどくなったから。

イ　見られて恥ずかしく感じたから。

ウ　見世物にされて怒りを感じたから。

エ　火で熱せられてほてったから。

問四　――線④「『ゆゆしき御大事のものなり。とくとく療治し参らせん』」の発言者は誰でしょうか。選択肢より選び答えなさい。

ア　おろかなる俗　　イ　父母　　ウ　隣の者　　エ　藪医師

問五　――線⑤「米のほろほろとこぼれにけり」とあるが、何が起きたのでしょうか。選択肢より選び答えなさい。

ア　はれものを治療しようとして火針でほおを焼かれてできた穴から、口に入れていた米がこぼれてしまった。

イ　婿殿のはれものに詰まってしまっていた米を、医者の治療のおかげでなんとか取り出すことができた。

ウ　医師への支払いに使いたかった非常に大事な米が、針であけられた穴からこぼれ出てしまった。

エ　婿殿がしらをきる非常に見苦しい様子にあきれた医師が、思わず米をとりこぼしてしまった。

エ　今更はじめても、遅いのではないかと不安に駆られ歩みを止めてしまうこと。

問三　――線③「成功する秘訣は成功するまであきらめないことだ」とありますが、ガネーシャの助言として最も適切なものを以下より選び、記号で答えなさい。

ア　才能がないと判断したら早急に諦めて、他のやりたいことを探す必要があること。
イ　自分自身には才能があると信じ続け、自分にしかできない仕事を探し続けること。
ウ　人生は長いのだから、仕事に振り回されず自分だけのために生きることが大切であること。
エ　人生における幸せは、他人を喜ばせることにあり自己の幸せは追求すべきではないこと。

問四　――線④「自由に生きてえんやで」とありますが、ガネーシャが自由に生きて良いと言った理由として最も適切なものを以下より選び、記号で答えなさい。

ア　生き方はひとそれぞれ自分で選ぶものであり、幸せは自分が決めるものだから。
イ　趣味の時間は生きる上で必要不可欠であり、楽しみを優先することが最も大事だから。
ウ　仕事で成功することは努力が必要であり、苦しみを伴うものだから。
エ　収入を多く得たければ、自分自身の時間を犠牲にする必要があるから。

問五　――線⑤「成功したいです」とありますが、主人公が成功したい理由を本文中から二十七字で探し、その最初の五字を抜き出して答えなさい。

問六　――線⑥「感謝すること」とありますが、ガネーシャが助言する成功するための行動として最も適切なものを以下より選び、記号で答えなさい。

ア　他人の中に足りないものを見つけて愛を注ぐこと。
イ　周りの人間に対して反発しながら生きること。
ウ　人の意見に左右されずエゴイストに生きること。
エ　地位や名声を手に入れるために自分勝手になること。

問七　――線⑦「部屋全体から開こえてくるような」とありますが、ここで用いられている表現技法として最も適切なものを以下より選び、記号で答えなさい。

ア　倒置法　　イ　体言止め　　ウ　擬態法　　エ　直喩

問八　空欄⑧とありますが、共通する語を本文中から四字で探し、抜き出して答えなさい。

問九　次の一文を本文中に戻すとき、最も適切な場所を（ア）～（エ）の中から選び記号で答えなさい。

☆せっかく生まれてきたんだから、他の人はどうか知らないけど、僕は精いっぱい、自分の可能性を確かめてみたい。

四　次の文章に関するあとの問いに答えなさい。

昔、おろかなる俗[※1]ありて、人の聟(むこ)[※2]になりて往(ゆ)きぬ。さまざまもてなしけれども、なまこざかしくよしばみて[※3]、いと物も食はで、飢ゑて覚えけ僕は単なるきれいごとや、うさん臭いだけの説教だと思って耳を貸すことはしなかっただろう。
でも、今の僕には、ガネーシャの言う「感謝」の意味が、少しずつ理解できた。

［ガネーシャの課題］

毎日、感謝する

（水野敬也『夢をかなえるゾウ』）

（注）
※1　ガネーシャ……人間の身体とゾウの頭、四本の腕を持ったインドの神様。
※2　ニュートン……アイザック・ニュートン。イギリスの物理学者・数学者・天文学者。
※3　ビルゲイツ……世界最大のコンピュータ・ソフト会社マイクロソフトの創業者。
※4　コンセプト……広告や企画などを創作する際に基本とする考え方、構想。
※5　登竜門……出世や成功のための関門。
※6　コンペ……一定の課題を出して複数の設計者に競わせること。
※7　エゴイスト……他人を顧みず、自分だけの利益を追求する自己中心的な人。
※8　カーネギー……アンドリュー・カーネギー。鉄鋼王と呼ばれるアメリカの実業家。
※9　フォード……ヘンリー・フォード。アメリカの自動車王。
※10　ベル……アルベルト・アインシュタイン。理論物理学者。
※11　シャネル……ファッションブランド「CHANEL」を創業した、女性ファッションデザイナー。
※12　幸ちゃん……松下幸之助。松下電器産業（現・パナソニック）創業者。
※13　宗ちゃん……本田宗一郎・本田技研工業創業者。

問一　――線①「勝手な思い込み」とありますが、勝手に思い込んでいたものとして最も適切なものを以下より選び、記号で答えなさい。
ア　建築業界に入るためには、建築の論文などの執筆経験が条件であると決めつけていたこと。
イ　建築業界の募集人員が、自分が想像していたよりも圧倒的に少なかったということ。
ウ　建築業界に入るためには、資格や学校に行っていなければいけないと先入観をもっていたこと。
エ　建築業界に入るためには、自分自身の技術が平均的な水準よりも低かったということ。

問二　――線②「ある問題が生まれた」とありますが、その問題としてふさわしくないものを以下より選び、記号で答えなさい。
ア　建築業界を目指すにも関わらず自分には才能が無いのではないかと手が止まってしまうこと。
イ　他にもやるべきことがあるのではないかと集中できなくなってしまうこと。
ウ　会社の仕事はどうにでもなるかと責任放棄を思い浮かべてしまったこと。

ガネーシャは言った。

「『おおきに』や」

「おおきに……ですか？」

「そや。『おおきに』て⑥感謝することや」

そしてガネーシャはゆっくりとていねいに言葉をつなげた。

「自分も一度は言われたことあるやろ。子どものころ、親から、先生から、感謝しなさい、感謝しなさいて教えられたやろ。そのたんびに、反発したと思うんや。なんで感謝なんかせなあかんのや。みんな自分の欲に従うて、自分のために生きとる。わざわざ感謝する必要なんてあるんか。そう思たやろ。それは悪いことやない。自然なことや。ワシ、前に言うたやろ。人は自分勝手や。エゴイスト[※7]として生まれるんや。せやから、そういう教えに反発するのも自然なことなんやで。でも、自分が本当に満たされたい、豊かになりたい、欲しいものを手に入れたい、ずっとずっとそうしていきたい思たら、変わらなあかん。ええか？　自分の中に足りないと感じてることがあって、そこを何かで埋めようとするんやのうて、自分は充分に満たされている、自分は幸せやから、他人の中に足りないもんを見つけ、そこに愛を注いでやる。この状態になってこそ、自分が欲しいと思てた、お金や名声、それらのすべてが自然な形で手に入るんや。だってそやろ？　自分らは、お金も、名声も、地位も、名誉も、自分で手に入れる思てるかも分からんけど、ちゃうで。むしろ逆やで。お金は他人がお前にくれるもんやろ。名声は、他人がお前を認めたからくれるもんやろ。全部、他人がお前に与えてくれるもんなんや」

それは、ガネーシャの口から発せられている言葉なのだろうか。⑦部屋全体から聞こえてくるような声だった。あふれ出てくる言葉が僕を包みこんだ。

蛇口ひねったら【　⑧　】のように水が出て、

ボタン押すだけで【　⑧　】のように部屋が明るくなって、

どれだけ離れとっても、電話ひとつで【　⑧　】のように話ができる、

そんな世の中は自分らにとって当たり前やろうけど、でもな、そんな当たり前手に入れるために、エジソンもカーネギー[※8]もフォード[※9]もベル[※10]もシャネル[※11]も幸ちゃん[※12]も宗ちゃん[※13]も、昔の人ら、みんな頑張ってきたんやで。

今自分が座ってる椅子も、目の前にある机も、手にしてる紙も、天井にある電球も、当たり前のようにそこにあるけど、全部自分を幸せにするために存在してくれとるんやで。

身の回りにあるモノ、ともだちや、恋人、親、日々出会う人、動物、空気や水、緑、それもこれも全部、自分が生きるために存在してくれてるもんや。当たり前のようにそこにあるけど、ほんまは有難(ありがた)いものなんや。

朝起きた時でも、寝る前でも、いつでもええ。

親にでも、ともだちにでも、動物や植物にでも、モノにでもええ。

世界をかたちづくっている何にでもええから、感謝するんや。

足りてない自分の心を「ありがとう」て言葉で満たすんや。

ありがとう、ありがとう、みんなのおかげで私は満たされています。

幸せです。

そうやって感謝するんやで。

もし、ガネーシャが、僕と出会ったばかりの時にこの話をしていたら、

あきらめてもええんや」
「そ、そうなんですか？」
「あたりまえや。だって、自分がその作業に没頭しても、それを誰も喜ばんかったら、サービスになってへんから、自分、成功せえへんやん」
「確かに、そのとおりですね」
（　イ　）
「……でもな」
ガネーシャは真剣な声で言った。
「一つだけ、絶対にあきらめたらあかんことがある」
「それは何ですか？」
「『自分』や。自分には何か才能がある、自分にしかできない仕事がある、そのことに関してはあきらめたらあかん。見つかるまでそれを探し続けなあかん。自分自身に対してはあきらめたらあかん」
「はい」
「でもな、生き方は人それぞれや。別に、仕事は生活するための手段であって、趣味の時間がたくさん欲しいて人もおる。そら自由やで」
「じゃあ……別に努力しなくてもいいんですか？」
「あたりまえやん。生き方なんて自分で選ぶもんや。自分が幸せだと感じることができれば、それでええんや。誰も努力なんて強制してへんで。そもそも、やらなあかんことなんて存在せんのや」
「そ、そうなんですか」
「せや。自分が思てるより全然、自分は自由やで。④自由に生きてええんやで」
そのまましばらくの間ガネーシャは黙っていた。そして次にガネーシャの口から出たのは、今の僕に重くのしかかる言葉だった。
「でも、自分成功したいんやろ。成功したいからこうやって最後の課題に取り組んでんねやろ」
もう一度自分に問いかけてみた。
（　ウ　）
僕は本当に成功したいのだろうか？
確かにガネーシャの言う通り、生き方は自由だ。最低限の収入を得て、あとは好きなことやって幸せそうにしている人たちも知っている。世界中を旅しながら生活している人もいるだろう。
でも、僕は成功したいと思った。
それは、たぶん、大きな夢を持って、それに向かって生きるのが、楽しいからだ。お金持ちになったり、有名になったり、自分にしかできない大きな仕事ができたらって想像すると、やっぱりワクワクするし、おお！　って興奮するし、できることならずっとそんなことを考えて生きてたい。そして可能であればそれを現実にしてみたい。実現してしまったら、もしかしたらどうでもよくなるかもしれないけど、それでも、一度はそんな状態を味わってみたい。
（　エ　）
「⑤成功したいです」
僕は自分の言葉ではっきりとガネーシャに宣言した。
宙に浮かんだハゲヅラがゆっくりとうなずいた。
「それじゃ、これがホンマの最後になるけど、行こか」
《　中略　》
「それはやな……」

ア　日本の歴史を知ることで、日本という国の持つ特徴を知ることができ、日本という国を大事に思うことができるようになる。
イ　日本の歴史を知ることで、日本の文化について大事にすることができ、後の世代に伝える精神を培えるようになる。
ウ　日本の歴史を知ることで、日本特有の織物の重要さが理解でき、世界に誇れる日本の工芸品を大事に思えるようになる。
エ　日本の歴史を知ることで、日本語の変化は時代によって仕方がないことだと理解でき、英語の重要性がわかるようになる。

三　次の文章に関するあとの問いに答えなさい。

〔漠然と「成功したい」と夢見る主人公の前に現れたゾウの神様ガネーシャ[※1]。ニュートン[※2]やビルゲイツ[※3]を育ててきたというガネーシャから出される課題を毎日一つずつ実行する主人公。本文はガネーシャから成功するための最後の課題を描いた場面である。〕

最後の課題

建築に関する募集は、予想していたよりも、ずっとたくさんあった。都道府県が開催する建築賞やエコを重視した建築物のコンセプト[※4]設計、図面やデザインだけでなく建築の論文まで幅広く募集されていた。

また、僕のように、建築の仕事を志す人たちのための登竜門[※5]を謳ったインターネットのサイトには、建築コンペ[※6]の最新募集が並んでいて、早速「お気に入り」に登録した。

でも、一番の大きな発見は、「応募資格：このテーマに興味のある一般の方」

この表記が少なからずあったことだ。建築の募集なんて、当然、資格が必要だったり専門の学校に行っていなければダメだと思っていたのだけど、それは僕の①勝手な思い込みでしかなかった。また、募集の形態も、「企画書」や「イメージ図」「スケッチ」など様々で、すぐ作業にとりかかれるものも見つかった。

ほんのささいな行動でも、動けば必ず何か見つかる。

僕は、これらの募集の中から気に入ったものを選び、早速作業にとりかかった。

しかし、作業をはじめると、②ある問題が生まれた。集中しようとしても、不安が頭に浮かんできて、手が動かなくなってしまうのだ。

今さらはじめても、もう手遅れなんじゃないか？

他にやらなければならないことが山ほどあるんじゃないか？

会社の仕事は大丈夫なのだろうか？

そもそも、僕に建築の才能なんてあるのだろうか？

（　ア　）

それでも僕は（今は前に進むだけだ）と自分に言い聞かせ、根気よく手を動かし続けた。すると、少しずつ、少しずつ不安が消えていくのを感じた。気づいた時には、何時間も作業に没頭していた。

《　中略　》

「自分、こんな言葉聞いたことないか？『③成功する秘訣は成功するまであきらめないことだ』」

「はい。聞いたことはあります」

「でもな、あきらめてもええんやで。自分に向いてない分野や思たら、に住んでも、同じ織物しかないのです。ということは、異なる織物同士の間で競争したり、刺激しあったりすることがないということです。人は、努力をしなくなります。人類の文化そのものが痩せて廃れていきます。一元化の恐ろしいところです。【ウ】

人類の文化が発展するのは、さまざまな素材があり、その素材によって織り成される文化が違うからこそなのです。違う文化同士が接触し、互いに刺激しあい、総体として人間の文化が発展する。

日本語という素材を大切にし、いつくしむ心が、結局は人類を豊かにするわけです。国家主義ではありません。それぞれが自らの創意工夫を凝らしてつくりだした文化を大切にしあうことこそ、人類を救うと私は信じているのです。【エ】

日本語の歴史を知るということは、日本語の将来を考え、日本語によってつむぎ出された文化そのものを大事にし、後世に伝えていく精神を培っていくのに役立ちます。私たち人間は、よって立つところの母国語がなければ、文化をつむぎ出せないのです。

（山口仲美『日本語がなくなったら』）

問一　――線①「最近とくに、素材である日本語が注目を浴びています」とありますが、なぜでしょうか。その理由を二十二字で探し、最初と最後の五字を抜き出して答えなさい。

問二　――線②「ぬれ手で□」の空欄にあてはまる語として適切なものを選び、記号で答えなさい。

ア　くり　　イ　もち　　ウ　あわ　　エ　きび

問三　――線③「日本語には擬音語・擬態語が豊かに存在します」とありますが、擬音語・擬態語についての次の問いに答えなさい。

（1）次の空欄にあてはまる適切な語を選び、記号で答えなさい。

擬音語・擬態語をカタカナ語で表すと□である。

ア　レッテル　　イ　オノマトペ　　ウ　レトリック　　エ　メタファー

（2）――線④「『ジロリ』という□がうまく表現できないのです」の空欄には擬音語・擬態語のうちどちらがあてはまるか、答えなさい。

問四　次の一文を本文中に戻すとき、最も適切な場所はどこでしょうか。【ア】～【エ】の中から選び、記号で答えなさい。

☆そして、この認識を持っていれば、他民族に自国の言語を強要したりするようなおろかな真似（まね）をしないと信じているのです。

問五　本文中の空欄Ａ～Ｃにあてはまる言葉をそれぞれ選び、記号で答えなさい。

ア　ところで　　イ　ところが　　ウ　つまり　　エ　でも

問六　比喩についての次の各問いに答えなさい。

（1）本文中で「織物」とは何の比喩として用いられているでしょうか。適切な語を選び、記号で答えなさい。

ア　文化　　イ　言葉　　ウ　歴史　　エ　素材

（2）また、ここで用いられている比喩の技法として適切なものを選び、記号で答えなさい。

ア　直喩　　イ　隠喩　　ウ　擬人法

問七　――線Ａ「日本語の歴史を知ることには、どういう意味があるのでしょうか？」について、筆者の考えとして最も適切なものを選び、記号で答えなさい。

をあおっています。日本語をもっとしっかり教えなくては、という思いが、ナショナリズム的な昨今の風潮に後押しされて、前面に出てきている時期なのです。

テレビを見ても、日本語のクイズばやりです。つい最近も、スキー場で楽しむ若者たちにこんな穴埋めことばのクイズが出されていました。「ぬれ手で□」。若者は、「ぬれ手で洗濯」などと答えている。ぬれた手で洗濯するなという意味ではないかと言う。「ぬれ手で食うな」と答えた若者もいる。手を洗っても、ぬれたままで食べてはいけないという意味ではないかと当人は答える。「②ぬれ手で□」と正解を教えてもらっても、「□」を「くり」と読んで腑に落ちない顔をしている。

まさに、日本語の危機。そう思えます。こうして、日本語は注目され、今ブームになっているのです。

ところで、A日本語の歴史を知ることには、どういう意味があるのでしょうか？　日本語の将来は、日本語を話す人々すべての問題です。日本語を生かすも殺すも、日本語を話す人々の考え方にかかっています。敬語をどうするのか？　「言葉の乱れ」をどう考えるべきなのか？　これからの日本語をどういう方向に変えていくべきなのか？　日本語を使っている人々一人一人が、考えてみるべき問題です。これらの問題を正しく考えるためには、日本語の盛衰の歴史を知っておくことが必要です。

【ア】

あなたは、今話している日本語がなくなったらどうなるかという問題を考えてみたことがあるでしょうか？　たとえば、英語だけで用をたさなくてはいけない状態になったとしたら？　むろん、権力で強要されれば、長い時間をかけて、英語だけを話すようになるでしょう。［B］、英語という糸で織り成される文化は、日本語という糸でつむぎ出されていた織物とは全く異なっているのです。たとえば、③日本語には擬音語・擬態語が豊かに存在します。けれども、英語にはあまりありません。するとこんなことが起こります。

鳩子さんはそんな三好さんをジロリと流し見た。

（源氏鶏太『御苦労さん』）

これは、日本語の文です。これを英語で言おうとすると、④「ジロリ」という［　］がうまく表現できないのです。藤田孝・秋保慎一編『和英擬音語・擬態語翻訳辞典』（金星堂）では、この箇所をこう翻訳しています。

Hatoko cast a sharp side-long glance at him.

「鳩子は彼に鋭い横目を向けた」といった意味の英語になっています。これでは「ジロリ」の持っている、眼球を左から右へあるいは右から左へ移動する動きが、失われてしまいます。「ジロリ」は、単に「鋭い横目」という抽象的な言葉では表せないような、具体的で感覚的な意味を持つ言葉です。［C］、日本語で織り成されていた織物のもっていた独特の風合いがなくなってしまったのです。母国語を失うということは、物の考え方、感じ方を失うということ。大げさに言えば、具体的で感覚的な日本文化が消えているのです。もちろんそれでいいとおっしゃる方もいらっしゃるかもしれません。【イ】

そういう方は、是非とも次の問題も考えてみてください。世界中の言語がすべて英語だけに統一されてしまったとします。すると、どの地域からも英語という糸で織り成される織物しか出来てきません。それぞれの地域のもっていた独特の風合いが失われ、どの地域に行っても、どこ

【国語】（五〇分）〈満点：一〇〇点〉

【注意】すべての問題において、句読点・記号は1字と数えるものとする。

一 次の各問いに答えなさい。

問一 次の――線のカタカナを漢字に直しなさい。

1 全国大会でセキハイした。
2 家族旅行をマンキツする。
3 契約をテイケツする。
4 自己ギセイの精神。
5 資料をエツランする。

問二 次の――線の漢字の読みをひらがなで答えなさい。

1 花で食卓を彩る。
2 鮮やかな色彩。
3 見事な彫像を制作する。
4 貧しい人々を虐げる。
5 飽和状態の交通事情。

問三 次の問いに答えなさい。

1 次の空欄に当てはまる語として最も適切なものを選び記号で答えなさい。

難解な質問に対して［　］を濁す。

ア お水　イ お酒　ウ お湯　エ お茶

2 「物事を完成するときに付け加える肝心な部分のこと」を意味する四字熟語として最も適切なものを選び記号で答えなさい。

ア 付和雷同　イ 画竜点睛　ウ 臥薪嘗胆　エ 一触即発

3 次の三つの空欄に共通する漢字として最も適切なものを選び記号で答えなさい。

［　］声・［　］古・［　］似

ア 擬　イ 美　ウ 怒　エ 人

4 次の空欄に当てはまる語として最も適切なものを選び記号で答えなさい。

「現代は［　］を確立するのが難しい時代である。」

ア ジレンマ　イ エビデンス
ウ アイデンティティ　エ プライオリティ

5 「祇園精舎の鐘の声、諸行無常の響きあり。」で始まる作品の題名として最も適切なものを選び記号で答えなさい。

ア 落窪物語　イ 平家物語　ウ 枕草子　エ 更級日記

二 次の文章に関するあとの問いに答えなさい。

言葉そのものは、実に地味な存在。言葉によってつむぎ出された文学や思想は、人の注目を引きやすく、拍手喝采（はくしゅかっさい）を浴びることもあります。それに比べて、文学や思想を生み出した言葉そのものが派手派手しく脚光を浴びたりすることはありません。言葉は、織物を作り出すための糸に過ぎません。

［A］、①最近とくに、素材である日本語が注目を浴びています。なぜでしょうか？　素材である言葉が激しく変化している時期だからです。古い言葉や表現が急速に忘れられつつあります。日本の伝統的な言葉や表現が次々に失われているのです。それが、日本の年配者の危機感

大切なことはメモしておこうネ！

T.G

2024年度

解　答　と　解　説

《2024年度の配点は解答欄に掲載してあります。》

＜数学解答＞

1 (1) ア －　イ 6　(2) ウ 2　(3) エ 4　(4) オ 1　カ 1
(5) キ 4　ク 1

2 (1) ア 1　イ 2　ウ 6　エ 3　(2) オ 8　(3) カ 1　キ 8
(4) ク 8　ケ 5

3 (1) ア －　イ 1　ウ 2　(2) エ 2　オ －　カ 2　(3) ① キ 8
② ク 1　ケ 6

4 (1) ア 5　イ 2　ウ 5　エ 5　(2) オ 1　カ 6　(3) キ 1
ク 6　ケ 0

5 (1) ア 3　イ 2　ウ 5　(2) エ 1　オ 9

○推定配点○

1 各6点×5　2 各5点×4　3 各5点×4　4 各6点×3　5 各6点×2　計100点

＜数学解説＞

基本 **1** (正負の数，平方根，式の計算，方程式の利用，連立方程式)

(1) $3-\left(-\frac{1}{2}\right)^2\div\frac{3}{4}\times27=3-\frac{1}{4}\times\frac{4}{3}\times27=3-9=-6$

(2) $(\sqrt{6}+1)^2-(\sqrt{3}+\sqrt{2})^2=6+2\sqrt{6}+1-(3+2\sqrt{6}+2)=7-5=2$

(3) $(2x+1)^2-(2x+3)(2x-1)=4x^2+4x+1-(4x^2+4x-3)=1+3=4$

(4) ある正の数をxとすると，$(x-3)^2=4x+20$　$x^2-6x+9=4x+20$　$x^2-10x-11=0$　$(x-11)(x+1)=0$　$x>0$より，$x=11$

(5) $y=\frac{1}{2}x-1$…①，$x+2y=6$…②　①を②に代入して，$x+x-2=6$　$2x=8$　$x=4$　これを①に代入して，$y=2-1=1$

2 (数の性質，式の値，確率，角度)

重要 (1) $1<\sqrt{3}<2$　$3<2+\sqrt{3}<4$より，$a=3$　よって，$b=2+\sqrt{3}-3=\sqrt{3}-1$　$ab^2=3(\sqrt{3}-1)^2=3(3-2\sqrt{3}+1)=12-6\sqrt{3}$

(2) $a^2-b^2=(a+b)(a-b)$　よって，$40=5(a-b)$　$a-b=8$

(3) 硬貨の表裏の出方は全部で$2\times2\times2=8$(通り)　このうち，3回とも表が出るのは1通りだから，求める確率は，$\frac{1}{8}$

(4) $\angle BCD=180°-29°-56°=95°$　四角形ABCDは円に内接するから，$\angle x=180°-95°=85°$

3 (図形と関数・グラフの融合問題)

基本 (1) $A(-2,\ -2)$は$y=ax^2$上の点だから，$-2=a\times(-2)^2$　$a=-\frac{1}{2}$

基本 (2) $y=-\frac{1}{2}x^2$に$x=4$を代入して，$y=-\frac{1}{2}\times4^2=-8$　よって，$C(4,\ -8)$　直線ACの傾きは，$\frac{-8-(-2)}{4-(-2)}=-1$　AC//OBだから，直線OBの式は$y=-x$　$y=-\frac{1}{2}x^2$と$y=-x$からy

を消去して，$-\frac{1}{2}x^2=-x$　　$x^2-2x=0$　　$x(x-2)=0$　　$x=0$，2よって，B(2，−2)

基本 (3)　①　直線ACの式を$y=-x+b$とすると，点Aを通るから，$-2=2+b$　　$b=-4$　　よって，D(0，−4)　　OD⊥ABだから，四角形OADBの面積は，$\frac{1}{2}\times AB\times OD=\frac{1}{2}\times4\times4=8$

重要 ②　四角形OACBの面積は，四角形OADBと△BDCの面積の和に等しい。AC//OBだから，△BDC＝△ODC　　△ODCは底辺をODとすると，高さは点Cのx座標の絶対値に等しいから，その面積は，$\frac{1}{2}\times4\times4=8$　　よって，四角形OACBの面積は，8＋8＝16

重要 **4** **(平面図形の計量)**

(1)　$GD=\sqrt{GE^2+DE^2}=\sqrt{2^2+1^2}=\sqrt{5}$　　平行線と比の定理より，GP：PD＝GE：AD＝2：3だから，$GP=\frac{2}{2+3}GD=\frac{2\sqrt{5}}{5}$

(2)　SF：DE＝GF：GE＝1：2より，$SF=\frac{1}{2}DE=\frac{1}{2}$　　RF：AH＝EF：EH＝1：3より，$RF=\frac{1}{3}AH=\frac{1}{3}$　　よって，$SR=SF-RF=\frac{1}{2}-\frac{1}{3}=\frac{1}{6}$

(3)　平行線の同位角は等しいので，2組の角がそれぞれ等しく，△PSR∽△PDE　　相似比はSR：$DE=\frac{1}{6}$：1＝1：6だから，面積比は$1^2:6^2=1:36$　　△PDE：△GDE＝PD：GD＝3：5だから，$\triangle PDE=\frac{3}{5}\triangle GDE=\frac{3}{5}\times\frac{1}{2}\times2\times1=\frac{3}{5}$　　よって，$\triangle PSR=\frac{1}{36}\triangle PDE=\frac{1}{36}\times\frac{3}{5}=\frac{1}{60}$

重要 **5** **(場合の数)**

(1)　3つの数の和が4になる出た目の数の組み合わせは，(1，1，2)であるから，どのさいころの目が2になるかで3通りある。3つの数の和が9になる出た目の数の組み合わせは，(1，2，6)，(1，3，5)，(1，4，4)，(2，2，5)，(2，3，4)，(3，3，3)でそれぞれ6，6，3，3，6，1通りずつの出方があるので，全部で，6＋6＋3＋3＋6＋1＝25(通り)

(2)　最大値が3となるのは，3個のさいころの目が1，2，3のどれかの場合で，3×3×3＝27(通り)　最大値が2となるのは，3個のさいころの目が1または2の場合で，2×2×2＝8(通り)　　よって，求める場合の数は，27−8＝19(通り)

★ワンポイントアドバイス★

本年度から解答がマークシート方式となり，小問数が2問減ったが，出題傾向や難易度に変化はなく，取り組みやすい内容である。ミスのないように解いていこう。

＜英語解答＞

1　1 ④　2 ③　3 ③　4 ①　5 ②　6 ③　7 ③　8 ③　9 ②　10 ③　11 ②　12 ③　13 ③

2　14 ①　15 ④　16 ②　17 ③　18 ④　19 ③

3　20 ②　21 ①　22 ②　23 ①　24 ①

4　25 ①　26 ④　27 ③　28 ②　29 ③　30 ③　31 ③

5　32 ④　33 ②　34 ④　35 ②

6　36 ④　37 ③　38 ④　39 ②　40 ③

7　41 ③　42 ③　43 ②　44 ②[④]　45 ④[②]　46 ②

8　47 ①　48 ③　49 ④　50 ①

○配点○

各2点×50　　計100点

＜英語解説＞

重要 1 （語句補充・選択，語彙・単語・熟語・慣用句，分詞・動名詞，前置詞，助動詞，現在完了，受動態，関係代名詞，比較，接続詞）

1 「私はあなたと素敵な時間を過ごした。でも，今，行かなければならない。すぐにあなたと会えることを楽しみにしている」look forward to「～を楽しみにする[待つ]」to は前置詞であり，前置詞の後ろに動詞を持ってくるきには，動名詞[原形 ＋ ing]にする。よって，seeing が正しい。
2 「明日，アンガスは彼の父親の車を洗う必要はない」<have[has]＋ 不定詞[to ＋ 原形]>「～しなければならない，にちがいない」の否定形(ここでは doesn't have to wash)は，「～する必要がない」。<助動詞 ＋ 助動詞>は不可なので，mustn't「～してはいけない」／can't「できない」は誤り。hasn't の後ろに原形 have をもってくることはできない。<hasn't ＋ 過去分詞>ならば，現在完了の否定形。 3 「エイミーには両親がいない。彼女の祖父母によって育てられた」was brought up ← <be動詞 ＋ 過去分詞>受動態「～される」／bring up「～を育てる」 4 「ハナの叔母はハワイに住んでいる。でも，ハナはそこへ一度も行ったことがない」have[has]been to「～へ行ったことがある(経験)，へ行ってきたところだ(完了)」 現在完了の否定形 → <have[has]＋not[never]＋ 過去分詞> there「そこに[へ]」であり，to の意味を含んでいるので，been to は不可。to がない形の been が正解。<have gone to>「～へ行ってしまってここにいない」 5 「これは川で捕まえられた珍しい魚だ。その名前は日本語でイトウである」a rare fish caught in ～ ← <名詞 ＋ 過去分詞 ＋ 他の語句>「～された名詞」過去分詞の形容詞的用法。 6 「今日は私の両親の結婚記念日だ。彼らにプレゼントを用意してある」 <前置詞 ＋ 目的語>なので，目的格の them が正しい。 7 「私の父は昨晩早く帰宅しなかった」last night より時制は過去で，一般動詞 come の否定形なので，<didn't ＋原形>となる。 8 「私の自転車は母のものと比べてより新しい」<比較級 ＋ than ＋ A>「Aと比べてより～」new の比較級の newer が正解。 9「ニューヨークは多くの高層の建物を有する都市である」先行詞 the city は物で，空所には主格の関係代名詞を用いるところなので，whichが正しい。<先行詞(物)＋ 主格の関係代名詞 which／that ＋ 動詞>「動詞する先行詞」 a lot of「多くの～」 10 「ショウヘイ，あなたは有名な野球選手ですか」Shohei と呼びかけているので，時制は現在である。「あなたはCですか」という文は<Are you C?>で表す。 11 「コタロウは去年私達の家にやって来た。彼は私達の犬である」dog という名詞の前に空所があるので，所有格の our が正しい。 12 「私はあきる野市に住んでいる。どこにあなたは住んでいるか，コートニー」文脈より，場所を尋ねる表現を完成させればよいことは明らかである。従って，where が正しい。what「何」 when「いつ」 how「どのようにして」 13 「夜を通して勉強したので，私はとても疲れた」I studied all night は，I was so tired の理由を表しているので，空所には because が当てはまる。all night「夜通し」 so tired ←「それで，それほど，すごく，そのように」 when「～する時に」 while「～する間に，なのに[だが]」 before「～する以前に」

重要 2 （語句整序：関係代名詞，比較，不定詞，進行形，助動詞，接続詞）

14 (He is)the person I respect the most(.)the person と I の間に目的格の関係代名詞が省略。← <先行詞(＋ 目的格の関係代名詞)＋ 主語 ＋ 動詞>「主語が動詞する先行詞」 most「もっとも(多くの)」← many／much の最上級 ここでは副詞 much の最上級なので，the は省略可。
15 (My parents)want me to be happy(.)<want ＋ O ＋ 不定詞[to ＋ 原形]>「Oに～して欲しい」 <be動詞 ＋ happy>「幸せである，楽しい，うれしい」 be ← be動詞の原形 16 (He) had two slices of bread(this morning.)had ← have「～を持っている，飼っている，を食べる，飲む，(病気に)かかっている，(ある時を)過ごす，を経験する，(パーティー・会議など)を開く」

の過去形。 a bread／breads は不可。「パン1枚[1斤]」＝ a slice[loaf]of bread 17 Were you watching the same baseball game(last night?)進行形の疑問文<be動詞 ＋ 主語 ＋ 現在分詞[原形 ＋ －ing]～?> <the same ＋ 名詞>「同じ／同一の／同様な名詞」 18 Could you keep my bag until(you come back?) <Could you ＋ 原形 ～?>「～してくださいませんか？」 Can you do ～? のていねいな言い方 接続詞 until「～するまで(ずっと)」 19 The news made us sad(.)make O C「OをCの状態にする」

やや難 3 （語句・文補充・選択，語彙・単語・熟語・慣用句，現在完了，進行形，前置詞，助動詞，比較，不定詞，助動詞）

20 A：学校へ行く準備はできていますか？／B：②どうぞ先に行ってください。後で追いつきます。 後続文に I'll catch up later. とあることから考える。go ahead「先に行く[進む]／はかどる，進展する／さあ，どうぞ／それから？」(相手に行為・話を先に進めるように促す) catch up「追いつく」 <be動詞 ＋ ready ＋ 不定詞[to ＋ 原形]>「～する準備ができている／喜んで～する，進んで～する／今にも～しそうである／しがちである」 ①「私も同様です」<So ＋ be動詞 ＋ 主語／So ＋ 助動詞 ＋ 主語>「同様に，～もまた」 ③「今すぐに，今まさにこの瞬間，まさに今」← right now ④「すでにしました」I've already done. ← <have[has] ＋ 過去分詞> 現在完了(完了・経験・結果・継続) 21 A：駅まで車に乗せてくれますか？／B：①喜んで。5分であなたの家の前であなたを待っています。 後続文から，Aの「車に乗せて欲しい」という申し出を受け入れたことが明らかである。It'll be a pleasure. ← It's a pleasure.「お役に立ててうれしい／うれしく思う／光栄です／どういたしまして」 <give ＋ 人 ＋ a ride>「人を車に乗せる」 will be waiting ← <will ＋ be ＋ 現在分詞[原形 ＋ －ing]>未来進行形(未来の時点での進行中の動作・出来事を表す) in front of「～の前で」 in 5 minutes ← 時の経過を表す前置詞 in「～のうちに，で，経過したら」 ② You're welcome.「どういたしまして」 ③「はい，私はします」Can you ～? という質問に対して，Yes, I do. は不可。 ④「とてもよい」 22 A：あなたは試験に合格するために，以前よりも懸命に勉強しなければなりません。／B：②これからは最善を尽くそうと思います。 文脈より，空所には from now on「今からは，今後は」が当てはまる。must「～しなければならない／に違いない」 harder ← hard「一生懸命に，激しく／かたい，難しい」の比較級 to pass the examination ← 不定詞の副詞的用法(目的)「～するために」 do one's best「全力を尽くす」 ①「いつでも」 ③「過去に」 ④ For instance「例えば」 23 A：あなたの食べ物はいかがですか？／A：そうですね，スープ以外は，全て良いです。／B：何かおかしいですか？／A：①はい。香辛料のききすぎです。 スープが美味しくないと述べていることから考える。 too「～もまた，あまりにも」 spicy「香辛料を入れた，ぴりっとした，しんらつな」 How is your food? ← <How ＋ be動詞 ＋ 主語 ～?>「どんなふうですか，どんな具合ですか」 except(for)「～を除いて」 Is it something wrong with it? ← something wrong with「～の具合が悪い」 ②「いいえ。それは私の好物です」 ③「はい，もちろんです」 ④「よろしい，はい，注文したいです」I'd like to order. ← <I'd[I would]like ＋ 不定詞[to ＋ 原形]>「～したいと思う」 24 A：放課後，私とテニスをしたいですか？／B：ごめんなさい，無理です。母を手伝うためにまっすぐに帰宅しなければなりません。／A：①それでは，明日はいかがですか？／B：それなら平気です。 「放課後，テニスをしないか？」と誘われたが，用事があり，いったん断るが，空所の発言を受けて「それなら平気です」と述べていることから考える。空所では，別の提案がなされたことが予測される。<would like ＋ 不定詞[to ＋ 原形]>「～したい」 after school「放課後」 <have ＋ 不定詞[to ＋ 原形]>「～しなければならない，に違いない」 How about ～?「～はどうですか？，についてどう思いますか？」(誘ったり，意見を求めたりする時に使う表現) ② How come?「なぜですか?」= Why? ③「私と一緒に来ませんか?」<Why don't you + 原形 ~?>「~してはどうですか?, しませんか?」
④ Are you kidding?「からかっているの?/冗談でしょう?/ふざけているの?/まさか, そんなこと」

基本 **4** **(語句補充・選択, 不定詞, 助動詞, 関係代名詞, 分詞, 比較, 現在完了)**

25 a「その小さな少年は駅へ行くことができる」/b「その小さな少年は駅への行き方を知っている」how to go to ~「~への行き方」← <how + 不定詞[to + 原形]>「~する方法, いかに~するか」 can「~できる」 ②は the way ならば可。 <why + 不定詞>という言い方は普通しない。 <what + 不定詞[to + 原形]>「何を~したらよいか」 26 a「どうか後で私に電話をかけ直してください」/b「後で, 私はあなたに電話をかけ直して欲しい」want you to call「あなたに電話をかけて欲しい」← <want + 人 + 不定詞[to + 原形]>「人に~して欲しい」 <call(+人)+ back>「(人に)折り返し電話する」 27 a「彼女は流ちょうに英語を話すことが必要だ」/「彼女は流ちょうに英語を話さなければならない」<have[has]+ 不定詞[to + 原形]>「~しなければならない, に違いない」 fluently「流ちょうに」 It is necessary for her to speak ~ ← <It is + 形容詞 + for + S + 不定詞[to + 原形]>「Sにとって~することは…だ」 28 a「昨晩私は映画を見た。それはとても面白かった」/b「昨晩私が見た映画はとても面白かった」The movie I saw ~ ← 目的格の関係代名詞の省略<先行詞 + 主語 + 動詞>「主語が動詞する先行詞」 関係代名詞の which/that を空所に入れても, 主語 I がないので, 文は不成立。 29 a「図書館は本を読むために私達が通常利用する場所である」/b「図書館は本を読むために使用される場所である」a place used for reading ~ ← <名詞 + 過去分詞 + 他の語句>過去分詞の形容詞的用法 a place which we usually use to read books ← <先行詞(もの)+ 主格の関係代名詞 which + 動詞>「動詞する先行詞」/不定詞[to + 原形]の副詞的用法(目的)「~するために」 30 a「東京の冬は北海道と比べてそれほど寒くない」/「北海度の冬は東京と比べてより寒い」空所には「より寒い」の意の cold「寒い」の比較級 colder が当てはまる。<not + as + 原級 + as + A>「Aほど~でない」 that前に出てきた名詞の繰り返しを避けて「それ」= the winter hotter ← hot「暑い」の比較級 hottest ← hot「暑い」の最上級 coldest ← cold「寒い」の最上級 31 a「メイはあきる野に2年前に来た。彼女はここで暮らしている」/b「メイは2年間あきる野に住んでいる」過去から現在に至るまで(2年間)の継続(住み続けている)を表すので, 現在完了形[have/had + 過去分詞]である has lived が正解。

5 **(長文読解問題・手紙文:英問英答・選択, 内容吟味, 要旨把握, 前置詞, 動名詞, 不定詞, 接続詞, 比較)**

(全訳) 差出人:マイク/宛先:ヒロ/日付:2024年1月28日7時34分/話題:驚きの知らせ!/こんにちは, ヒロ, 元気ですか?日本は寒いですか?今, オーストラリアは暑いです。/ところで, 良い知らせです。3月22日から29日まで日本へ行くことになりました。まず京都を訪れて, そこで3日間滞在します。京都を見てまわり, 古い伝統的な日本の都市と寺を体験するつもりです。その後, 東京へ行き, そこで5日間滞在する予定です。私達は東京で会うか, あるいは, あなたの家を訪れて, 家族に会うことができますか?/あなたの返答を確認してから, 東京でのスケジュールを決定したいと思います。従って, あなたの日程を確認して, できるだけ早く私に教えてください。/まもなく会えますね, /マイク

差出人:ヒロ/宛先:マイク/日付:2024年1月29日10時2分/話題:3月の私達への訪問!/知らせを聞いて, 本当に喜んでいます。信じられません。/この前の8月に私がオーストラリアを訪れた時に, あなたとあなたの家族が私を泊めて, 親切にもてなしてくれました。私は素晴らしい時

を過ごすことができました。／従って，私の家に来て，私の所に滞在してください。私の家は立川市にあります。立川駅から東京駅までは，電車で50分かかります。東京の中心部より少し離れていますが，立川はとても便利な町です。駅周辺には，多くの優良な店や料理店があります。とにかく，私の家に来てください。東京を一緒に歩き回りましょう。／予定の方も問題ありません。私はちょうど春休み中になります。／あなたに会えることを楽しみにしています！／ヒロ

差出人：マイク／宛先：ヒロ／日付：2024年1月29日14時45分／話題：ありがとう！！！／こんにちは，ヒロ，／あなたの返事と日程を知らせてくれてどうもありがとう。あなたの元を訪れ，あなたと一緒に東京を見て回れるということをうれしく思います。そして，また，あなたの家族に会うことができますね。／真実の日本の生活を体験するのが待ちきれません。"鬼滅の刃"，"ドラゴンボール"，そして"Naruto"などのようなアニメを通じて，私は日本語やその生活を学びました。でも，日本人は日常生活で着物を着ているのでしょうか。アニメでは，多くの登場人物が着物を着ていますが，あなたがシドニーを訪問した際には，あなたが着物を着ることは全くありませんでした。従って，私は真の日本の生活と文化について知りたいと思っています。／日本へ行くまでに，およそ2か月あるので，あなたの家族と話をするために，もっと日本語を勉強しようと思います。／私に代わって，あなたの両親に感謝の気持ちを伝えてください。／あなたの友人，／マイク

基本 32 「京都でマイクは何をするつもりか？」最初のメールでマイクは I'll look around Kyoto and experience old traditional Japanese cities and temples. と述べているので，正解は，④「日本の古い町や寺を楽しむ」。look around「～を見て回る」 ①「仕事をする」 ②「日本語を勉強する」 ③「彼の友人を訪ねる」

やや難 33 「メールでヒロは何について書いたか？」メールの大半は，居住地の立川に関する記述に割かれている。正解は，②「彼の故郷」。 ①「美味しい食べ物」 ③「京都での観光」 ④「ヒロの京都への旅」

基本 34 「マイクはどのようにして日本について知るようになったか？」マイクの2通目のメールで，I learned Japanese and its life through anime such as ～ と述べられている。正解は，④「彼はアニメを通じて日本について知った」。through「～を通り抜けて，の間ずっと，の至る所に，で・通じて，を終えて」 A such as B「BのようなA」 ①「彼はヒロから日本について学んだ」 ②「日本の映画を見ることで，彼は日本を勉強した」by watching ～ ← <前置詞 ＋ 動名詞[原形 ＋ －ing]>動詞を前置詞の後ろに持ってくる際には，動名詞にする。 ③「インターネットで日本を調べた」

やや難 35 「上記の電子メールから，どれが真実か？」 ①「マイクは京都と奈良を最初に訪れて，それから，東京に来る予定である」(×)最初のマイクのメールでは，京都・東京への訪問については言及されているが，奈良は含まれていない。 ②「約5か月前に，ヒロとマイクはシドニーに一緒に滞在していた」(○)1月29日日付のヒロのメールには，When I visited Australia last August, you and your family hosted me very kindly. と記されており，2通目のマイクのメールでは，when you came to Sydney, you didn't wear one[kimono] at all. と書かれているので，一致している。host「主人，進行係，運営者，スポンサー／主催する，～を接待する，司会をする，(客を)泊める」 ③「東京駅は立川駅に近い。車で約50分かかる」(×)ヒロのメールでは，It takes 50 minutes by train from Tachikawa Station to Tokyo Station. It is a little bit far from the center of Tokyo, と記されているので，不可。close to「～に近い」⇔ far from「～から遠い」 It takes ＋ 時間「時間がかかる[を要する]」 <by ＋ 乗り物>(交通手段)「～で」 a little bit ←「少し，ちょっと，少々，多少，わずか」 ④「3月に試験に合格するためにマイクは熱心に勉強しようとしている」勉強の目的に関しては，2通目のマイクのメールに，I have about two months until I go to Japan, so I will study Japanese more to talk with your family. と記されているので，不適。is going to study ← <be動詞 + going + 不定詞[to + 原形]>「～するつもりだ，しようとしている」 to pass the examination／to talk with your family ← 不定詞の副詞的用法(目的)「～するために」 接続詞 until「～するまでずっと」 ～，so …「～である，それで…」 more「もっと(多くの)」← many／much の比較級

6 (長文読解問題・資料読解：英問英答・選択，内容吟味，要旨把握，比較，不定詞，受動態，分詞，現在完了，動名詞)

(全訳) 私達の新しいコースへようこそ！！／“自然共生コース”

東海大学菅生高等学校では，2025年に新しいコースを開講しようとしています。名称は自然共生コースです。私達には既に3つのコースがあります。：医学難関コース，特進PBLコース，そして，進学コースです。自然共生コースは私達にとって4番目のコースとなります。

“自然共生”は自然と共に生きることを意味します。自然共生コースの目標は，皆さんの学校生活において，自然を感じることにあります。皆さんは自然が好きですか。東海大学菅生高等学校は，山々の間に位置し，森林に囲まれています。生徒はあらゆる窓から緑の森林を見ることができます。

自然と呼ばれる科目が設けられて，その授業では，生徒が自然との関わり合いについて学ぶことになります。なぜ私達には自然が必要なのでしょうか。歴史上，いかにして人類は自然と共に生きてきたのでしょうか。これらは，この地球上で幸福に生きていくうえで，私達が自問すべき大切な質問であると言えます。

コースには3つの類のない活動が含まれます。

●キャンピング／毎月，学校でキャンプが実施され，生徒はテントに一晩泊まり，自身で料理をして，火の使い方を学ぶことになります。キャンプをすると，四季を感じることができるでしょう。／春には，沢山の色とりどりの花が見られるでしょう。／夏には，土の匂いをかぎ，虫の鳴き声が聞くことになるでしょう。／秋には，山々が紅葉します。／冬には，雪で覆われた山々が見えるでしょう。

●ハイキング／生徒は学校の周辺を定期的にハイキングに行きます。1年に3回学校の近くの山々を登ります。神社や寺にも訪問して，いかに日本の宗教が自然と関連があるかを学びます。

●農業／生徒は多くの野菜と植物を栽培します。雑草を引き抜き，落ち葉を清掃するといった日々の任務が，生徒に対して与えられます。最終的に，自身で育てた野菜を楽しみながら食べることになるでしょう。

自然共生コースに興味を抱かれたでしょうか？このコースを履修したら，皆さんの学校生活は特別なものとなり，通常の高校生とは異なったものとなるでしょう。是非，自然コースを選択してください。皆さんが自然の中での素晴らしい3年間を過ごすことになることを，東海大菅生高等学校が約束いたします。

基本 36 「東海大学菅生高等学校において最も新しいコースはどれか？」第1段落に Tokai University Sugao High School is about to open a new course in 2025. The name is *Shizen Kyosei Course*. とある。newest ← new「新しい」の最上級 <be動詞 + about + 不定詞[to + 原形]>「～しようとしている」

基本 37 「東海大学菅生高等学校はどこにあるか？」in the middle of mountains and surrounded by forests.(第2段落)と記されているので，正解は，③「森林の中にある」。in the middle of「～の真中に」 is surrounded ← surround「囲む」の受動態[be動詞 + 過去分詞]「～される，されている」 ①「市街地にある」 ②「山頂にある」 ④「キャンプ地にある」

重要 38 「自然共生コースに入ったら，何をすることになるか？」3つの活動の●Farming(農業)の欄に，Students will grow a lot of vegetables and plants. とあるので，正解は，④「庭に野菜を植えることになる」。plant「植物，工場／(植物)を植える，(種)をまく」 ①「人間と動物間の関係を学ぶことになる」自然との関係に関しては言及されているが，対動物との関係に関しては記述ナシ。 ②「1年間に3回キャンプをすることになる」キャンプは毎月実施され，登山が年3回行われる。three times a year ← X times「X回」／a[an]「～につき」 ③「冬には，スキーをすることになる」●Camping の欄に，In winter, they will see mountains covered with snow. と述べられているのみで，スキーについては言及ナシ。<名詞 ＋ 過去分詞 ＋ 他の語句>「～された名詞」過去分詞の形容詞的用法

やや難 39 「自然共生コースで最も大切なことは何か」The goal of *Shizen Kyosei Course* is to feel nature in your school life.(第2段落)／There will be a subject called *Shizen*(nature) and in that class, students will study about a relationship with nature.(第3段落)とあるのを参考にすること。正解は，②「自然を感じて，自然から学ぶこと」。the most important ← important「重要な」の最上級 不定詞[to ＋ 原形]の名詞的用法「～すること」 a subject called *Shizen* ← <名詞 ＋ 過去分詞の形容詞的用法 ＋ 他の語句>「～された名詞」過去分詞の形容詞的用法／<S ＋ be動詞 ＋ called ＋ C>「SはCと呼ばれる」 have lived ← 現在完了[have／has ＋ 過去分詞](完了・経験・継続・結果) <in order ＋ 不定詞[to ＋ 原形]>「～するために」 ①「他コースの生徒と一緒にキャンプをして，ハイキングへ行くこと」／③「野菜を育てて，動物を飼育すること」／④「東海大学へ入学すること」いずれも記述ナシ。

重要 40 「このポスターの目的は何か」タイトルも含めて，新設の“自然共生コース”の説明に終始していることから考える。正解は，③「東海大学菅生高等学校における自然共生コースの情報を提供すること」。 ①「東海大学菅生高等学校を紹介すること」 ②「東海大学菅生高等学校の4コースについて説明すること」 ④「東海大学菅生高等学校の学校説明会(school information session)へ招待すること」 introducing／explaining／giving／inviting(4つの選択肢の冒頭)← 動名詞[原形 ＋ ing]「～すること」

7 (長文読解問題・スピーチ：英問英答・選択，指示語，語句整序，要旨把握，現在完了，受動態，間接疑問文，比較，不定詞，助動詞，動名詞)

(全訳) 皆さんは何かペットを飼っていますか。私は2匹の犬を飼っています。1匹はラブラドールレトリバーで，他の1匹はフレンチブルドッグです。私は犬がとても好きです。だから，英語の宿題に，犬に関する調査をしてみました。皆さんはこれまでに“飼いならされた犬(domestic dogs)”という言葉を聞いたことがありますか。それは飼い犬(pet dogs)を意味します。世界には，700から800種の犬が存在していると言われています。飼いならされた犬は，コヨーテやオオカミのような野生の犬とは明らかに区別されています。通常，家畜化された犬は，愛がん動物として飼育されています。世界中のおよそ$\frac{1}{3}$の家庭で犬が飼われており，(ア)それらは最も人気のある愛がん動物となっています。

家庭犬は何に由来するのでしょうか。飼いならされた犬は，15,000年から30,000年前に，野生のオオカミから遺伝子的に変異したと信じられていますが，真相は未だに神秘に包まれています。おそらく祖先である絶滅したユーラシアオオカミの継承者なのでしょう。(イ)オオカミが家畜化された犬になるには，多くの年月を要したと考えられています。おそらくオオカミが人に接近したのでしょう。例えば，オオカミは人間の残飯も口にしました。あるいは，多分，人がオオカミの赤ん坊を育てて，愛玩動物として飼うために，それらを飼育したのでしょう。とにかく，オオカミは人間に次第に近づくようになり，最終的には，人と暮らすようになりました。人間とオオカミは何千年

以上にわたり互いに良好な関係を育んできた，と考えられなくもないのです。

ご存じのように，野生のオオカミとは明らかに違う多くの種類の犬が存在しています。各々の犬が特別の役割を有しています。飼いならされた犬でさえも，牧夫，狩人，擁護者，そして，友人，あるいは，家族としての役割を持っているのです。各種の犬が，帰属する種族の特異な性質を有しています。人々を守り，病気を発見し，障害のある人々に対する支えとなり，警察を手助けする調査や救助といった多くの役割を使役犬は担っています。多くの人々が盲導犬や介助犬のことを知っています。私達は犬がいないと生きていけないのです。

犬自体の発達史を理解することは，犬とより良い関係を築く手助けとなり得ます。犬は尻尾を振り，吠えて，匂いを嗅ぎまわります。それは野生のオオカミの意思伝達法や生存本能に基づいています。家庭で犬を飼っているのであれば，どのように犬が行動し，あなたに何を告げているのかを見守ってください。あなたの犬にオオカミの証(あかし)を感じるかもしれません。

ご清聴ありがとうございました。

やや難 41 「“飼いならされた犬(domestic dogs)”とは何か」 Have you ever heard of “domestic dogs?” It means pet dogs. ~ Domestic dogs are clearly separated from wild dogs, such as coyotes and wolves. Domestic dogs are usually kept as pets.(第1段落)／Even domestic dogs have roles as herders, hunters, protectors, and as friends or family.(第3段落)と書かれているので，正解は，③「人間と生活をして，人のために働く」。have heard ← 現在完了[have／has ＋ 過去分詞](完了・経験・継続・結果) are clearly separated from「～とは明らかに区別されている」／are usually kept「通常飼われている」← <be動詞 ＋ 過去分詞>受動態「～される，されている」 A such as B「BのようなA」 ①「それらは野生のオオカミの一種である」／④「それらは飼い犬とは非常に異なっている」共に，前述選択肢③の説明より，誤りであることは明らかである。 ②「それらがどこから来たかを我々は知っている」質問に対する答えとして不適切。We know where they come from. ← 疑問文が他の文に組み込まれる[間接疑問文]と，<疑問詞 ＋ 主語 ＋ 動詞>の語順になる。

基本 42 About one－third of the world’s families have dogs, and (ア)they are the most popular pets. they なので，前出の複数名詞を指すことになるが，the most popular pets の主語なので，families ではなく，dogs「犬」を指す。one－third $\frac{1}{3}$ ← 分数；分子は基数，分母は序数，分子が2以上の時は分母の序数は複数形。 the most popular ← popular「人気のある」の最上級 ①「コヨーテ」 ②「オオカミ」 ④「ペット」

重要 43 (It is thought that it) took many years for wolves to become (domestic dogs.) <It is thought that ＋ 文>「～だと考えられている」受動態 <It takes ＋ 時間 ＋ for ＋ S ＋ 不定詞[to ＋ 原形]>「Sが～するには…かかる」不定詞の意味上の主語は直前に for S で表す。

重要 44・45 ①「人が捕まえて，自宅でしつけた時に，オオカミは家畜化された犬になった」(×)第2段落に Perhaps the wolves came closer to humans. ~ Or perhaps humans raised wolf babies and raised them to keep them as pets. とあるが，下線部の記述ナシ。train「列車／訓練する，しつける，練習する」 closer ← close「近く」の比較級 raise「上げる，育てる，(資金などを)集める」 to keep them ← 不定詞[to ＋ 原形]の副詞的用法(目的)「～するために」 ②「性質により，家庭犬は多くの役割を有している」(○)第3段落の第2・第4文に一致。according to「～によれば，したがって」 role「役割」 character「気質，性格，性質，特徴」＝ personality「性格，性質，個性，人格」 ③「飼いならされた犬は野生のコヨーテやオオカミと仲良くなるのは難しい」(×)記述ナシ。difficult to become ← <difficult[easy], etc. ＋ 不定詞[to ＋ 原形]>「～するには難しい[簡単である]」不定詞の副詞的用法 ④「犬と良好な関係を築くには，人間は犬の発達史を理解するべきである」(○)第4段落第1文に一致。should「～するべきである」 to make good relationships ～ ← 不定詞[to + 原形]の副詞的用法(目的)「～するために」 understanding the history of ～ ← 動名詞[原形 + －ing]「～すること」 oneself「自分自身で」強調 help us make ← <help + O + 原形>「Oが～するのを手助けする」 better「よりよい[よく]」← good／well の比較級

重要 46 ①「犬の発達史と人間の発達史」(×)人間の歴史について触れられていない。 ②「オオカミからペットへ：犬の進化」(○)オオカミと犬の関係に関しては，進化過程(第2段落)も含めて，ほぼすべての段落で言及されている。evolution「展開，発展，進展，進化」 ③「野生の動物と飼いならされた犬」(×)オオカミ，コヨーテへの言及はあるが，「野生動物」全般に関して，記されているとは言えない。 ④「どのような種類のペットが好きか」(×)犬以外のペットに関して触れられていない。

8 (会話文問題：英問英答・選択，内容吟味，要旨把握，比較，現在完了，受動態，前置詞，動名詞，接続詞)

(全訳) ケン(以下K)：オッシ，こんにちは。数学の宿題を終えましたか？／オッシ(以下O)：はい，もちろんです。そんなに難しくはありませんでした。あなたはどうですか？／K：少しやりましたが，私には難しかったです。問3の解き方を教えてくれませんか？／O：いいですよ，えーと…，数学の教科書を持っていますか？／K：いいえ…家に忘れましたけれど…／アオイ(以下A)：私のものを貸しましょうか？／K：ありがとう！ 私のカバンは教科書やノートによって一杯で，いつもとても重いのです。／O：フィンランドでは，生徒は教科書を持っていません。／K：なぜですか？ フィンランドでは勉強をしないのですか？／O：まさか！ 私達はデジタル教科書を使っているのです。紙の教科書は一切ありません。／K：なるほど！／A：フィンランドでは，あなた達のカバンは重くはない，ということですね。それは素晴らしいわ！／O：その通りです。来日して以来，私は多くの違いを知りました。フィンランドでは，親が学校に対して一切お金を払う必要はないのです。／K：本当ですか？ その点も意外ですね。／O：でも，フィンランドの消費税率は，日本と比べて14％もより高額なのです。ですから，生徒は無料で昼食を食べることもできます。／A；信じられない！ 私はフィンランドへ行きたいです。／O：でも，日本の学校のように，それほどクラブ活動が行われているわけではありません。／A：それでは，いつスポーツをして，あるいは，文化的なことを学ぶのでしょうか？／O：私達は地域社会のクラブに所属しているのです。例えば，アイスホッケー，バレーボール，手工芸などです。やりたいことは何でもできます。実際，私はアイスホッケーをしていて，それが得意です。この写真を見てください。これは私がアイスホッケーをしている写真です。／A：かっこいい！／O：ありがとう。それらのクラブには，ビジネスマン，幼い子供達，そして，老人など，多くの種類の人々がいるのです。／K：それは面白そうですね！ そこで人々と仲良くなれますね。／O：その通りですが，私は日本式のクラブ活動が気に入っています。同年齢の生徒とスポーツを楽しむことができますからね。楽しさと苦難を分かち合えます。／K：本当ですね。私は野球部の部員でした。チームには多くの友人がいて，彼らと多くの思い出を作ることができました。／A：クラブ活動を通じて，生徒は多くの経験を積むことができます。私は英語部と茶道部の部員です。私は英語と茶道を学ぶことができます。あなたのような国際的な学生と意思疎通を図れば，他の文化について学ぶ機会が増すことでしょう。／O：確かにそうですね。私は日本で茶道も体験しましたが，茶道により，他者に対する日本人の礼儀や思いやりを学ぶことができる，ということを知りました。／A：フィンランドはどのような種類の文化で有名ですか？／O：そうですね，サウナはどうでしょう？ フィンランド人はサウナが大好きです。北ヨーロッパの気候は太陽光に乏しく，冬が長いので，冷たい体を温めること

で，フィンランド式のサウナは健康に良いのです。フィンランドのサウナは熱すぎないので，長時間留まることや，そこで人々とコミュニケーションを図ることが可能なのです。／K：そのサウナは日本の銭湯や温泉のようですね。フィンランドを訪れたら，いつか試してみたいです。／A：同感です。ところで，数学の宿題をやらなければならないのでは？／K：あっ，しまった，もう少しで忘れるところだった。／O：わかりました，始めましょう！　手伝えると思います。

基本 47 「会話によると，フィンランドで無料なのは何か？」students can eat lunch for free とあるので，正解は，①「学校での昼食」。according to 「～によれば」 for free 「無料で」②「自宅での朝食」 ③「学生に対するタクシー乗車」 ④「幼い子供達と老人達に対する税金」

やや難 48 「フィンランドでの消費税の割合はどのくらいか？」the percentage of sales tax in Finland is fourteen percent more expensive than that in Japan.「フィンランドの消費税率は日本より14%高い」と記されており，日本の消費税が10%であることから考えること。How much ～?「どれほど，どの程度，いくら，どのくらいの量」(数量・程度を尋ねる表現) a sales [consumption] tax「消費税」「～だけより…」→ ＜数量を表す語句 ＋ 比較級＞(程度の差を表す) more expensive ← expensive「(金額が)高い」の比較級 that ＝ a sales tax「それ」前に出てきた単数名詞の繰り返しを避ける that の用法。

基本 49 「オッシは以前どのような種類の日本文化に挑戦したか？」I have also experienced a tea ceremony in Japan ～ と述べられている。<have[has]＋ 過去分詞>現在完了(完了・結果・経験・継続) ①「歌舞伎」 ②「相撲」 ③「アニメ」

やや難 50 「彼らの会話で，何がサウナについて語られていないか？」正解は，①「サウナはフィンランドで国宝である」。a national treasure「国宝」is not talked ← 受動態の否定形<be動詞 ＋ not ＋ 過去分詞> ②「サウナは体を温めて，意思疎通に効果的である」The Finnish sauna ～ warming up the cold body ～ ／we can ～ communicate with people in it. に一致。makes the body warm ← make O C「OをCの状態にする」 by warming ← ＜前置詞 ＋ 動名詞[原形 ＋ －ing]＞ ～, so …「～である，それで…」 for a long time「長時間」 ③「サウナは日本の銭湯や温泉のようである」ケンが全く同じせりふを述べている。前置詞 like「～に似ている，のような[に]」 ④「将来，ケンとアオイはフィンランド式のサウナを試してみたいと思っている」ケンの I want to try it[the Finnish sauna] someday when I visit Finland. というせりふに対して，アオイは Me too！と述べて同調している。in the future「将来は，未来は，これからは，今後は」 someday「(未来の)いつか」 Me(,) too.「私もです」

★ワンポイントアドバイス★

1・2・4の文法問題(空所補充，語句整序，二文一致)を取り上げる。本校では，文法独立問題の比重が低くはないので，文法事項をしっかりと理解したうえで，覚える点は暗記して，問題演習を通して，その定着に務めること。

＜国語解答＞

一 問一 1 惜敗 2 満喫 3 締結 4 犠牲 5 閲覧 問二 1 いろど(る) 2 あざ(やか) 3 ちょうぞう 4 しいた(げる) 5 ほうわ 問三 1 エ 2 イ 3 ア 4 ウ 5 イ

二 問一 素材である～時期だから 問二 ウ 問三 (1) イ (2) 擬態語

問四　エ　問五　A　イ　B　エ　C　ウ　問六　(1)　ア　(2)　イ　問七　イ
三　問一　ウ　問二　ウ　問三　イ　問四　ア　問五　大きな夢を　問六　ア
問七　エ　問八　当たり前　問九　エ
四　問一　ウ　問二　はれもの　問三　イ　問四　エ　問五　ア

○推定配点○

一　各2点×15　二　問一・問三(2)　各5点×2(問一完答)　他　各2点×9
三　問五・問八　各5点×2　他　各2点×7　四　問一　2点　他　各4点×4　計100点

＜国語解説＞

一　(国語知識・漢字の読み書き・ことわざ・慣用句・語句の意味)

問一　1　競技や試合で，わずかな差で負けること。　2　十分に楽しむこと。　3　条約・協定・契約などを結ぶこと。　4　重要な目的のために，自分のいのちや大切なものを捧げること。
5　本や資料を調べる為に読むこと。

問二　1　彩るは，色をつける，彩色するという意味　食卓を彩るは，さまざまな色や物を取り合わせて飾ること。　2　きわだって目立つ様子。　3　彫刻して像を制作すること。　4　相手を苦しめたり，悩ませたりすること。　5　もうすでにいっぱいにまで満たされている状態のこと。

重要　問三　1　いい加減なことを言ったりするなどして，その場をごまかすこと　お茶を濁すの由来は，抹茶(お茶)を点てる際，作法を知らない人は本格的に点てることが出来ずに，その場で適当にまねごとをして点てたことが由来と言われている。　2　ア　付和雷同　『礼記(らいき)』という書物の中に「毋勦説，毋雷同」という一節があり「そうせつするなかれ，らいどうするなかれ」と読み，「他人の意見を自分のものにし，むやみに他人の意見に賛同してはいけない」ことに由来している。自分にしっかりした考えがなく，むやみに他の人の意見に同調することという意味である。
イ　画竜点睛　中国の絵の名人が竜の絵を描いて，最後に瞳を描きいれると，竜が天に昇ったという故事からきている。その仕上げを欠いてしまうということに由来している。　ウ　臥薪嘗胆　中国の『十八史略』に書かれている，春秋時代，呉王の闔呂(こうりょ)は越王の勾践(こうせん)と戦いの末，敗れて亡くなった闔呂の息子である夫差(ふさ)は，父の仇を討つために固い薪の上に寝て，その痛みで復讐の志を忘れないようにし，3年後に会稽山で勾践を降伏させたということからきている。過去の悔しい体験などをバネにして頑張ること，夢や目標に向かって日々努力することという意味である。
エ　一触即発　李開先(りかいせん)が書いた「原性堂記(げんせいどうき)」という本が由来で，ちょっと触れただけでもすぐに爆発するような危険と隣り合わせの状態で，「即」はすぐにという意味である。　イ　画竜点睛が正解である。　3　擬声は，音声・音響をまねること。擬古は，昔の風習・様式などをまねること。特に詩文で，古体になぞらえて作ること。擬似は，本物によく似ているもの。

重要　4　ア　ジレンマは，二つの相反する事柄の板挟みになること。　イ　エビデンスは，証拠・証言という。医学では臨床結果などの科学的根拠のことをいう。　ウ　アイデンティティとは，自分が環境や時間の変化にかかわらず，連続する同一のものであること。自分らしさとも言う。
エ　プライオリティ　日常生活で優先順位の意味で使われている。ウ　アイデンティティが正解である。　5　ア　落窪物語　作者不明，継子をいじめる話で，継子の姫君を左近少将に助け出され，継母たちが，復讐される話である。　イ　平家物語は，作者は不明で，平家一門の栄枯盛衰が描かれている。　ウ　枕草子は，筆者は清少納言である。平安時代に書かれている。
エ　更級日記は，作者は，菅原孝標女で，生涯の回想日記である。問題の古文を古語訳すると祇園精舎の鐘の音には，諸行無常(全ての現象は刻々に変化して同じ状態ではないこと)を示す響きがあると訳すことができる。平家物語の初めの文章である。イが正解である。

二 (論説文・説明文・接続語の問題・内容吟味・文脈把握・脱分・脱語補充・品詞・用法・大意)

問一　なぜでしょうかと問われているのに対して，だからですと終わっているので，ここの部分を本文より22文字抜き出してみると「素材である言葉が厳しく変化している時期だから」になる。

重要 問二　ぬれ手であわとは，なんの苦労もしないで利益を得ること。ぬれた手で粟(あわ)をつかむと，粟粒がそのまま手についてくるところからきている。「粟」はイネ科の植物で，日照りに強く，やせ地でもよく育ち，かつては盛んに栽培された穀物である。この「アワ」を同音の「泡」と間違えないように注意が必要である。

問三　(1)　ア　レッテルは，文字や商品に貼り付ける札のこと。人や物事を評価するなどの意味もある。オランダのLetterからきている。　イ　オノマトペは，さまざまな状態や動きなどを音で表現した言葉のことである。　ウ　レトリックとは，説得力を持つ話術や文章を作成するための技術を指す言葉である。　エ　メタファーは，比喩表現形式のうち，「まるで～」「～のような」などの明確な比喩表現を使わずに，他の物事になぞらえて表現する，比喩のことである。イオノマトペが正解である。　(2)　擬音語とは，実際に出ている音を表現したもので，擬態語は様子を表現したものである。本文では「ジロリ」という眼球を左右に移動する動きのことを言っているのである。

重要

問四　本文に戻す文章の始めは「そして」からなので，前の事柄に加えて，もう1つ事柄を付加的に加えるのに使われている。日本語という素材をいつくしむ心が人類を豊かにする。お互いの文化を大切にしあうことが人類を救うと筆者は言っているので【エ】にいれるのが適当である。

問五　A 「言葉は，織物を作り出すための糸に過ぎない」と言っているが，Aの後ろの文章は，「素材である日本語が注目を浴びている」と前の事柄と相反することを後ろの文章で述べているので，イが適当である。　B 「長い時間をかけて，英語だけをはなすようになるでしょう」とBの前の文章は肯定されているが，「英語という糸で織り成されている文化は，日本語という糸でつむぎ出されていた織物とは全く異なっているのです」と結果として予想されるものとは，反する内容を言っているので，エが適当である。　C　の前の文章は「「鋭い横目」という抽象的な言葉では，表せないような，具体的で感覚的な意味を持つ言葉です」と言っているが，後ろの文章は，「日本語で織り成されていた織物のもっていた独特の風合いがなくなってしまったのです」と前文の内容を別の表現で言い換え，要約しているのでウが適当である。

問六　(1) 「英語という糸で織り成される文化は，日本語という糸でつむぎ出されていた織物とは全くことなる」や「日本語で織り成されていた織物のもっていた独特の風合いがなくなってしまったのです。母国語を失うということは，物の考え方，感じ方を失うということ。大げさに言えば具体的で感覚的な日本文化が消えているのです」と比喩として，文化という言葉が使われている。　(2) 「文化」という言葉を「織物」を比喩表現として使っている。隠喩とは，たとえの形式をはっきり示さずにたとえる方法である。

問七　最後のまとめの部分に「日本語の歴史を知るということは，日本語の将来を考え，日本語によってつむぎ出された文化そのものを大切にし，後世に伝えていく精神を培っていくのに役立ちます」と筆者の考えが書かれている。

三 (小説・物語・伝記文・接続語の問題・内容吟味・文脈把握・脱分・脱語補充大意)

問一　建築関係の応募資格が，「このテーマに興味のある一般の方」で，資格や建築関係の学校を出ていなくても可能であったこと。

重要 問二　今からでは手遅れでないか，他にやることがあるのでは，会社の仕事は，建築の才能がないのではないかと，不安に思った事が挙げられており，責任放棄を思い浮かべてしまったというのが，間違いである。ふさわしくないものを選ぶので注意が必要である。

問三　ガネーシャは，自分に何の才能があるか，自分にしか出来ない仕事があるのか，自分自身に対しては，あきらめずに，自分に合うものが見つかるまで探し続けなければならないと言っている。

問四　生き方は人それぞれで，仕事は生活する手段で，趣味の時間がたくさん欲しい人もいる。生き方は自分で選ぶもので，自分が幸せを感じることが出来ればよい。誰も努力なんて強制はしていないとガネーシャは言っている。

問五　傍線⑤の前の文章を読んで見ると「僕は成功したいと思った。」とあり，その後に，それという指示語があり，物事のことをさしている。二十七文字になる「大きな夢を持って，それに向かって生きるのが，楽しいから」が導きだせる。その最初の5文字とあるので「大きな夢を」が正解である。

問六　傍線⑥の後は，感謝とは，どういうことか書かれている。自分の中に何かが足りないと思ったら変わり，自分は満たされている，自分は幸せだから，他人の足りないものを見つけて，そこに愛を注ぐこと。そうすることで，自分の欲しいお金や名声などが自然な形で手に入るとガネーシャは述べている。

問七　「～のようだ」「～に似ている」などの説明の言葉と一緒に，ある事柄を他のものにたとえる方法である。エ　直喩が正解である。

基本　問八　【⑧】の後ろに「そんな」とあり，様子を表している言葉であるので読んでいくと，当たり前と本文に何回も出ており，強調されている。

問九　(エ)の文章の前を見てみると「できることならずっとそんなことを考えて生きたい。そして可能であればそれを現実にしてみたい」と筆者の夢や現実にしてみたいことが述べられているので，エが適当である。

四　(古文－文脈把握・現代語訳・品詞・指示語・大意)

〈古語訳〉　昔，おろかな俗人がいて，ある家の婿になって行った。妻の実家はいろいろこの婿を大事にしたのだが，こなまいきに気取って，たくさんものを食べることもなく，いつも飢えを感じているところに，妻がちょっとの間外出した隙に，米を口いっぱいにほおばり，食べようとするところに，妻が帰って来たので，恥ずかしさに顔を赤くして座っていた。頬が腫れて見えたので，「どうしたの」と妻が問いかけるが何も言わない。いよいよ顔が赤くなったので「腫れ物がひどくて，ものも言えないのでは」と，びっくりして，父母にこのことを言うと，父母がやって来て，「どうしました，どうしました」と言う。ますます顔が赤くなるのを見て，近隣の住人まで集まって，「婿殿の腫れ物が大変だ。ひどいものだ」と見舞った。そうしているうちに，医師を呼ばなければと，藪医者で近所に住んでいる者を呼んで見せると，「大変ひどい症状です。すぐに治療しましょう」と言って，火針を赤く焼いて，婿の頬に突き刺してみると，米がぽろぽろこぼれてきた。

問一　傍線①の前に，何をしていたかが書かれている。「米を一ほほうちくくみ食わんとすることころに」とあるので，ウが正解である。

重要　問二　「かく」は指示語で，「こう・この・このように」などと訳す。指示語がある場合は，すぐ前を読むと答えが載っている事が多い。見てみると「はれものの大事にて物も言わぬにや」までを抜き出すことができる。最初の五文字を抜き出すので，「はれものの」が正解である。

重要　問三　父母もやってきて，どうしたのか・どうしたのかと見に来たから余計に恥ずかしくなってしまった。

問四　傍線④の所に「とくとく治療し参らせん」とあり，すぐに治療しましょうと言っているので，エが正解である。

問五　「にけり」とあるので，完了の助動詞「ぬ」の連用形＋過去の助動詞「けり」なので，～してしまったとなる。何をしてしまったのかをみると火針を赤く焼いて頬に突き刺したと述べられているので，アが正解である。

★ワンポイントアドバイス★

文章問題が多く出題されている。本文中に手がかりがあるので，文章をよく読むことが大切である。問題文の所が適切なものを選ぶ問題が多いがひっかけ問題もあるので，線を引くなどして，間違わないようにしておくとよい。

大切なことはメモしておこうネ！

2023年度

★★★★★★★★★★★★★★★★★★★★★★★

入　試　問　題

2023年度

東海大学菅生高等学校入試問題

【数　学】（50分）　＜満点：100点＞

【注意】 定規・分度器・コンパスは使用してはいけない。

1 次の各問いに答えなさい。

(1) $\left(3-\frac{9}{2}\right)^4\div\frac{81}{32}$ を計算しなさい。

(2) $(2x-3)^2-(x+2)(2x-5)$ を計算しなさい。

(3) $49x^2-81y^2$ を因数分解しなさい。

(4) 3つの数 $\frac{1}{2}$, $\frac{1}{\sqrt{2}}$, $\frac{\sqrt{2}}{3}$ を左から小さい順に並べて答えなさい。

(5) 2次方程式 $2x^2-3x-1=0$ を解きなさい。

(6) 等式 $V=\frac{1}{3}Sh$ を S について解きなさい。

2 次の各問いに答えなさい。

(1) $\sqrt{\frac{756}{n}}$ が整数となる自然数 n のうち，もっとも小さいものを求めなさい。

(2) $x=\sqrt{5}+2$，$y=\sqrt{5}-2$ のとき，x^2y-xy^2 の値を求めなさい。

(3) 関数 $y=-\frac{1}{2}x^2$ について，x の変域が $-3\leqq x\leqq 2$ のとき，y の変域を求めなさい。

(4) 下の図において，$\angle x$ の大きさを求めなさい。
ただし，点Oは円の中心とし，4点A，B，C，Dは円周上の点とします。

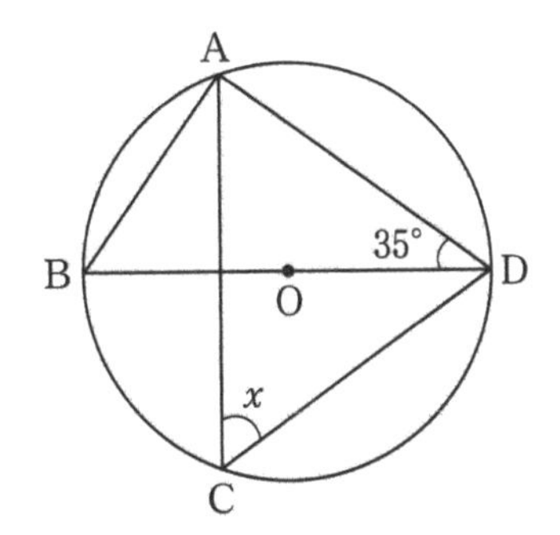

3 次のページの図のように，放物線 $y=x^2$ 上に2点A，Bがあり，それらの x 座標はそれぞれ a，$a+2$（$a>0$）です。また，2点A，Bから y 軸に下ろした垂線をそれぞれAD，BCとすると，四角形ABCDの面積は16になります。このとき，次の問いに答えなさい。

(1) a の値を求めなさい。

(2) 直線ABの式を求めなさい。

(3) 四角形ABCDをy軸を軸として，1回転させてできる立体の体積を求めなさい。
ただし，円周率はπとします。

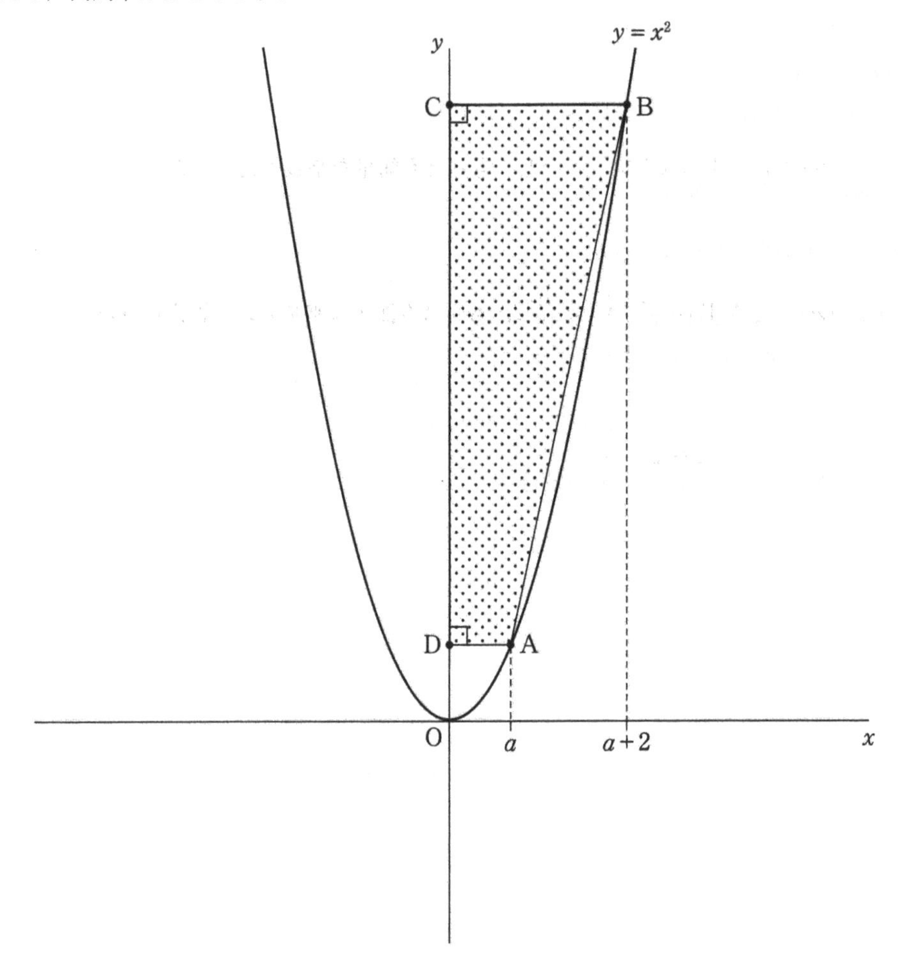

4 下の図のように，∠A＝60°，AB＝12cm，BC＝20cmの平行四辺形ABCDがあります。∠Cの二等分線と辺ADの交点をEとし，辺CD上に点FをCF：FD＝1：3となるようにとります。また，対角線BDとEC，EFとの交点をそれぞれP，Qとします。

このとき，次の問いに答えなさい。

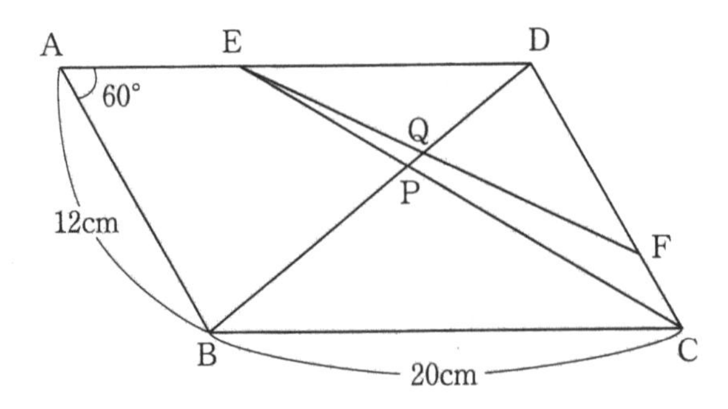

(1) 平行四辺形ABCDの面積を求めなさい。

(2) BP：PDの比を求めなさい。ただし，もっとも簡単な整数の比で答えなさい。

(3) BQ：QDの比を求めなさい。ただし，もっとも簡単な整数の比で答えなさい。

(4) △EPQの面積を求めなさい。

5 2つの自然数a，bについて，次の問いに答えなさい。

(1) aとbの和が50となる場合は，全部で何通りあるか答えなさい。

(2) aとbの和が20以下の素数となる場合は，全部で何通りあるか答えなさい。

(3) aとbの和が50以下の偶数となる場合は，全部で何通りあるか答えなさい。

【英　語】（50分）　＜満点：100点＞

1　（　）に入る最も適切なものを選び，記号で答えなさい。

1．I'm interested (　　) playing the piano.
　ア by　　イ to　　ウ of　　エ in

2．I (　　) her for 10 years.
　ア am knowing　　イ was known　　ウ have known　　エ have been knowing

3．He stopped (　　) a few years ago.
　ア smoking　　イ smoked　　ウ to smoke　　エ been smoking

4．The language (　　) is spoken in Japan is Japanese.
　ア who　　イ which　　ウ where　　エ when

5．I saw him (　　) to a station.
　ア go　　イ went　　ウ gone　　エ to go

6．(　　) you enjoy your homeroom meeting yesterday?
　ア Does　　イ Can　　ウ May　　エ Did

7．This story is very much (　　) by boys.
　ア loved　　イ loving　　ウ be loved　　エ will love

8．Her answer is different from (　　).
　ア my　　イ me　　ウ I　　エ mine

9．Because John has drunk a lot, there is (　　) water in this bottle.
　ア a little　　イ little　　ウ a few　　エ few

10．He is the wisest man (　　) I have ever met.
　ア what　　イ whose　　ウ that　　エ which

2　次のそれぞれの会話について，（　）に入る最も適切なものを選び，記号で答えなさい。

1．A：Hello, This is Syohei.　May I speak to Makoto?
　B：(　　)
　A：OK.　I will call back later.
　ア Speaking.　　イ Sorry, he is out now.
　ウ You have the wrong number.　　エ Pardon?

2．A：Would you like to drink some tea?
　B：(　　)
　A：Do you want some tea?
　ア You're welcome.　　イ No.　I want to eat a hamburger.
　ウ I'm sorry, I don't like tea.　　エ Can you say that again?

3．A：Do you have any sisters?
　B：I have one sister.
　A：(　　)
　B：She lives in Osaka.

ア How old is she?　　イ When did I meet her?
ウ What hobbies do you have?　　エ Where does she live?

4．A：May I help you?
B：I'm looking for a blue shirt.
A：How about this one?
B：(　　)
ア May I try this one?　　イ Here you are.
ウ Here's your change.　　エ I don't know.

3 日本語の意味を表すように（　）内の語句を並べ替えた時，（　）内で3番目と5番目に来るものの最も適切な組み合わせを選び，その記号を答えなさい。文頭に来る語も小文字で表されています。

1．警察官を見るとすぐにロイは逃げ出した。
Roy ran (① he / ② as soon as / ③ saw / ④ a / ⑤ policeman / ⑥ away).
ア ①−⑤　イ ②−③　ウ ②−④　エ ①−④

2．あそこのベンチに座っている女の子は誰ですか。
(① the girl / ② sitting / ③ is / ④ on / ⑤ who / ⑥ the bench) over there?
ア ②−⑥　イ ①−④　ウ ②−④　エ ①−⑥

3．昨日はあまりに暑くて一生懸命に勉強できませんでした。
Yesterday, it (① hard / ② hot / ③ too / ④ work / ⑤ to / ⑥ was).
ア ②−⑥　イ ①−④　ウ ②−④　エ ①−⑥

4．私は父にもらったペンを気に入っています。
I (① the / ② me / ③ my father / ④ pen / ⑤ gave / ⑥ like).
ア ④−⑤　イ ⑤−①　ウ ④−②　エ ⑤−⑥

5．トムが明日何時に出発するか知っていますか。
Do you (① Tom / ② time / ③ what / ④ will / ⑤ leave / ⑥ know) tomorrow?
ア ④−②　イ ②−⑤　ウ ②−④　エ ④−③

4 各組の英文がほぼ同じ意味になるように，それぞれの（　）に入る適切な1語を答えなさい。

1．Mike is taller than any other boy in my class.
(　　) other boy is as tall as Mike in my class.

2．Please tell me the way to the station.
(　　) can I get to the station?

3．Tom made me some cookies.
Tom made some cookies (　　) me.

4．You have to be quiet here.
You (　　) be quiet here.

5．As soon as I arrived at Ozaku Station, I called my parents.
(　　) arriving at Ozaku Station, I called my parents.

5 日本語を英語にした時，それぞれの空所①と②に入る適切な１語を答えなさい。

1．私の両親は，あなたにまた会えることを楽しみにしていますよ。
My parents are (①)(②) to seeing you again.

2．彼女は22歳の時に結婚していた。
She (①)(②) at the age of 22.

3．彼はスペイン語の勉強をあきらめた。
He (①)(②) studying Spanish.

4．君は最善を尽くすべきだ。
You should always (①)(②) best.

5．彼女がいない間，誰が赤ちゃんの世話をするのですか。
Who will (①)(②) the baby while she is away?

6 Taro と Miku は冬休みにスキーに行こうと，2人の予定表を見ながら計画を立てています。英文の(1)～(5)の中に入る最も適切なものを選択肢から選び，それぞれ記号で答えなさい。

<Taro's schedule>
February

Monday	Tuesday	Wednesday	Thursday	Friday	Saturday	Sunday
		1 Tennis	2	3	4	5 Tennis
6	7 Tennis	8 Piano	9 Tennis	10 Go to trip	11 Go to trip	12

<Miku's schedule>
February

Monday	Tuesday	Wednesday	Thursday	Friday	Saturday	Sunday
		1 Basketball	2 Basketball	3 Basketball Game	4	5 Basketball
6 Basketball	7 Basketball Game	8	9	10 Basketball	11 Basketball	12

Taro: Let's go skiing in Tsumagoi on (1). I don't have any plans on that day. Also, I don't see any plans on your schedule.

Miku: Oh, I'll have a basketball game on that day. First, the game was planned for February 3, but it was moved to the next day.

Taro: So, you will be free on February 3.

Miku: No. (2) It's just one day before the game. How about February 12?

Taro: I don't think it's a good idea. My family will trip on (3). We'll come home late at night on that day. (4)

Miku: I see.
Taro: How about February 8?
Miku: You'll have a piano lesson on that day.
Taro: I can change it to the next week.
Miku: Really? Can you?
Taro: Yes. Let's go skiing on February 8.
Miku: I hope the weather will be fine on that day.
Taro: That's right. (5)

1. ア February 3　イ February 4　ウ February 8　エ February 12
2. ア Our team will practice basketball on that day.
   イ I'll be free on that day.
   ウ The weather was bad on February 3.
   エ Let's go there.
3. ア February 8　イ February 9　ウ February 11　エ February 12
4. ア I think I'll be too tired the next day.
   イ I think I'll practice tennis with you.
   ウ I want to watch your basketball game.
   エ I want to play the piano on that day.
5. ア We can change the schedule but we can't change the weather.
   イ We can't play basketball in bad weather.
   ウ The basketball game will be exciting if the weather is good.
   エ You'll have a piano lesson if you are free.

7 次の英文を読み，1から5までの各問いに答えなさい。

Last Sunday was the official birthday of the world's oldest land animal. Jonathan, a *Seychelles giant *tortoise living on the island of Saint Helena, turned 190 years old. The event was celebrated with a big party, which included a special "salad cake".

Nobody knows for sure how old Jonathan is. But in 1882, he was brought as a gift to Sir William Grey-Wilson, who lived in Saint Helena. Pictures taken around that time show that Jonathan was already full-grown.

Since it takes about 50 years for Seychelles giant tortoises to become adults, animal experts say Jonathan must have been born around 1832. That's earned (1) <u>him</u> the Guinness World Record for the world's oldest land animal.

In 1890, Sir Grey-Wilson became the governor of Saint Helena. He brought Jonathan along with him to live at the governor's home, called Plantation House. Since then, about 30 other governors have come and gone from Plantation House. But Jonathan has remained. Currently, there are three other giant tortoises there keeping him company.

Seychelles giant tortoises are known for living a long time. One tortoise was reported to have lived for 255 years. Joe Hollins, the *veterinarian who takes care of Jonathan, says Jonathan is probably older than 190, but there's no way to know. To help keep things straight, Saint Helena's current governor, Nigel Phillips, gave Jonathan the official birthday of December 4,1832.

Saint Helena isn't a big place - only about 4,500 people live there - so Jonathan is a local star. His picture is already on one of Saint Helena's coins. For his birthday, he's now being honored on a series of stamps.

Though Jonathan is still very active (for a tortoise), he has some health problems. He's blind, and he can no longer smell things, so he needs to be fed by hand. But he's got a good appetite. He eats lots of vegetables and fruits, including lettuce, cabbage, carrots, and cucumbers, as well as apples and bananas. His sense of hearing is also still strong. He recognizes Mr. Hollins's voice and responds to it.

To celebrate Jonathan's birthday, Saint Helena held a three-day party. People were invited to Plantation House to visit Jonathan. The people who take care of Jonathan made him a special salad cake to celebrate.

*Seychelles セーシェル共和国　*tortoise ゾウガメ　*veterinarian 獣医

1．How old is Jonathan?

ア It is 50 years old.
イ It is 90 years old.
ウ It is 100 years old.
エ It is 190 years old.

2．How many different governors have led Saint Helena since Jonathan was brought to Plantation House?

ア 20　イ 30　ウ 40　エ 50

3．(1)の表す意味として適切なものを1つ選び記号で答えなさい。

ア Jonathan　イ William Grey-Wilson　ウ salad cake　エ people

4．本文にあうものを1つ選び記号で答えなさい。

ア ゾウガメのジョナサンは1832年に贈り物として連れてこられた。
イ セントヘレナではジョナサンが描かれたお金がある。
ウ ジョナサンは今も活発で視力がよい。
エ ジョナサンの誕生日会で招待された国民はサラダケーキを作りました。

5．この話にタイトルをつけるとしたら以下のどれが適切か。1つ選び記号で答えなさい。

ア Tortoise Ecosystem
イ How to Cook "Salad Cake"
ウ The Secret to Living a Long Life
エ World's Oldest Land Animal

8 次の e-mail のやり取りを読み，以下の問いに答えなさい。

From:Syohei Ogawa
To:John Coner
Date:August 1
Subject:Poster contest

Hi, John,
I wanted to talk to you break time today, but I didn't see you after school. Did you hear about the contest to design a poster for the Sugao festival? Let's do one together. I have an idea for it. We can draw some mountains with a rainbow in the sky. What do you think?
(1), what is your club going to do at the festival? Our drama club is going to play Alice's Adventures in Wonderland.
Syohei

From:John Coner
To:Syohei Ogawa
Date:August 1
Subject:I'm sorry!

Hi, Syohei,
Sorry, I couldn't see you after school. I went to the gym because I had dance practice. We're practicing hard because we're going to perform at Sugao festival. Today, we practiced for four hours! I'd love to help you with the poster, but I'll be too busy practicing for the festival. I have to study for my tests, too. You're a great artist, so I'm sure you can make a nice poster by yourself. Good luck with your drama practice.
John

From:Syohei Ogawa
To:John Coner
Date:August 2
Subject:No problem

Hi, John,
I'm sorry to hear that. I understand. You're really busy! Do you remember Jessica? She's a girl in my class. I'm going to call her tonight and ask her to make the poster with me. If she can't, I'll enter the contest alone. I can't wait (2) your dance performance at the festival. See you later.
Syohei

1. Choose the best option for (1).
ア You know　イ By the way　ウ I mean　エ At all events

2. Choose the best option for (2).
ア see　イ saw　ウ to see　エ to seeing

3. Why did Syohei send John an email?
ア To perform a play with him.
イ To make Sugao festival plans.
ウ To make a poster for a contest together.
エ To talk after school.

4. Choose the correct one.
ア John could draw a poster with Syohei.
イ John had dance practice a little.
ウ John and Syohei had to study tests.
エ John was too busy to help Syohei with a poster.

5. Tonight, Syohei will
ア call a girl from his class.　イ practice dance.
ウ make a nice poster by himself.　エ say sorry to John.

9 次の英文はデジタル・シチズンシップについての英文です。英文の空所の中に入る適語を選択肢より選び，記号で答えなさい。同じ記号は１度しか使用できない。

Everyone is talking about ‘digital citizenship’, but what is it? We use the word ‘digital’ to talk about computer technology. Being a ‘citizen’ means that you belong to a group of people.

Digital citizens can use technology to communicate with (1) online and know how to use the internet in a safe and responsible way. Are you a good digital citizen? Here are some ways to be safe and responsible online.

1. Stay safe

To stay safe, never give your (2) online, such as your address or the name of your school. Make sure that you create strong, secure (3) and keep them secret. Do not tell your friends your (3).

2. Show respect

Just like in real life, it is important to behave well online. For example, if you want to post a photo of someone, make sure you ask for their (4) first. Remember that everybody can have their own (5). It is OK to disagree, but always be polite!

3. Be kind

Before you post a (6) online, stop and think. Is it positive? How will your words make someone feel? Do not say something (7) that you wouldn't say in real life. Never send (8). If you see that someone is being bullied online, tell a parent, teacher or another adult.

4. Be careful

Do not (9) everyone or everything online. Remember that people online are not always who they say they are. Never open emails from (10), click on strange links or (11) apps without asking an adult. They could contain (12). If you are not sure, ask your parents or teacher!

Spending time and learning online can be great if we're good (13). So, be safe, be responsible and have fun!

選択肢

ア trust　イ online　ウ comment　エ permission　オ personal information

カ digital citizens　キ opinions　ク strangers　ケ passwords

コ download　サ viruses　シ unpleasant messages　ス others

【注】

※1　最勝光院……京都に昔あった寺の名

※2　釣殿……建物の名

※3　こちなし……無風流だ

※4　連歌……五・七・五の短句と七・七の長句を交互に連ねる文芸。主に百句連ねる

※5　俊成卿……『千載和歌集（せんざいわかしゅう）』を編さんした藤原俊成（ふじわらのしゅんぜい）。有名な歌人

問一　――線①「ゆゑづきたる女房」とありますが、これはどのような人であったのですか。文中より七字で抜き出して答えなさい。

問二　――線②「着たる薄衣のことのほかに黄ばみすすけたる」とありますが、このような姿をしていた理由として最適なものを以下より選び、記号で答えなさい。

ア　貧しい生活をしていたため。

イ　季節を意識した服を選んだため。

ウ　目立たず一人静かに風流を味わうため。

エ　男法師たちからよく見られたかったため。

問三　――線③「猿まろ」とありますが、これは誰のことですか。その答えとして最も適切なものを以下より選び、記号で答えなさい。

ア　俊成卿の女　　イ　藤原俊成　　ウ　男法師など　　エ　作者

問四　――線④「付けたりけり」とありますが、これは誰の行為ですか。その答えとして最も適切なものを以下より選び、記号で答えなさい。

ア　俊成卿の女　　イ　藤原俊成　　ウ　男法師など　　エ　作者

問五　――線⑤「恥ぢて逃げにけり」とありますが、その理由として最適なものを以下より選び、記号で答えなさい。

ア　この女房に連歌を挑んでも勝てなかったから。

イ　この女房の犬がとても強そうで怖かったから。

ウ　自分たちが不法行為で捕らえられては大変だから。

エ　自分たちの行為がとても不作法だと気づいたから。

だ」とありますが、その理由を例えを用いて述べている一文を第〔Ⅲ〕段落から探し、その最初の五字を抜き出して答えなさい。

問五　空欄Aに入る語句として最も適切なものを以下より選び、記号で答えなさい。

ア　薄情　イ　気楽　ウ　残酷　エ　愉快

問六　――線⑤「えたいの知れない自己嫌悪」とありますが、「僕」がそれを感じた理由は何でしょうか。その答えとして最も適切なものを以下より選び、記号で答えなさい。

ア　常連のうちでは自分以外、ドイツ語を理解する者はいないだろうと考えたから。

イ　自分もいつしか常連の仲間入りをしていて、同じ価値観を身につけていたから。

ウ　釣りに来てまで知識を誇ろうとする釣り仲間をばかにする自分に気づいたから。

エ　常連の間のルールに背いた者を、そのままにした自分に罪悪感を持ったから。

問七　――線⑥「ときに争いが起こることもあった」とありますが、これは常連のおかれた日常の、どのような状況から発生するのでしょうか。それを「僕」が想像した一文を第〔Ⅳ〕段落から探し、その最初の五字を抜き出して答えなさい。

問八　空欄Bに入る語句として最も適切なものを以下より選び、記号で答えなさい。

ア　やってみなければわからない

イ　法律家でなければ判断できない

ウ　ひきょうな手を出した方が勝ち

エ　いくら議論したって結論が出ない

問九　空欄Cに入る語句として最も適切なものを以下より選び、記号で答えなさい。

ア　追いつめられた　イ　頭にきている

ウ　うっかりしていた　エ　人を見る目のない

問十　――線⑦「それはたとえば道ばたなどで不潔なものを見たときの感じ、それによく似ているのだ」とありますが、これについて、「ナミさん」と「日の丸オヤジ」がどのような行動をしたから、「僕」はそのような感じをもったのでしょうか。それを最も端的に表している一文を第〔Ⅴ〕段落から探し、その最初の五字を抜き出して答えなさい。

四　次の文章を読んで、あとの問いに答えなさい。

近ごろ、※1最勝光院（さいしょうくわうゐん）に、梅盛りなる春、①ゆゑづきたる女房一人、※2釣殿（つりどの）のわたりにたたずみて、花を見るほどに、男法師などうちむれて入り来たりければ、※3こちなしとや思ひけん、帰り出でけるが、②着たる薄衣（うすぎぬ）のことのほかに黄ばみすすけたるを笑ひて、

花を見捨てて帰る③猿まろ

と、※4連歌（れんが）をしかけたりければ、とりあへず、

里守る犬のほゆるに驚きて

と、④付けたりけり。人々⑤恥ぢて逃げにけり。この女房は※5俊成卿（しゅんぜいきゃう）の女（むすめ）とて、いみじき歌よみなりけるが、ふかく姿をやつしたりけるとぞ。

（『十訓抄』）

ことで引っぱり上げたが、可笑しなことには、※7下手人のナミさんが先頭に立って、シャツを乾かすのを手伝ったりして世話を焼いたのだ。そして別段仲直りの言葉を交わすこともしないで、漠然と仲直りをしてしまった。

〈中略〉

正当に反撥するべきところを慣れ合いでごまかそうとする。大切なものをギセイにしても自分の周囲との摩擦を避けようとする、この連中のそんなやり方を見て、やっと彼等に対する僕のひとつの感じが形をはっきりし始めたようだった。もちろんその中に僕自身を含めての感じだが、⑦それはたとえば道ばたなどで不潔なものを見たときの感じ、それによく似ているのだ。

（梅崎春生・「突堤にて」）

【注】

※1　休電日……戦争中、全国的な電力不足を防ぐために設けられた定休日。主に月曜日だった

※2　肺尖カタル……肺を患う病名。肺結核の初期症状

※3　オゾン……ここではきれいな空気のこと

※4　碁会場……囲碁を打つ場所

※5　撞球場……ビリヤード場

※6　ゴカイ……釣りのエサの一種

※7　下手人……みずから手を下した者。張本人

問一　――線①「僕より歳若いのはこの突堤に、日曜や休電日をのぞいては、ほとんどあらわれなかったようだ」とありますが、「僕」が魚釣りをした理由を「～から」に続くように本文中から二十字で探し、その最初の五字を抜き出して答えなさい。

問二――線②「この連中と長いこと顔を合わせていて、僕は特に彼等の職業や身分というものを一度も感じたことはなかった」とありますが、その理由として最も適切なものを以下より選び、記号で答えなさい。

ア　日常生活とは違う世界で過ごしていたので、それらは必要なかったから。

イ　日常生活の事を忘れたいので、あえてそれらを知らないようにしたかったから。

ウ　連中とはひとつのグループになっていたので、それらに関心が起きなかったから。

エ　連中とはライバルの関係であるので、魚釣りにのみ専念していたかったから。

問三　――線③「連中の排他的気分」とありますが、これはどのようなものですか。その答えとして最も適切なものを以下より選び、記号で答えなさい。

ア　魚釣りの上手下手だけに価値を完全においている分、相手の力量に関心をおくもの。

イ　魚釣りの上手下手だけに価値をおいた、人の評価の仕方としては偏ったもの。

ウ　魚釣りの上手下手だけのようだが、実際は人間心理の微妙な諸要素も含んだもの。

エ　魚釣りの上手下手だけではなくて、相手の人格の優劣にまで及んだもの。

問四　――線④「ところが皆知らぬふりをして、釣りに熱中しているふりをよそおって、誰も僕に進んで手を貸そうとしてくれなかったの

ン」と言ったような気持になった。魚釣りの生活以外のものを突堤に持ちこんだこと、それに対する反撥だったかも知れない。それにまた⑤えたいの知れない自己嫌悪。

この弱気とも臆病ともつかぬ、常連たちの妙に優柔な雰囲気のなかで、⑥ときに争いが起こることもあった。とり立てて言う原因があるわけでもない。ごく詰まらない理由で——たとえば釣糸が少しばかりこちらに寄り過ぎてるとか、くしゃみをしたから魚が寄りつかなくなってしまったじゃないかとか、そんな詰まらないことからこじれて、急にとげとげしいものがあたりにみなぎってくるのだ。しかしそれが本式の喧嘩になることはまれで、四辺からなだめられたり、またなだめられないままでも、うやむやの中に収まってしまう。しかしそんな対峙の時にあっても、そいつら当人の話は、相手を倒そうという闘志にあふれているのではなく、両方とも仲間からいじめられた子供のような表情をしているのだ。そのことが僕の興味をひいた。彼等は二人とも腹を立てている。むしゃくしゃしている。が、それは必ずしも対峙した相手に対してではないのだ。それ以外のもの、何者にとも判然しない奇妙な怒りを、彼等はいつも胸にたくわえていて、それがこんな場合にこうした形で出て来るらしい。うやむやのままで収まって、また元の形に背を円くして並んでいる後姿を見るたびに、僕は自分の胸のなかまでが寒くなるような、他人ごとでないような、やり切れない厭らしさをいつも感じた。そういう感じの厭らしさは、僕がせっせと防波堤に通う日数に比例して、僕の胸の中にごく徐々とではあるが蓄積されてゆくもののようだった。

〔Ⅴ〕

一度だけ殴り合いを見た。

その当事者の一人は『日の丸オヤジ』たった。

〈中略〉

僕らは口を出さずに黙って見ていた。

すると両者の言い合いはだんだん水掛論になってきた。例えばゴカイが逃走して、餌箱から何尺離れたら、そのゴカイの所有権はなくなるか、と言ったようなことだ。こういうことは　B　にきまっている。

誰も眺めているだけで止めに出ないものだから、ついに日の丸オヤジが虚勢を張って、何を、と立ち上ってしまった。ナミさんもその気合につられたように立ち上ったが、そのとたんに二人とも闘志をすっかり失ってしまったらしい。あとは立ち上った虚勢を、いかにして不自然でないように収めるか、それだけが問題のように見えた。ところがまだ誰も仲裁に入らない。見物している。

二人は困惑したようにぼそぼそと、二言三言低声で言い争った。そして日の丸オヤジはおどすようにのろのろと拳固をふり上げた。それなのにナミさんがじっとしているものだから、　C　日の丸オヤジはせっぱつまって、本当にナミさんの頭をこつんと叩いてしまったのだ。

叩かれたナミさんはきょとんとした表情で、ちょっとの間じっとしていたが、いきなり日の丸オヤジの胸をとって横に引いた。殴った日の丸オヤジは呆然としていたところを、急に横に押され、よろよろと中心を失って、かんたんに海に中にしぶきを立てて落っこちてしまったのだ。泳ぎがあまり得意でないと見えて、あぷあぷしている。

そこで皆も大さわぎになり、濡れ鼠になった日の丸オヤジをやっとの感じて、なるべく隔たるようにして釣っていたのだが、どういう潮加減かある日のこと、メバルの大型のがつづけさまに僕の釣針にかかってきたのだ。その日から彼等は僕に口をきき始めた。そして僕は連中の仲間入りを許された。思うに③連中の排他的気分というのは、つまりこのような微妙な優越感に過ぎないのだ。僕もこれらに仲間入りして以来、やがてそんな排他的風情を身につけるにいたったらしいのだが。

〈中略〉

〔Ⅲ〕

ある日僕は持って行ったゴカイ※6を使い果たしたものだから、常連から得た知識にしたがって、海中にざんぶと飛び込んで黒貝を採取しようとした。水面近くのは皆採り尽してあるから、かなり深いところまでもぐらねばならない。苦労して何度ももぐり、やっと一握りの黒貝を採ったけれども、さて突堤に上ろうとすれば、誰かに上から手を引っぱってもらわねば上れない。④ところが皆知らぬふりをして、釣りに熱中しているふりをよそおって、誰も僕に進んで手を貸そうとしてくれなかったのだ。知らんふりをしているのに、助力を乞うことは僕には出来なかった。莫迦な僕は、水泳は医師から禁じられているにもかかわらず、防波堤の低い部分までエイエイと泳いでしまった。

その時僕はずいぶん腹を立てたが、後になって考えてみると、特に彼等が僕だけに辛く当たったわけではないようだ。そういうのが彼等一般のあり方だったのだ。彼等は薄情というわけでは全然ない。つまり連中のここにおける交際は、いわば触手だけのもので、触手に物がふれるとハッと引っこめるイソギンチャクの生態に彼等はよく似ていた。こういうつき合いは、ある意味では［A］だが、別の意味ではたいへんやり切れない感じのものだった。

〔Ⅳ〕

こんなことがあった。

その日は沖の方に厭な色の雲が出ていて、海一面に暗かった。ごうごうという音とともに、三角波の先から白い滴がちらちらと散る。三十分後か一時間あとかに一雨来ることだけは確かだった。しかしその時突堤の内側（ここは波が立たない）で魚が次々にかかっていたから、誰も帰ろうとしなかった。雨に濡れたとしても、夏のことだから困ることはないし、第一突堤にやって来るまでに海水に濡れてしまっている。だから皆困った顔をするよりも、むしろいつもより変にはしゃいでいるような気配があった。

「一雨来るね」

「暗いね」

「沖は暗いし、白帆も見えない、ね」

そんな冗談を言いながら、調子よく魚を上げていた。その時、僕の傍の男が、ぽつんとはき出すように言った。

「もっと光を、かね」

もっと光を、というところを独逸語で言ったのだ。僕はそいつの顔を見た。そいつはそれっきり黙ってじっとウキを眺めている。

その男は四十前後だろうか、どんな職業の男か、もちろん判らない。いつも網目にかがったワイシャツを着込んで、無精髪をぼさぼさと生やしている。さっきの言葉にしても、思わず口に出たのか、誰かに聞かせようとしたのか、はっきりしない。はっきりしないが、僕はふいに「フ

エ　「古今和歌集」は、日本最初の仮名文学で、漢字とひらがなを混ぜた文体が特徴である。事実にフィクションを織り交ぜながら創作され、広く読まれることを意識した作品という特徴も持つ。

問九　空欄Bに入る語句として最も適切なものを以下より選び、記号で答えなさい。

ア　一石二鳥　　イ　玉石混淆　　ウ　和洋折衷　　エ　表裏一体

三　次の文章に関するあとの問いに答えなさい。

［Ⅰ］

　この突堤にその頃集っていた魚釣りの常連のことを僕は書こうと思う。

　先に書いたように、満潮時でもこの突堤にたどり着こうというからには、常連たちは万一を考えて水泳術を身につけていなくてはならない。それに一応の体力をも。――しかし①僕より歳若いのはこの突堤に、日曜や※1休電日をのぞいては、ほとんどあらわれなかったようだ。（戦争中のことだからこれは当然だ）。皆僕と同じくらいか、大体に年長者ばかりだった。そして概して虚弱な感じの者が多かった。僕はその前年※2肺尖カタルをやり、いわばその予後の身分で、医者からのんびりした生活を命ぜられていたのだ。医者はその僕に、特に魚釣りに精励せよと命令したのではないが、僕の方で勝手に魚釣りなどが予後には適当（オゾン※3もたっぷりあるし）だろうと、ムキになって防波堤に通っていたわけだ。無為でのんびりというのは僕にはやり切れなかった。今思うと、魚釣りというものはそれほど面白いものではないが、生活の代償とでも言ったものが少くともこの突堤にはあった。それがきっと僕を強くひきつけたのだろう。

［Ⅱ］

　ここにはいつも誰かが釣糸を垂れていた。僕は夜釣りはやらなかったが、夜は夜でチヌの夜釣りがいる。大体二十四時間誰かがここにいることになるのだ。少しずつ顔ぶれはかわって行くようだが、それでも毎日顔を合わせる連中は自然にひとつのグループをつくっていた。②この連中と長いこと顔を合わせていて、僕は特に彼等の職業や身分というものを一度も感じたことはなかった。彼等は総体に一様な表情であり、一様な言葉で話し合った。いわば彼等は世間の貌を岸に置き忘れてきていた。

　そしてこの連中のなかで上下がつくとすれば、それはあくまで釣魚術の上手下手によるものだった。こういう世界は常にそのようなものだ。※4碁会所、※5撞球場、スケートリンク。そんなところのどこでも、上手の人が漠然とした畏敬の対象となるように、この突堤でも上手なやつはやや横柄にふるまうし、初心者は控え目な態度をとる。その傾向があった。意識的でなく、自然に行われていた。しかしそれもはっきりときわ立ったものではない。きっぱりと技術だけが問題になるのではなく、やはりそこらに人間心理のいろんな陰影をはらんでくるようだったが。

　そしてこの連中には漠然とではあったけれども、一種の排他的とでも言ったような気分があった。僕が始めてここに来た時、彼等は僕にほとんど口をきいてくれなかった。僕が彼等と話を交わすようになったのは、それから一ヵ月も経ってからだ。僕だって初めは彼等に変な反撥をし違う想像力が働いたとしたら、違った生活・文化が創造されたはずだから。

問四 ――線②「日本人の生活や文化は二十四節気から生まれた季節感」とありますが、この日本人独特の季節感を具体的に述べた三十二字の部分を探し、その最初と最後の三字を抜き出して答えなさい。

問五 空欄Aに入る語句として最も適切なものを以下より選び、記号で答えなさい。

ア 目も当てられない　イ 手につかない
ウ 腑に落ちない　エ 歯が立たない

問六 ――線③「なぜズレているものを（いわば欠陥のあるものを）なぜ使いつづけてきたのかということは一度、考えてみなくてはならないだろう」とありますが、その理由として最も適切なものを以下より選び、記号で答えなさい。

ア 二十四節気とじっさいの季節のズレを、当時から現在に至るまでの日本人が受け入れ、生活し、文化を生み出してきたから。
イ 当時の日本人には、気象学に関する知識が不足しており、二十四節気とじっさいの季節を修正することができなかったから。
ウ 当時の日本は、中国のものが最先端のものであると思っており、中国の真似をすることこそが、最善だと考えていたから。
エ 中国から二十四節気が入ってきたと同時に、二十四節気とじっさいの季節のズレを楽しむ文化が定着してしまったから。

問七 ――線④「おどろかれぬる」とありますが、これは「意外なことにびっくりする」という意味です。では、この和歌の作者は、何に対して意外でびっくりしたのでしょうか。その答えとして最も適切なものを以下より選び、記号で答えなさい。

ア 確かに秋らしい風が吹いてはいるが、周囲がまだ夏の様子にも関わらず、「立秋（暦では秋）」と定めてしまうこと。
イ まだ秋は来ないと思っていたのに、目にはっきりわかるように秋らしい風がたいへんさわやかに吹いてきたこと。
ウ 夏の様子がまだ残っており、はっきりとは秋らしくなったとは言えないが、秋らしい風が吹き始めていること。
エ はっきりと夏らしさが残り、風の様子さえ夏の暑さを含んでいるのに、皆が「秋は来た」と言っていること。

問八 ――線⑤「古今和歌集」について、あとの1・2に答えなさい。
1 「古今和歌集」の読み方をひらがなで答えなさい。
2 「古今和歌集」の説明として最も適切なものを以下より選び、記号で答えなさい。

ア 「古今和歌集」は、日本最古の和歌集で、天皇・皇族から広く庶民までの幅広い作者層が特徴である。また、個人の心情を率直に表現された和歌が多いことも特徴的である。
イ 「古今和歌集」は、日本最初の勅撰和歌集（天皇の命によって編まれた和歌集）で、優雅で理知的な歌風が特徴である。また、季節の順、恋の進み具合などで和歌が並べられていることも特徴的である。
ウ 「古今和歌集」は、日本最古の書物であり、神代から伝わる神話や天皇の和歌を中心に収められていることが特徴である。また、歴史についても詳しく、高い文学性を持つ史書という特徴も持つ。

覚は「探る」と［B］をなす感覚である。

こうした日本人の想像力を育んだのも、さかのぼれば二十四節気のズレであったということになる。ズレとかネジレ（ねじれ国会など）[※4]というと、はじめから悪いものと決めてかかる。これは言葉の幻術にとらわれているといわなければならない。二十四節気であれ、ねじれ国会であれ、ズレやネジレは働かせ方しだいでバネのような創造力を生すものなのだ。

（長谷川櫂・「ズレが育んだ日本文化」を一部改訂）

【注】

※1　ほどろほどろに……雪がはらはらと降るさま

※2　日脚……日が出てから暮れるまでの時間

※3　藤原敏行……平安時代前期の貴族・歌人・書家。三十六歌仙（さんじゅうろくかせん）の一人

※4　ねじれ国会……日本の国会におけるねじれ現象のこと。衆議院と参議院において、一方が与党よりも野党の議席数が多い状態を指す

問一　括弧A～Hに入る漢数字の組み合わせとして最も適切なものを以下より選び、記号で答えなさい。

ア　A　一　B　三　C　四　D　六　E　七
　　F　九　G　十　H　十二

イ　A　二　B　四　C　五　D　七　E　八
　　F　十　G　十一　H　一

ウ　A　三　B　五　C　六　D　八　E　九
　　F　十一　G　十二　H　二

エ　A　四　B　六　C　七　D　九　E　十
　　F　十二　G　一　H　三

問二　空欄1～4に入る接続語として最も適切なものを以下よりそれぞれ選び、記号で答えなさい。

ア　だから　イ　しかし　ウ　つまり　エ　たとえば
オ　では

問三　――線①「もし古代からこの四季割りがつづいてきたとするならば、日本人の生活や文化は今とはずいぶん違うものになっていたはずである」とありますが、文章全体から考えて、もし現代風の四季割りが古代から続いたとしたならば、「日本人の生活や文化は今とはずいぶん違うものになっていたはずである」と筆者が述べている理由は何でしょうか。その答えとして最も適切なものを以下より選び、記号で答えなさい。

ア　季節感から日本の生活や文化が生み出されたとは言え、その生活や文化は古代から現代に至る長い時間をかけて作り上げられたものであり、そもそも現代の気候と古代の気候では「ズレ」ているはずだから。

イ　日本の生活や文化は、暑さや寒さといった体感的な四季割りではなく、中国から入った二十四節気という四季割りと、時代時代の日本人が実感していた四季との「ズレ」から生まれたものだから。

ウ　現代風の四季割りが古代から続いたならば、古代に中国から入ってきた二十四節気という四季割りと実感している四季との「ズレ」に悩み続けることなく、より日本に適した生活・文化が生まれたはずだから。

エ　日本の生活や文化は、実感していた季節と二十四節気の「ズレ」を活かした日本人の豊かな想像力と創造力で作られてきたので、も

いう事実である。

では、③なぜズレているものを（いわば欠陥のあるものを）なぜ使いつづけてきたのかということは一度、考えてみなくてはならないだろう。

そこでおおもとに立ち返ってみると、二十四節気のズレにもっとも当惑したのは、江戸の町人でもなく室町の武士でもなく平安の女房でもなく、まして現代のわれわれでもなく、じつは中国から旧暦とともに二十四節気を受け入れた飛鳥の人々だったはずである。彼らはまあ旧暦はよいとしても二十四節気は困ったものだ、きょうが立春といわれても、と※1ほどろほどろに雪の降りしきる固い蕾（つぼみ）の梅の小枝を見あげながら思ったはずだ。

〈中略〉

じつをいえば、旧暦や二十四節気が考案された中華文明の中心地、黄河（こうが）中流域のいわゆる「中原（ちゅうげん）」では二十四節気の四季割りはじっさいの気候に沿っているようだ。というのは、中原は大陸性気候であるから太陽の高度がただちに気温に反映する。

［4］冬至（十二月二十一日ごろ）が一年でもっとも寒い。そこから※2日脚が伸びはじめて一か月半後の立春（二月四日ごろ）にはじっさいに春らしくなる。同じように夏至（六月二十二日ごろ）がもっとも暑い。立秋（八月八日ごろ）には早くも秋めいてくるという。

ところが海に囲まれた日本は海洋性気候であるから太陽高度の影響が海で緩和されて一か月ほど遅れる。しかし、二十四節気に直面した当時の日本人は近代気象学の知識など知るはずもない。むしろ、まだ寒いうちに立春があり、暑いさなかに立秋がめぐってくるのは何か別の理由が隠されていると考えたにちがいない。

そこから今の季節の中に次の季節の気配を「探る」という日本人独特の季節感覚が生まれたと考えることができるだろう。立春には寒さのなかに春の気配を探ろうとする。立秋には暑いさなかに秋の気配を探ろうとする。やがて次のような和歌が詠まれることになる。

秋来ぬと目にはさやかに見えねども風の音にぞ④おどろかれぬる　※3藤原敏行（ふじわらのとしゆき）

この歌は九〇〇年代のはじめに成立した「⑤古今和歌集」秋の歌の巻頭にあって「秋立つ日よめる」の詞書（ことばがき）がある。つまり立秋の歌である。きょうは立秋といっても見た目には夏のままだが、耳を澄ませば秋風の吹く音が聞こえる。暑さのさなかに秋の気配（風の音）を探り出したという歌である。この歌は「探る」という感覚の誕生を宣言している歌なのだ。

この「探る」という感覚こそが日本人の繊細な季節感の根底にあるものである。日本人の生活、文化の一切はこの「探る」という感覚の上に成立している。それを生み出したのが二十四節気とじっさいの季節のズレであったことを忘れてはならない。

「探る」ということをもう少し詳しく定義すると、何であれものごとの目に見える表面だけにとらわれず、内部で何が起こっているか、目に見えない内奥（ないおう）への想像力（イマジネーション）ということになるだろうか。

俗に「日本の文化は季節の先取りの文化である」などといわれるが、この「季節の先取り」などは「探る」という感覚の端的な表われだろう。また、過ぎ去った春や秋を惜しむ、この季節の名残りを惜しむという感る。なぜならば、推古十二年（六〇四年）、暦（太陰太陽暦、いわゆる旧暦）とともに中国から日本にもたらされた二十四節気の四季割りが、明治四年（一八七一年）に旧暦が廃止され太陽暦に切り替えられるまでの千二百年以上、日本の四季の基準となってきたからである。

ということは、日本人の季節感は現代風の四季ではなく、二十四節気の四季を土台にして生まれたということであり、②日本人の生活や文化は二十四節気から生まれた季節感によって育まれたということになる。

生活も含めて日本の文化はまさに季節が生みだした季節の文化であるということができる。もしそうでないというのなら、われわれの生活や文化から季節の生みだしたものすべてを抜き去ってみればいい。石ころひとつ残らないはずである。

これほど全面的に季節の恩恵をうけている生活や文化は世界を見わたしても日本以外にはないのではないか。その土台になってきた季節感は二十四節気の四季をもとに生まれたということになる。

[2] 二十四節気の四季はどうなっているか。二十四節気とはその名のとおり一年間を二十四等分した節目のことである。その二十四節気には当然、軽重があって重要なのは「二至二分」（二つの至と二つの分）と「四立」（四つの立）である。二至二分は夏至、冬至、春分、秋分。四立は立春、立夏、立秋、立冬である。

この八つはみな太陽の高度から割りだされた、いわば宇宙的な節気である。これに対して、ほかの雨水、啓蟄などの節気は天候や動植物のようすを表わす地上的な節気ということになる。

二十四節気の柱となるのは八つの宇宙的な節気であるが、このうち四季を区分けしているのは四立である。その四立は具体的にいつか。

立春（春が生まれるころ）二月四日ごろ
立夏（夏が生まれるころ）五月六日ごろ
立秋（秋が生まれるころ）八月八日ごろ
立冬（冬が生まれるころ）十一月七日ごろ

括弧書きは日本気象協会の「二十四節気ひとこと解説」による四立の説明である。この四季割りによると、春は二月から四月、夏は五月から七月、秋は八月から十月、冬は十一月から翌年一月ということになる。古代以来、この四季割りによって日本人は生活や文化を築いてきたということになる。

現代風の四季と並べるとすぐわかるとおり、二十四節気の四季は一か月早い。[3] ズレている。どういうことかといえば、現代人がまだ冬だと思っている二月初めに早々と春が来る、まだ夏だと思っている八月初めにはもう秋に入るということである。しかし、二月初めに春が来たといわれても現代人はピンとこないし、八月初めにもう秋だといわれてもますます [A] 。立夏、立冬も同じだろう。

そこで二十四節気のズレを直したい、たとえば立春を三月へ動かしたい、立秋は九月にしたいと考えるのは一見、合理的な選択である。しかしそれは浅はかな選択といわなければならない。

まず知っておかなくてはならないのは、二十四節気が季節の実感からズレているのは何も現代だけではないということである。江戸時代も室町時代も平安時代も二十四節気はズレていた。にもかかわらず日本人は千二百年以上にわたって二十四節気を捨てることなく使いつづけてきたと

【国　語】（五〇分）〈満点：一〇〇点〉

【注意】すべての問題において、句読点・記号は1字と数えるものとする。

一　次の問いに答えなさい。

問一　次の――線のカタカナを漢字に直しなさい。

1　文章のボウトウを読む。
2　カカンに勝負をいどむ。
3　フクシの仕事に就く。
4　締め切りの期限がセマる。
5　道でアバれる。

問二　次の――線の漢字の読みをひらがなに直しなさい。

1　二人は姉妹である。
2　丁重に話をうかがう。
3　軽やかにおどる。
4　神の化身。
5　よく熟れた果物。

問三　次の空欄にあてはまるものを一つ選び、記号で答えなさい。

1　「敵に塩を送る」ということわざの意味は［　］である。
ア　予想外のことをして相手を驚かせること。
イ　争っている相手を助け支援すること。
ウ　相手のすきを見て徹底的にやっつけること。
エ　相手を神仏の力を借りて呪うこと。

2　次の――線のカタカナの語の対義語は［　］である。
◆　申し出をキャッカする。
ア　吸収　イ　回収　ウ　教授　エ　受理

3　次の熟語の構造が「下の字が上の字の目的語になっている」のは［　］である。
ア　噴火　イ　正装　ウ　大雨　エ　婚礼

4　「背（　）の陣」という故事成語の空欄にあてはまるものは［　］である。
ア　火　イ　海　ウ　水　エ　山

5　小説「細雪（ささめゆき）」の作者は［　］である。
ア　森鷗外（もりおうがい）　イ　武者小路実篤（むしゃのこうじさねあつ）　ウ　川端康成（かわばたやすなり）
エ　谷崎潤一郎（たにざきじゅんいちろう）

二　次の文章に関するあとの問いに答えなさい。

春はいつ来て、いつ去ってゆくのか。あなたはどう考えていますかと今の日本人に質問すれば、ほとんどの人が、このやや悠長な質問に対してちょっと戸惑いを見せたあと、「雛祭り（ひなまつり）のころ来て連休のあと去ってゆく」と答えるのではないか。

いいかえると、今の日本人の多くは（A）月から（B）月までの三か月間が春だと思っている。これでゆくと、（C）月から（D）月までが夏、（E）月から（F）月までが秋、（G）月から（H）月までが冬ということになる。じっさいこれが一般的な了解事項だろうし、この現代風の「四季割り」で何の支障もなく世の中はめぐっているようにみえる。

［1］、①もし古代からこの四季割りがつづいてきたとするならば、日本人の生活や文化は今とはずいぶん違うものになっていたはずであ

2023年度

解　答　と　解　説

《2023年度の配点は解答欄に掲載してあります。》

＜数学解答＞

1　(1)　2　(2)　$2x^2-11x+19$　(3)　$(7x+9y)(7x-9y)$　(4)　$\frac{\sqrt{2}}{3}<\frac{1}{2}<\frac{1}{\sqrt{2}}$
(5)　$x=\frac{3\pm\sqrt{17}}{4}$　(6)　$S=\frac{3V}{h}$

2　(1)　21　(2)　4　(3)　$-\frac{9}{2}\leqq y\leqq 0$　(4)　$\angle x=55°$

3　(1)　$a=1$　(2)　$y=4x-3$　(3)　$\frac{104}{3}\pi$

4　(1)　$120\sqrt{3}\,\text{cm}^2$　(2)　BP：PD＝5：3　(3)　BQ：QD＝2：1　(4)　$\frac{3\sqrt{3}}{2}\text{cm}^2$

5　(1)　49通り　(2)　69通り　(3)　625通り

○配点○

各5点×20　計100点

＜数学解説＞

基本　1　(正負の数，式の計算，因数分解，平方根，2次方程式，等式の変形)

(1)　$\left(3-\frac{9}{2}\right)^4\div\frac{81}{32}=\left(-\frac{3}{2}\right)^4\times\frac{32}{81}=\frac{81}{16}\times\frac{32}{81}=2$

(2)　$(2x-3)^2-(x+2)(2x-5)=4x^2-12x+9-(2x^2-x-10)=2x^2-11x+19$

(3)　$49x^2-81y^2=(7x+9y)(7x-9y)$

(4)　$\frac{1}{2}=\sqrt{\frac{1}{4}}$，$\frac{1}{\sqrt{2}}=\sqrt{\frac{1}{2}}$，$\frac{\sqrt{2}}{3}=\sqrt{\frac{2}{9}}$　$\frac{2}{9}<\frac{1}{4}<\frac{1}{2}$より，$\frac{\sqrt{2}}{3}<\frac{1}{2}<\frac{1}{\sqrt{2}}$

(5)　$2x^2-3x-1=0$　解の公式を用いて，$x=\frac{-(-3)\pm\sqrt{(-3)^2-4\times2\times(-1)}}{2\times2}=\frac{3\pm\sqrt{17}}{4}$

(6)　$V=\frac{1}{3}Sh$　$\frac{1}{3}Sh=V$　$Sh=3V$　$S=\frac{3V}{h}$

基本　2　(数の性質，式の値，関数，角度)

(1)　$756=2^2\times3^3\times7$より，求める自然数nは$3\times7=21$

(2)　$x^2y-xy^2=xy(x-y)=(\sqrt{5}+2)(\sqrt{5}-2)\{(\sqrt{5}+2)-(\sqrt{5}-2)\}=(5-4)\times4=4$

(3)　最小値は，$y=-\frac{1}{2}x^2$に$x=-3$を代入して，$-\frac{1}{2}\times(-3)^2=-\frac{9}{2}$　最大値は，$x=0$のとき
$y=0$　よって，yの変域は，$-\frac{9}{2}\leqq y\leqq 0$

(4)　BDは直径だから，$\angle BAD=90°$　$\overset{\frown}{AD}$の円周角だから，$\angle x=\angle ABD=180°-90°-35°=55°$

3　(図形と関数・グラフの融合問題)

重要　(1)　2点A，Bは$y=x^2$上の点だから，$A(a,\ a^2)$，$B(a+2,\ (a+2)^2)$　よって，$AD=a$，$BC=a+2$，$CD=(a+2)^2-a^2=4a+4$より，四角形ABCDの面積は，$\frac{1}{2}\times(a+a+2)\times(4a+4)=4(a+1)^2$
$4(a+1)^2=16$より，$(a+1)^2=4$　$a+1=\pm2$　$a=-1\pm2=1,\ -3$　$a>0$より，$a=1$

基本 (2) (1)より，A(1, 1)，B(3, 9) 直線ABの式を$y=bx+c$とすると，2点A，Bを通るから，$1=b+c$，$9=3b+c$ この連立方程式を解いて，$b=4$，$c=-3$ よって，$y=4x-3$

重要 (3) 直線ABの切片より，E(0, −3)とする。求める立体の体積は，△EBCと△EADをy軸を軸として1回転させてできる円錐の体積の差に等しい。よって，$\frac{1}{3}\pi\times3^2\times(9+3)-\frac{1}{3}\pi\times1^2\times(1+3)=36\pi-\frac{4}{3}\pi=\frac{104}{3}\pi$

重要 **4** **(平面図形の計量)**

基本 (1) 点Bから辺ADにひいた垂線をBHとすると，$BH=\frac{\sqrt{3}}{2}AB=\frac{\sqrt{3}}{2}\times12=6\sqrt{3}$ よって，平行四辺形の面積は，$20\times6\sqrt{3}=120\sqrt{3}$ (cm²)

(2) 仮定より，∠DCE=∠BCE 平行線の錯角だから，∠DEC=∠BCE よって，∠DEC=∠DCEより，DE=DC=12 平行線と比の定理より，BP：PD=BC：DE=20：12=5：3

(3) 直線BCとEFとの交点をGとすると，CG：DE=CF：FD=1：3より，$CG=\frac{1}{3}DE=4$ よって，BQ：QD=BG：DE=(20+4)：12=24：12=2：1

(4) △EBD：△EPQ=BD：PQ=BD：(PD−QD)=BD：$\left(\frac{3}{5+3}BD-\frac{1}{2+1}BD\right)=1:\left(\frac{3}{8}-\frac{1}{3}\right)=24:1$ △EBD：△ABD=DE：AD=12：20=3：5 よって，$\triangle EPQ=\frac{1}{24}\triangle EBD=\frac{1}{24}\times\frac{3}{5}\triangle ABD==\frac{1}{40}\times\frac{1}{2}\times120\sqrt{3}=\frac{3\sqrt{3}}{2}$ (cm²)

5 **(数の性質，場合の数)**

基本 (1) $a+b=50$を満たす自然数a，bの組は，$(a, b)=(1, 49), (2, 48), \cdots, (49, 1)$の49通り。

(2) 20以下の素数は，2, 3, 5, 7, 11, 13, 17, 19である。$a+b$がこれらの数になるa，bの組は，それぞれ1, 2, 4, 6, 10, 12, 16, 18通りあるから，全部で，1+2+4+6+10+12+16+18=69(通り)

(3) 50以下の偶数は，2, 4, 6, …, 48, 50であり，$a+b$がこれらの数になるa，bの組は，それぞれ1, 3, 5, …, 47, 49通りあるから，全部で1+3+5+…+47+49=(1+49)×25÷2=625(通り)

★ワンポイントアドバイス★

空間図形が平面図形に，確率が場合の数に変わったが，取り組みやすい内容である。ミスのないように解いていこう。

<英語解答>

1 1 エ　2 ウ　3 ア　4 イ　5 ア　6 エ　7 ア　8 エ　9 イ　10 ウ

2 1 イ　2 エ　3 エ　4 ア

3 1 エ　2 イ　3 ウ　4 ア　5 ウ

4 1 No　2 How　3 for　4 must　5 On

5 1 looking, forward　2 was, married　3 gave, up　4 do, your

5 look, after

6 1 イ 2 ア 3 ウ 4 ア 5 ア

7 1 エ 2 イ 3 ア 4 イ 5 エ

8 1 イ 2 ウ 3 ウ 4 エ 5 ア

9 1 ス 2 オ 3 ケ 4 エ 5 キ 6 ウ 7 イ 8 シ 9 ア
10 ク 11 コ 12 サ 13 カ

○配点○

1, 2 各1点×14 他 各2点×43 計100点

<英語解説>

基本 1 (語句補充問題：受動態，現在完了，動名詞，関係代名詞，不定詞)

1 be interested in ～ 「～に興味がある」
2 <have ＋過去分詞＋ for ～>で現在完了の継続用法の文になる。
3 stop ~ing 「～するのをやめる」
4 which is spoken in Japan は前の名詞を修飾する主格の関係代名詞である。
5 <see ＋ A ＋原形不定詞> 「Aが～するのを見る」
6 yesterday があるので過去形の文である。
7 <be 動詞＋過去分詞＋ by ～>で受動態の文になる。
8 「私の答え」＝「私のもの」mine
9 water は数えられない名詞なので「ほとんどない」を表すには little を用いる。
10 先行詞に最上級が用いられている場合には，関係代名詞 that が適切。

2 (会話文)

1 この後で「後でかけ直す」と言っているので，マコトは外出中だとわかる。
2 二度同じような内容の問いかけとなっているため，聞き返していると判断できる。
3 「姉は大阪に住んでいる」と答えているので「どこに住んでいるか」と尋ねている。
4 「このシャツはどうですか」と勧められているので，「試着していいか」と尋ねている。

重要 3 (語句整序問題：接続詞，分詞，不定詞，関係代名詞，間接疑問文)

1 (Roy ran) away as soon as he saw a policeman(.) as soon as ～ 「～するとすぐに」
2 Who is the girl sitting on the bench (over there?) sitting on the bench over there は前の名詞を修飾する分詞の形容詞的用法である。
3 (Yesterday, it) was too hot to work hard(.) <too ～ to…>「～すぎて…できない」
4 (I) like the pen my father gave me(.) my father gave me は前の名詞を修飾する目的格の関係代名詞 which(that) が省略された形である。
5 (Do you) know what time Tom will leave (tomorrow.) 間接疑問文の語順は<What time ＋主語＋(助)動詞～>の語順になる。

4 (書き換え問題：比較，前置詞，助動詞，動名詞)

1 <No other ＋単数名詞 as ～ as…> 「…ほど～なーはない」＝最上級
2 How can I get to ～？ 「～へどうやって行きますか」
3 <make ＋人＋物>＝<make ＋物＋ for ＋人>
4 have to ＝ must

やや難　5　on ～ing 「～するとすぐに」

基本 5 （語句補充問題：熟語）

1 「～するのを楽しみに待つ」 look forward to ～ing
2 「結婚している」 be married
3 「～するのをあきらめる」 give up ～ing
4 「最善を尽くす」 do one's best
5 「～の世話をする」 look after

6 （会話文）

（全訳） タロウ：(1)2月4日に嬬恋にスキーに行こうよ。その日の予定はないんだ。きみのスケジュールにも予定はないよ。

ミク　：その日はバスケットボールの試合があるんだ。2月3日に予定されていたけれど，翌日に移動されたの。

タロウ：2月3日はひまになるんだね。

ミク　：いや。(2)この日はチームでバスケットボールの練習をするの。試合の1日前なんだ。2月12日はどう？

タロウ：それは良い考えではないな。家族は(3)2月11日に旅行するんだよ。その日は夜遅く帰宅するよ。(4)翌日は疲れすぎだと思うんだ。

ミク　：なるほど。

タロウ：2月8日はどう？

ミク　：きみはその日はピアノのレッスンがあるね。

タロウ：来週に変更できるよ。

ミク　：そうなの？　できる？

タロウ：うん。2月8日にスキーに行こう。

ミク　：当日は天気がいいといいね。

タロウ：そうだね。(5)スケジュールを変更することはできるけど，天気を変更することはできないからね。

1　ミクの発言で2月3日に予定されていた試合が次の日になったとあるので，2月4日であると判断できる。
2　2月3日はひまではなく，試合の前の日であるので，練習をするという内容が適切である。
3　その日に旅行から帰ってくるとタロウは発言しているので，2月11日であるとわかる。
4　ミクが提案した2月12日は，タロウにとって旅行の翌日なので疲れていると判断できる。
5　ミクが「天気がいいといいね」と言ったことに対する発言なので，天気に触れた選択肢を選ぶ。

7 （長文読解問題・説明文：指示語・要旨把握）

（全訳） 先週の日曜日は，世界最古の陸上動物の公式誕生日だった。 セントヘレナ島に住むセーシェルゾウガメ，ジョナサンは190歳になった。このイベントは，特別な「サラダケーキ」を含む大きなパーティーで祝われた。

ジョナサンが何歳かは誰にもわからない。しかし，1882年に，彼はセントヘレナに住んでいたウィリアム・グレイウィルソン卿への贈り物として連れてこられた。その頃に撮られた写真は，ジョナサンがすでに完全に成長していたことを示している。

セーシェルゾウガメが大人になるまでに約50年かかるため，動物の専門家は，ジョナサンは1832年頃に生まれたに違いないと言う。それで(1)彼は世界最古の陸上動物のギネス世界記録を獲得した。

1890年，グレイウィルソン卿はセントヘレナの知事になった。彼はジョナサンを連れて，プランテーションハウスと呼ばれる知事の家に住むようになった。それ以来，約30人の他の知事がプランテーションハウスを入れ替わっている。しかし，ジョナサンは残っている。現在，そこには他に3匹のゾウガメがいて，彼と一緒にいる。

セーシェルゾウガメは長生きすることで知られている。 1匹のカメは255年間生きていたと報告されている。ジョナサンの世話をする獣医のジョー・ホリンズは，ジョナサンはおそらく190歳以上であると言うが，知る方法はない。区別するために，セントヘレナの現在の知事であるナイジェル・フィリップスは，ジョナサンに1832年12月4日の公式の誕生日を与えた。

セントヘレナは大きな場所ではない－そこには約4500人しか住んでいないので，ジョナサンは地元のスターだ。彼の絵はすでにセントヘレナのコインの1つにある。彼の誕生日のために，彼は今，一連の切手で表彰されている。

ジョナサンはまだ(カメにしては)非常に活発だが，彼はいくつかの健康上の問題を抱えている。彼は盲目で，物事の匂いを嗅ぐことができなくなったので，手で餌をやる必要がある。しかし，彼は食欲がある。彼は，リンゴやバナナだけでなく，レタス，キャベツ，ニンジン，キュウリなどの野菜や果物をたくさん食べる。彼の聴覚もまだ強い。彼はホリンズ氏の声を認識し，それに反応する。

ジョナサンの誕生日を祝うために，セントヘレナは3日間のパーティーを開催した。人々はジョナサンを訪問するためにプランテーションハウスに招待された。ジョナサンの世話をする人々は，彼を祝うために特別なサラダケーキを作った。

1　第1段落第2文参照。ジョナサンは190歳になった。
2　第4段落第2文参照。ジョナサンが知事の家に来てから，30人の知事が入れ替わった。
3　「世界最古の陸上動物」というギネス世界記録を獲得したのはジョナサンである。
4　第6段落第2文参照。ジョナサンはセントヘレナのコインに描かれている。
5　世界最古の陸上動物であるセーシェルゾウガメについての話である。

8　(Eメール：語句補充，要旨把握，内容吟味)

差出人：オガワショウヘイ
宛　先：ジョン・コナー
日　付：8月1日
件　名：ポスターコンテスト
こんにちは，ジョン
今日は休み時間にきみと話したかったのですが，放課後にきみに会いませんでした。菅生祭のポスターをデザインするコンテストについて聞いたことがある？一緒にやろうよ。僕はそれについての考えを持っているんだ。空に虹のある山を描くことができます。どう思う？
ところで，きみの部活は文化祭で何をするつもりですか？僕たちの演劇部は不思議の国のアリスの冒険を上演する予定です。
ショウヘイ

差出人：ジョン・コナー
宛　先：オガワショウヘイ
日　付：8月1日
件　名：ごめんなさい！
こんにちは，ショウヘイ

放課後にきみに会うことができなくてごめんね。ダンスの練習があったので体育館に行ったんだ。菅生祭に出演するので一生懸命練習しています。今日は4時間練習したよ！ポスターのお手伝いをしたいのですが，文化祭の練習で忙しくなるんだ。僕はテストのために勉強もしなければなりません。きみは素晴らしい芸術家なので，きっと自分で素敵なポスターを作ることができるよ。演劇の練習で頑張ってね。
ジョン

差出人：オガワショウヘイ
宛　先：ジョン・コナー
日　付：8月2日
件　名：問題ないよ
こんにちは，ジョン
それを聞いて残念です。わかりました。きみは本当に忙しいんだね！ジェシカを覚えている？彼女は僕のクラスの女の子です。今夜彼女に電話して，一緒にポスターを作ってもらうつもりです。彼女ができなければ，僕は一人でコンテストに参加します。文化祭でのきみのダンスパフォーマンスを見るのが待ちきれません。じゃあ、また。
ショウヘイ

1　by the way 「ところで」
2　wait to ~ 「~するのを待つ」
3　ショウヘイはポスターコンテストに誘うためにジョンにEメールを送った。
4　ジョンは文化祭の練習と，テストのための勉強でポスター作りをすることができない。
5　ショウヘイはジェシカに電話をしてポスター作りに誘うつもりである。

重要 9 (長文読解問題・説明文：語句補充)

(全訳)　誰もが「デジタル・シチズンシップ」について話しているが，それは何か？私たちはコンピュータ技術について話すために「デジタル」という言葉を使う。「市民」であるということは，あなたが人々のグループに属していることを意味する。

デジタル市民は，テクノロジーを使用してオンラインで(1)他の人と通信し，安全で責任ある方法でインターネットを使用する方法を知ることができる。あなたは良いデジタル市民か？オンラインで安全と責任を持つためのいくつかの方法がある。

1. 安全を確保する

安全を確保するため，住所や学校名などの(2)個人情報をオンラインで提供してはいけない。 強力で安全なパスワードを作成し，秘密にしなさい。友達に(3)パスワードを教えてはいけない。

2. 敬意を示す

実生活と同じように，オンラインでうまく振る舞うことが重要だ。たとえば，誰かの写真を投稿する場合は，最初にその人の(4)許可を求めなさい。誰もが自分の(5)意見を持つことができることを忘れてはいけない。反対してもかまわないが，常に礼儀正しくしなさい！

3. 親切にする

オンラインで(6)コメントを投稿する前に，立ち止まって考えなさい。それは肯定的か？あなたの言葉は誰かをどのように感じさせるか？実生活では言わないことを(7)オンラインで言ってはいけない。(8)不快なメッセージは絶対に送信してはいけない。誰かがオンラインでいじめられているのを見つけた場合は，親，教師，または他の大人に伝えなさい。

4. 注意する

オンラインのすべての人またはすべてを(9)信頼してはいけない。オンラインの人々は，必ずしも彼らが言うとおりの人であるとは限らないことを忘れてはならない。(10)見知らぬ人からのメールを開いたり，奇妙なリンクをクリックしたり，大人に尋ねずにアプリを(11)ダウンロードしたりしてはいけない。(12)ウイルスが含まれている可能性がある。よくわからない場合は，両親や先生に聞きなさい！

私たちが善良なデジタル(13)市民であれば，オンラインで時間を過ごして学ぶことは素晴らしいことだ。だから，安全で，責任を持って，楽しみなさい！

1　others 「他人」

2　such as 以降に具体例が書かれている。住所や学校の名前は「個人情報」personal information である。

3　安全を確保するために「パスワード」passwords は伝えてはいけない。

4　誰かの写真を投稿する場合は，「許可」permission を求める必要がある。

5　opinion 「意見」

6　オンラインで「コメント」comment を投稿する前に，肯定的なものか考える必要がある。

7　実生活で言わないことを「オンライン」online でも言ってはならない。

8　他人を傷つけないために「不快なメッセージ」unpleasant messages を送ってはいけない。

9　trust 「信用する」

10　stranger 「見知らぬ人」

11　大人に聞かずにアプリを「ダウンロード」download してはならない。

12　virus 「ウィルス」

13　オンラインで時間を過ごしたり学んだりすることを良いものにするには，我々が良い「デジタル市民」digital citizen である場合である。

★ワンポイントアドバイス★

非常に問題数が多くなっている。読解問題の割合が大きいため，文法問題は素早く処理をして読解に十分な時間を確保しよう。過去問で出題傾向をつかんでおきたい。

<国語解答>

一　問一　1　冒頭　2　果敢(に)　3　福祉　4　迫(る)　5　暴(れる)
　　問二　1　しまい　2　ていちょう(に)　3　かろ(やかに)　4　けしん　5　う(れた)
　　問三　1　イ　2　エ　3　ア　4　ウ　5　エ

二　問一　ウ　問二　1　イ　2　オ　3　ウ　4　エ　問三　イ
　　問四　今の季～節感覚　問五　ウ　問六　ア　問七　ウ
　　問八　1　こきんわかしゅう　2　イ　問九　エ

三　問一　医者からの　問二　ア　問三　ウ　問四　つまり連中　問五　イ
　　問六　イ　問七　それ以外の　問八　エ　問九　ア　問十　そして別段

四　問一　いみじき歌よみ　問二　ウ　問三　ア　問四　ア　問五　エ

○配点○

□一 各2点×15　□二 問三・問四・問六・問七　各3点×4　他　各2点×9
□三 各3点×10　□四 各2点×5　計100点

＜国語解説＞

□一 (知識問題―漢字の読み書き，ことわざ・慣用句，対義語，熟語の構成，文学史)

問一　1「冒」を使った熟語はほかに「冒険」「感冒」など。訓読みは「おか(す)」。　2「果」を使った熟語はほかに「果実」「果報」など。訓読みは「は(たす)」「は(て)」「は(てる)」。　3「福」を使った熟語はほかに「福利厚生」「禍福」など。　4「迫」の音読みは「ハク」。熟語は「迫力」「圧迫」など。　5「暴」の訓読みはほかに「あば(く)」。音読みは「ボウ」「バク」。熟語は「暴力「暴露」など。

問二　1「姉妹」は，あねといもうと，女のきょうだい，という意味。訓読みはそれぞれ「あね」「いもうと」。　2「丁」を使った熟語はほかに「丁寧」「装丁」など。音読みはほかに「チョウ」。熟語は「丁度」「落丁」など。訓読みは「ひのと」。　3「軽」の訓読みは「かる(い)」「かろ(やか)」。音読みは「ケイ」。熟語は「軽減」「軽薄」など。　4「化」を使った熟語はほかに「化粧」「道化」など。音読みはほかに「カ」。訓読みは「ば(かす)」「ば(ける)」。　5「熟」の音読みは「ジュク」。熟語は「熟睡」「熟慮」など。

問三　1「敵に塩を送る」は，敵の弱みに付け込まず，逆にその苦境から救う，という意味。
2「却下」は，訴訟・申請などを取り上げずに退けること。対義語は，届け等の書類を受け付けること，という意味の「受理」。　3「噴火」は，下から「火を噴く」と読むことができ，「火」が「噴く」の目的語になる構成。　4「背水の陣」は，川や海などを後ろにして，退却できない所にしいた陣，という意味。転じて，失敗すれば次の機会はないという条件のもと事にあたること。　5　谷崎潤一郎の作品は，『細雪』のほかに『春琴抄』『痴人の愛』など。

□二 (論説文―脱文・脱語補充，接続語，文脈把握，内容吟味，要旨，文学史，四字熟語)

問一　直前に「雛祭りのころに来て連休のあと去ってゆく」とあるので，Aには「三」，Bには「五」が入る。続いて，「夏」にあてはまる月として，Cには「六」，Dには「八」が入る。「秋」にあてはまる月のEには「九」，Fには「十一」が入る。「冬」にあてはまる月のGには「十二」，Hには「二」が入る。

問二　1　直前に「何の支障もなく世の中はめぐっているようにみえる」とあるのに対し，直後には「もし……違うもものになっていたはずである」と別の視点が示されているので，逆接をあらわす「しかし」が入る。　2　直後で「二十四節気の四季はどうなっているか」と新たなテーマが示されているので，転換を表す「では」が入る。　3　直前の「二十四節気の四季は一か月早い」と，直後で「ズレている」と言い換えているので，言い換え・説明を表す「つまり」が入る。　4　直前に「太陽の高度がただちに気温に反映する」とあり，直後に「冬至……が一年でもっとも寒い」と具体例が示されているので，例示を表す「たとえば」が入る。

問三　直後に「推古十二年……中国から日本にもたらされた二十四節気の四季割りが，……千二百年以上，日本の四季の基準となってきた」とある。現代風の「四季割り」ではなく，「古代から続く二十四節気の四季割り」が日本の四季の基準になってきたことについては，「そこから……」で始まる段落に「そこから今の季節の中に次の季節の気配を『探る』という日本人独特の季節感覚が生まれたと考えることができるだろう」とあり，本文最後には「こうした日本人の想像力を育んだのも，さかのぼれば二十四節気のズレであったということになる。……ズレとかネジレは働かせ方しだいでバネのような創造力を生すものなのだ」と述べられているので，これらの内容と合致するイが適切。

問四　「二十四節気から生まれた季節感」については，「そこから……」で始まる段落に「今の季節の中に……『探る』という日本人独特の季節感覚(32字)」と端的に表現されている。

問五　直前の「ピンとこない」を言い換えているので，納得がいかない，という意味の「腑に落ちない」が適切。

やや難　問六　ここでいう「ズレ」については，「そこから……」で始まる段落に「そこから今の季節の中に次の季節の気配を『探る』という日本人独特の季節感覚が生まれたと考えることができるだろう」とあり，「この『探る』という……」で始まる段落では「日本人の生活，文化の一切はこの『探る』という感覚の上に成立している。それを生み出したのが二十四節気とじっさいの季節のズレであったことを忘れてはならない」とあるので，アが適切。

問七　この歌の歌意については，直後に「きょうは立秋といっても見た目は夏のままだが，耳を澄ませば秋風の吹く音が聞こえる。暑さの中に秋の気配(風の音)を探り出したという歌である」と説明されているので，ウが適切。

問八　『古今和歌集』は「こきんわかしゅう」と読み，延喜5(905)年に醍醐天皇の勅命により，最初の勅撰和歌集として編まれた和歌集である。撰者は紀友則・紀貫之・凡河内躬恒・壬生忠岑の四人。歌の配列は，四季の移ろい，心情の移り変わりが物語風に並べられていることが特徴。歌風は，理知的・技巧的・優美・繊細なものが多い。

問九　直前の「季節の名残を惜しむという感覚」と「『季節の先取り』『探る』という感覚」の関係を表す語が入るので，密接で切り離せない，という意味の「表裏一体」が適切。

三　(小説－文脈把握，内容吟味，情景・心情，脱文・脱語補充，大意)

問一　「僕」が「魚釣り」をする理由については，後に「僕はその前年肺尖カタルをやり，いわばその予後の身分で，医者からのんびりした生活を命ぜられていたのだ」と説明されているので，この中から，「～から」につながる部分として「医者からのんびりした生活を命ぜられていた(20字)」を抜き出す。

やや難　問二　直後に「彼らは総体に一様な表情であり，一様な言葉で話し合った。いわば彼らは世間の貌を岸に置き忘れてきていた」とある。「世間」から距離を置く人々の集まりでは，「職業や身分」は意味がない，という文脈なので，「それらは必要なかった」とするアが適切。

問三　「連中」の関係性については，「そして……」で始まる段落に「この連中の中で上下がつくとすれば，それはあくまで魚釣りの上手下手によるものだった」「しかしそれもはっきりときわ立ったものではない。きっぱりと技術だけが問題になるのではなく，やはりそこらに人間心理のいろんな陰影をはらんでくるようだった」とあり，直後には「微妙な優越感」とあるので，ウが適切。「排他」は，仲間以外のものをすべて退けること，という意味。

やや難　問四　皆が知らんふりをする理由については，次の段落に「つまり連中のここにおける交際は，いわば触手だけのもので，触手に物がふれるとハッと引っこめるイソギンチャクの生態によく似ていた」と，「イソギンチャクの触手」にたとえて説明されている。

問五　直前の「こういうつき合い」を指し，「彼等は薄情というわけでは全然ない」「触手に物が触れるとハッと引っこめる」というものなので，「(ある意味では)気楽」とするのが適切。気楽ともいえるが，やり切れなさも感じるというのである。

やや難　問六　直前に「魚釣りの生活以外のものを突堤に持ちこんだこと，それに対する反撥だったかもしれない」とある。魚釣りの生活以外のものを突堤に持ちこむのを嫌うのは，前出の「彼等の排他的気分」そのものである。自分の中にそのような気分があることに気づき「自己嫌悪」を覚えたと考えられるので。「……同じ価値観を身につけていた」とするイが適切。

問七　争いの発生原因について，「僕」の想像はこの後，「それ以外のもの，何者にとも判然しない奇妙な怒りを，……それがこんな場合にこうした形で出てくるらしい」とある。

問八　前に「両者の言い合いは水掛論になってきた」とあることに着目する。「水掛論」は，両方が自分の立場に固執して決着のつかない議論，という意味なので，エが適切。

問九　直後の「せっぱつまって」につながる様子としては，アの「追いつめられ」が適切。

やや難　問十　「それ」が指すのは，直前の「正当に反撥すべきところを慣れ合いでごまかそうとする。大切なものをギセイにしても自分の周囲との摩擦を避けようとする」という態度のこと。「ナミさん」と「日の丸オヤジ」の行動に置き換えると，〈中略〉前の「そして別段仲直りの言葉を交わすこともしないで，漠然と仲直りをしてしまった。」という一文があてはまる。

四　**(古文―文脈把握，内容吟味，口語訳，大意)**

〈口語訳〉　最近のことだが，最勝光院で梅の花の盛りの頃に，品格のありそうな女房が一人で，釣殿のあたりにたたずんで(梅の)花を見ていると，法師の男たちが群がって入って来たので，無風流だと思ったのだろうか，帰ろうとしたが，(女房が)着ていた着物がことのほかに黄ばんですすけているのを(見て，法師たちが)笑って，

　花を見捨てて帰る猿殿

と，連歌をしかけると，即座に

　里を守る犬が吠えるのに驚いて

と付けた。人々は恥じ入って逃げた。この女房は俊成卿の娘で，すぐれた歌詠みであったが，目立たないよう姿を変えていたということだ。

問一　「女房」については，本文最後に「この女房は俊成卿の女とて，いみじき歌よみなりける」とあるので，「いみじき歌よみ(7字)」を抜き出す。

やや難　問二　本文最後に「ふかく身をやつしたりけるとぞ」とある。「身をやつす」は，みすぼらしくする，目立たないように姿を変える，と意味なので，ウが適切。著名な歌人であった俊成女は，目立たぬ姿で梅の花を愛でたかったのである。

問三　直前の「帰り出でける」の主語は「女房」で，後に「この女房は俊成卿の女」とある。

問四　「花を見捨てて帰る猿まろ」と連歌をしかけたのは「男法師など」。それに応じて句を付けたのは，しかけられた「女房(＝俊成卿の女)」。

やや難　問五　直前に「とりあへず，……と付けたりけり」とある。みずぼらしい身なりの女房をからかってやろうと連歌をしかけたところ即座に気の利いた句を付けてきたので，ただ者ではないと察知した，と考えられるので，「不作法だと気づいた」とするエが適切。

★ワンポイントアドバイス★

現代文は，指示内容や言い換え表現をすばやくとらえる練習をしよう！　古文は，注釈を参照しながら口語訳をする力と，大意を的確にとらえる練習をしよう！

2022年度
★★★★★★★★★★★★★★★★★★★★★★★★
入　試　問　題

2022年度

東海大学菅生高等学校入試問題

【数　学】（50分）　＜満点：100点＞
【注意】 定規・分度器・コンパスは使用してはいけない。

1 次の問いに答えなさい。

(1) $\left(-\frac{4}{3}\right)^2 \div \frac{7}{9} \times (-7^2)$ を計算しなさい。

(2) $\sqrt{80}-\sqrt{20}$ を計算しなさい。

(3) $2x^2-12xy+10y^2$ を因数分解しなさい。

(4) a 円の４割引きの金額がいくらになるか，答えなさい。

(5) ２次方程式 $2(x+3)(x+2)=12$ を解きなさい。

(6) 連立方程式 $\begin{cases} 2x-3y=10 \\ x=\frac{5}{2}y+4 \end{cases}$ を解きなさい。

(7) 直線 $y=ax+2$ は，$x=2$ のとき $y=-4$ となります。$x=3$ のときの y の値を求めなさい。

(8) 右の図において，$\angle x$ の大きさを求めなさい。
ただし，点 O は円の中心，点A，B，Cは円周上の点とします。

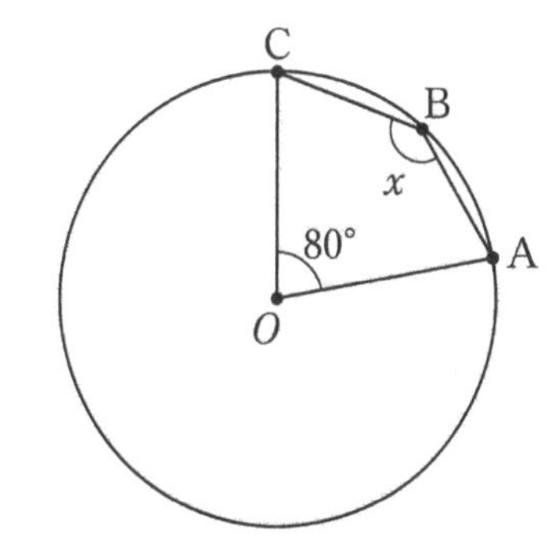

2 次の問いに答えなさい。

(1) S君は，家から毎分70mの速さで歩いて博物館まで行きました。S君の弟は，準備に少し時間がかかったため，S君よりも家を出るのが９分遅くなりました。そこで，S君の弟は，毎分100mの速さで走ったところ，２人はちょうど同じ時刻に博物館に着きました。S君の家から博物館までの道のりは何mか求めなさい。
ただし，S君とS君の弟は同じ道を通っています。

(2) $x=2022$，$y=2020$ のとき，$x^2-2xy+y^2$ の値を求めなさい。

(3) ４人から３人を選んで１列に並べるとき，並べ方が何通りあるか答えなさい。

3 下の図のように$y=\frac{12}{x}$（$x>0$）のグラフと点A（0，4），点B（4，0）があります。このとき，次の問いに答えなさい。

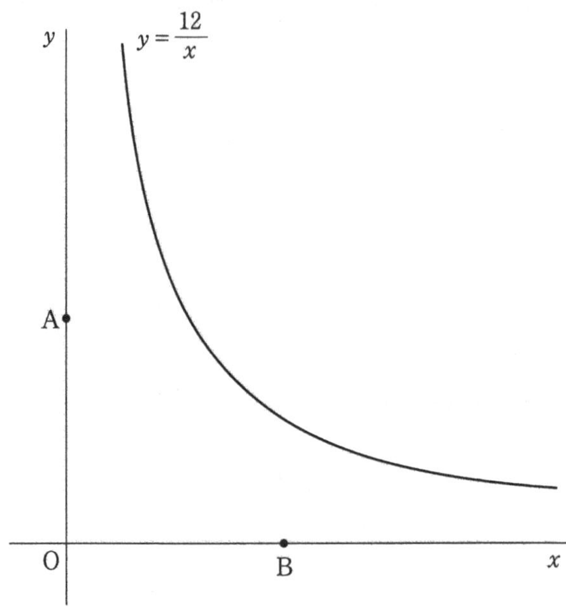

(1) $y=\frac{12}{x}$（$x>0$）のグラフ上の点において，x座標，y座標がともに整数となり，さらにx座標がy座標より小さくなる点の座標をすべて答えなさい。

(2) (1)で答えた点から一つを選び，その点をPとします。ただし，Pは四角形OAPBの面積が最大となるものを選びます。このとき，

① その面積を求めなさい。

② 点Oを通りその面積を2等分する直線の式を求めなさい。

4 底面の半径が4㎝，母線が16㎝の円すいをAとします。次の問いに答えなさい。

(1) 円すいAの体積を求めなさい。

(2) 円すいAの表面積を求めなさい。

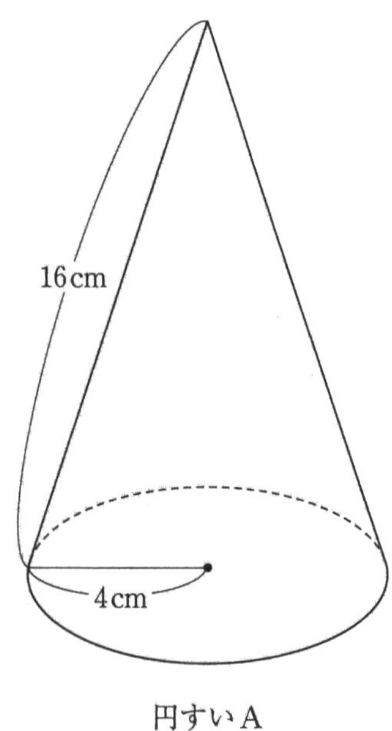

円すいA

(3) 右の図のように，円すいＡから母線が４cmの円すいＢを切り取り，残された立体があります。この残された立体の体積を求めなさい。

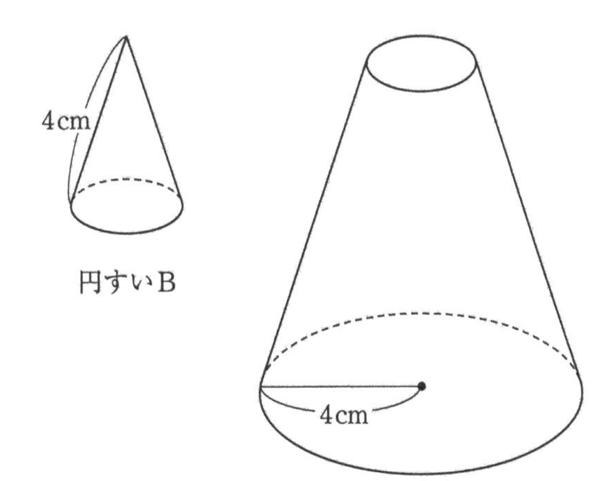

5 大小２つのさいころを同時に投げるとき，次の問いに答えなさい。

(1) さいころの目の和が８になる確率を求めなさい。

(2) さいころの目の積が素数になる確率を求めなさい。

(3) さいころの目の積が12の約数になる確率を求めなさい。

【英　語】（50分）　＜満点：100点＞

1　（　）に入る最も適切なものを選び，その記号を答えなさい。

1．Cheese is made (　　) milk.
ア by　イ from　ウ in　エ to

2．I haven't seen him (　　) last Friday.
ア from　イ for　ウ before　エ since

3．We don't have (　　) snow in Shizuoka.
ア a few　イ a little　ウ many　エ much

4．Yoko (　　) English hard every day.
ア study　イ studies　ウ am going to study　エ studying

5．(　　) Makoto speak English well?
ア Is　イ Are　ウ Do　エ Does

6．We have two cats at (　　) house.
ア we　イ our　ウ us　エ ours

7．I have a lot of homework (　　) today.
ア do　イ does　ウ doing　エ to do

8．This question is as (　　) as that one.
ア easy　イ easier　ウ more easy　エ the easiest

9．Look at the mountain (　　) with snow.
ア cover　イ covers　ウ covered　エ covering

10. This cake (　　) by Ken.
ア makes　イ is making　ウ was made　エ is make

11. (　　) speak Japanese in this room.
ア Not　イ Don't　ウ Didn't　エ No

12. Ken and John (　　) a video game now.
ア play　イ were playing　ウ are playing　エ played

13. (　　) you going to stay here for a few days?
ア Are　イ Do　ウ Did　エ Will

14. Lucy has (　　) there for a long time.
ア work　イ works　ウ working　エ worked

2　それぞれの会話について（　）に入る最も適切なものを選び，その記号を答えなさい。

1．A：How often do you take an online English conversation lesson, Naoki?
B：(　　)　It's a lot of fun.
ア For 45 minutes.　イ Once a week.
ウ Good to know that.　エ Fine, thank you.

2．A：You look tired.　What's the matter?
B：I have a headache.

A：(　　　)
ア　Go ahead.　　　イ　Thank you.
ウ　You're welcome.　　　エ　That's too bad.

3．A：May I use your dictionary?
B：Sure.　(　　　)
ア　Here you are.　　　イ　I don't have one.
ウ　I want it, too.　　　エ　I'm sorry.　I can't.

4．A：Hello.　Can I speak to Ms. Smith?
B：(　　　) Shall I ask her to call you back?
A：Yes, please.
ア　Please try again.　　　イ　I'll leave her a message.
ウ　She's out right now.　　　エ　Speaking.

5．A：Excuse me.　Can you tell me the way to the city library?
B：(　　　) Go straight.　You will see it on your left.
ア　No problem.　　　イ　I don't know.
ウ　Thank you.　　　エ　You are right.

3　各組の英文がほぼ同じ意味になるように，それぞれの（　）に入る適切な１語を答えなさい。

1．Jane is a girl with long hair.
Jane is a girl (　　　) (　　　) long hair.

2．This picture isn't as beautiful as that one.
That picture is (　　　) (　　　) than this one.

3．My brother didn't break the door.
The door (　　　) (　　　) by my brother.

4．Kenta showed me the pictures.
Kenta showed the pictures (　　　) (　　　).

5．I'm so tired that I can't study anymore.
I'm (　　　) tired (　　　) study anymore.

4　日本語の意味を表すように（　）内の語句を並べかえた時，（　）内で３番目と５番目に来るものの最も適切な組み合わせを選び，その記号を答えなさい。文頭に来る語も小文字で表されています。

1．ケンは親切にも私にコンピュータの使い方を教えてくれました。
Ken was (① to use ② to show ③ kind ④ me ⑤ how ⑥ enough) the computer.
ア　④－⑤　　イ　⑥－②　　ウ　⑥－①　　エ　②－⑤

2．あなたは今までにオーストラリアに行ったことがありますか。
(① ever ② have ③ Australia ④ you ⑤ to ⑥ been)?
ア　①－③　　イ　①－⑤　　ウ　⑥－③　　エ　⑥－⑤

3．ステージで踊っている男の人は私たちの先生です。
The man (① on ② our ③ dancing ④ is ⑤ teacher ⑥ the stage).
ア ⑥－② イ ⑤－① ウ ①－② エ ⑤－③

4．彼女が誰なのか分かりませんでした。
(① who ② I ③ was ④ know ⑤ didn't ⑥ she).
ア ④－③ イ ⑥－⑤ ウ ①－⑥ エ ④－⑥

5．サンタクロースは私に素敵なプレゼントをくれました。
(① me ② nice ③ Santa Clause ④ present ⑤ gave ⑥ a).
ア ①－② イ ⑥－① ウ ①－⑥ エ ⑥－④

5 日本語を英語にした時，それぞれの（ ）に入る適切な1語を答えなさい。

1．放課後テニスをしませんか。
How ( ) ( ) tennis after school?

2．私は一度も納豆を食べたことがない。
I ( ) never ( ) *natto*.

3．彼女は私の友人の中で最も多くの本を持っています。
She has ( ) ( ) books of all my friends.

4．トムは日本のマンガに興味があります。
Tom is ( ) ( ) Japanese comics.

5．何か飲むものが欲しいです。
I want ( ) ( ) drink.

6 次のオープンスクールの案内に関して，以下の設問に答えなさい。

Tokai Univ. Sugao High School Open Campus

Open campus will be held for junior highschool students.
We will hold two days: July 22 and September 4.

● Schedule

1. 9:15 - 9:45 Guidance
2. 10:00 - 10:50 Classes ＊Choose one from below
   ① Japanese ② History ③ Mathematics ④ Biology
   ⑤ Physical Education (Badminton) ⑥ English ⑦ Computer
3. 11:00 - 11:50 Club Activities & School Tour ＊Free participation
4. 12:00 - 13:00 Lunch time ＊Food will be given by the school.

Students can choose one day to join. Students should arrive 15 minutes before the Guidance starts. If you attend Physical Education, bring athletic shoes and a towel.

● Notes

－To join, apply from our Homepage (https://tokaisugao.ac.jp) by two days before the day.

－Bring writing utensils such as a pencil or a pen.

－The schedule may change depending on the weather. At that time, we will announce it on our Homepage.

If you have any questions, contact
Tokai Univ. Sugao High School 042-559-2200.

1．本文の内容に合っていれば○，間違っていれば×を答えなさい。

(1) A student who takes a physical education class should bring a pen, shoes and a towel.

(2) Everyone joins a club activity.

(3) A student can join both Japanese and Biology classes.

(4) Students must bring their own lunch.

(5) When the schedule changes, the school will announce it on the Homepage.

2．本文の内容について，各問いの答えとして最も適切なものを選び，その記号を答えなさい。

(1) If you join the July 22 session, when do you have to apply?

ア On July 22. イ After July 21. ウ On or before July 20.

(2) How will those who wish to join apply?

ア By phone. イ On the Internet.

ウ Both by phone and on the Internet.

(3) If you join the History class, what should you bring?

ア A pencil and shoes. イ Shoes and a towel. ウ A pencil.

(4) What time do students have to come?

ア By July 22. イ By 9:00. ウ By 10:00.

7 次の英文を読み，以下の設問に答えなさい。

Agatha Christie is a famous *mystery story writer. She has sold *4 billion books around the world. Only William Shakespeare has sold more books. Also, her books are written in more languages than any other writer's books. People can read them in 103 different languages. Christie also wrote *plays. One of them is called *The Mousetrap*, and it started over 60 years ago. It is still playing at a *theater now. That is longer than any other play.

In Christie's stories, someone usually has done something bad. It is hard to find that person. There is a *detective who tries to catch the bad person. People like reading her books because they can try to find the answer, too. Reading these books is like playing a game.

Christie wrote stories about a detective called Hercule Poirot. Poirot is a strange man from Belgium. Another famous detective in her books is Miss Marple. Miss Marple is an old English lady. People do not think she is smart, but she always finds the bad person. The stories of Poirot and Miss Marple were made into many TV shows and movies.

Christie was born in 1890 in Devon, England. She did not go to school. She had lessons from her mother at home. Her mother thought children should not learn to read until they were eight years old. But Christie learned how to read by herself when she was four. She read many books, so she learned to become a good writer. She later became a very good pianist and singer, too.

【注】 *mystery story 推理小説, *4 billion 40億, *plays 演劇, *theater 劇場,
*detective 探偵

1．本文の内容について，(1)~(4)の（ ）に入る最も適切なものを選択肢より選び，その記号を答えなさい。使わない選択肢もあります。

(1) (　　) is a strange man and he is from Belgium.

(2) Miss Marple (　　).

(3) (　　) taught her daughter at home.

(4) Agatha Christie (　　).

選択肢

ア William Shakespeare

イ Christie's mother

ウ went to school at four

エ could play the piano and sing songs well

オ is a smart old English lady and finds the bad person

カ Hercule Poirot

2．本文の内容について，質問と答えが完成するように，それぞれの（ ）に入る最も適切な１語を答えなさい。

(1) Q : Who has sold the most books?
A : (　　) (　　) has.

(2) Q : What did Agatha Christie write?
A : She wrote (　　) famous mystery stories and (　　).

(3) Q : Why do people like reading Agatha Christie's books?
A : The reason is that reading her books is like (　　) a (　　).

(4) Q : What are Hercule Poirot and Miss Marple?
A : (　　) are (　　).

(5) Q:How did Agatha Christie learn how to read when she was four years old?

A：She learned how to read (　　) (　　).

3．本文の内容に合う英文を全て選び，その記号を答えなさい。解答する記号の順番は問いません。

ア Agatha Christie wrote mystery stories and plays for theaters.

イ The play *The Mousetrap* was written by Agatha Christie and it is still playing at a theater.

ウ The mother of Agatha Christie told her to read many books when she was four.

エ A lot of people can read Agatha Christie's stories around the world because they are written in many languages.

オ Miss Marple is not a smart detective and can't find the bad person.

8 次の英文は，両親と旅行中のテツシゲが友人に書いた手紙です。英文を読み，以下の設問に答えなさい。

January 3

Dear Kurt

Thanks for helping us with our trip. It was nice to meet your brother here in Canada. He has helped us a lot. He told us lots of information about Canada. It's funny because you're from Canada, but you're living in Japan, and I'm Japanese, but I'm traveling around Canada with my family now. I hope we can take a trip together someday!

My father loved the mountains near Vancouver. We also went to a famous ski resort called Grouse Mountain. My mother can ski well. She taught us how to ski on the ski slopes.

My father wants to visit the area again in August. He is not so good at skiing but he likes mountain climbing. He wants to enjoy trekking on the mountain path in Grouse Mountain.

Thanks for telling us about the food here. I love Canadian dishes. I knew that people in Vancouver come from various areas. For example, from China, Korea, and Vietnam. Lots of Asian people have come to this country. We can enjoy lots of kinds of dishes. I think we need to stay another month to enjoy more kinds of delicious dishes.

Vancouver is located near both the sea and mountains. I found that's another reason why you can get various kinds of delicious dishes of meats and seafood. We are really enjoying the beautiful scenery of the sea and mountains. And, we enjoy the taste of dishes and food from the sea and mountains.

I was surprised to know that Canadian people drink more coffee than Japanese. There are many coffee shops in Vancouver. Canadians really like coffee. People seem to like a sweeter taste of coffee than Japanese. I learned a new English phrase "Double Double". Do you order your coffee "Double Double?" It was too sweet and too rich for my parents when they had coffee with twice as much sugar cubes and rich cream portions. Of course I like this Canadian style of coffee. It is just like the taste of Starbucks, famous coffee shops. I like its strong but rich and sweet taste. Starbucks is from Seattle in the US. Seattle is close to Vancouver. They are only 230 km apart from each other. Starbucks is very popular among the young Japanese. I feel very familiar with the coffee culture of Vancouver like Starbucks.

I bought some coffee for you, but I think you can drink very similar types of coffee at Starbucks in Japan. Please tell me what you want before we return from your mother country.

I wonder what would be the best for you to show my thanks to you.

See you soon.

Tetsushige

1．本文の内容に合っていれば○，間違っていれば×を答えなさい。

(1) Tetsushige wrote a letter to Kurt in winter.
(2) Tetsushige visited Canada to see his parents living in this country.
(3) Kurt lives in Japan and his brother lives in Canada.
(4) Tetsushige's mother can ski better than her husband.
(5) Tetsushige's father wants to visit Canada again to be a better skier.
(6) Kurt's brother helped Tetsushige's family in Canada.
(7) Tetsushige liked Vancouver but his father didn't like it so much.
(8) Tetsushige learned there are various kinds of dishes in Vancouver.
(9) Kurt told Tetsushige to buy some coffee from Vancouver.
(10) Tetsushige, Kurt and Kurt's brother promised to go all around Canada together in the future.

2．本文の内容について，次の英文の①～⑫の（　）に入る最も適切なものを選択肢より選び，その記号を答えなさい。使わない選択肢もあります。①～⑫の同じ番号の（　）には同じ選択肢が入ります。

Tetsushige wrote a letter to his (①) Kurt from Canada. He helped Tetsushige for the (②). In Canada, Kurt's (③) helped Tetsushige's family. Tetsushige and his (④) went to Vancouver. They went (⑤). His mother is good at （ ⑤ ）. His father wants to visit Vancouver again for (⑥) in (⑦). Tetsushige learned a lot about Vancouver. Lots of people come from various countries. Vancouver is close to both the sea and mountains. Thanks to various kinds of people and rich (⑧), he enjoyed a lot of delicious (⑨). Tetsushige also knew people in Vancouver like (⑩). Tetsushige likes the taste of (⑩) "Double Double." The taste of coffee was a little (⑪) for his parents. Tetsushige bought some (⑩) for

Kurt. But Tetsushige tries to buy something different from coffee for Kurt. Tetsushige told Kurt to tell him what to buy for Kurt during the travel in (⑫).

選択肢

ア	Japan	イ	Canada	ウ	dishes	エ	coffee	オ	winter
カ	summer	キ	nature	ク	skiing	ケ	trekking	コ	trip
サ	friend	シ	parents	ス	brother	セ	sweet	ソ	bitter

イ　「花」には、四季の中で咲き、それを鑑賞する人が心待ちにするものだから。

ウ　「花」は四季折々に美しく咲き、多くの人を飽きさせないものだから。

エ　「花」には珍しい種類のものがあり、人々を驚かせる性質があるから。

オ　「花」は美しく咲くが、必ず散るという性質を持ち合わせているから。

(2)　文中で、「花」と同じ意味で用いられている言葉を二つ、抜き出して答えなさい。

問二　傍線部②「能も、住する所なきを」とありますが、ここから筆者はどのようなことを論じているのでしょうか。その答えとして最も適切なものを選び、記号で答えなさい。

ア　同じ芸ばかりを繰り返さないで、次々と新しい芸を身につけなければならない。

イ　同じ芸を繰り返すことこそが、芸を身につけるためには必要である。

ウ　同じ芸を繰り返さないことが、伝統を受け継ぐためには欠かすことはできない。

エ　同じ芸を繰り返さずに、世にも珍しいことを表現することこそ芸には必要である。

問三　傍線部③「習ひ覚えつる品々を極めぬれば、時折節の当世を心得て、時の人の好みの品によりてその風体を取り出だす」とありますが、これをするためにはどのようなことが必要だと筆者は論じていますか。その答えを文中より漢字二字で探し、抜き出して答えなさい。

イ　描いた絵を多くの観客に賛美されたとき。

ウ　形作ることにすっかり慣れたとき。

エ　生命の美しさを表現できたとき。

問八　傍線部⑥「『描くこと』の本質」とありますが、それはどのようなことだと「僕」は考えているでしょうか。本文中から十四字で探し、最初と最後の三字を抜き出して答えなさい。

問九　空欄部Yに入る漢字一字の語を、《中略》以降の本文中から抜き出して答えなさい。

四　次の文章に関するあとの問いに答えなさい。

この文章は室町時代中期に成立した『風姿花伝』です。同書は、世阿弥が記した能※1の演劇論です。世阿弥が能を演じるに当たって大切だとするものを「花」に例えて論じています。

この口伝※2に花を知る事。まづ、仮令※3、花の咲くを見て、①よろづに花とたとへ始めし理※4をわきまふべし。

そもそも、花といふに、万木千草において、四季折節※5に咲くものなれば、その時を得てめづらしきゆゑに、もてあそぶなり。申楽※6も、人の心にめづらしきと知る所、すなはち面白き心なり。花と面白きとめづらしきと、これ三つは同じ心なり。いづれの花か散らで残るべき。散るゆゑによりて、咲く頃あればめづらしきなり。②能も、住する所なきを、まづ花と知るべし。住せずして、余の風体※7に移れば、めづらしきなり。

ただし、様あり※8。めづらしきと言へばとて、世になき風体をし出だすにてはあるべからず。花伝に出だす所の条々※9を、ことごとく稽古し終りて、さて申楽をせん時に、その物数を用々に従ひて取り出だすべし。花と申すも、よろづの草木において、いづれか四季折節の時の花の外にめづらしき花のあるべき。そのごとくに、③習ひ覚えつる品々を極めぬれば、時折節の当世を心得て、時の人の好みの品によりてその風体を取り出だす、これ、時の花の咲くを見んがごとし。花と申すも、去年咲きし種なり。能も、もと見し風体なれども、物数を極めぬれば、その数を尽くす程久しし。久しくて見れば、まためづらしきなり。

（世阿弥『風姿花伝』）

（注）

※1　能……日本の古典芸能の一つ。囃子や謡をうたいながら、能面を付けて舞う。

※2　口伝……最も秘密にしていた事柄を記した『風姿花伝』の別冊のこと。この文章は、この別冊に記されたもの。本来「口伝」は弟子や後輩に知識を口で伝えること。

※3　仮令……語調を強める働きをする語。

※4　理……理由。訳。　※5　折節……その時々。

※6　申楽……能（※1参照）のもととなった芸能。

※7　風体……姿ありさま。　※8　様あり……注意するべきことがある。

※9　条々……数々の事柄。

問一　傍線部①「よろづに花とたとへ始めし理」において、

(1)　筆者が論じたいことを「花」に例える理由は何ですか。その理由として適切なものを二つ選び、記号で答えなさい。

ア　「花」は誰もが知っているものであり、伝わりやすいと思ったから。

問一　空欄部1～3に入る言葉として最も適切なものをそれぞれ選び、記号で答えなさい。

ア　照れたように　　イ　ため息をつくように
ウ　隠すように　　　エ　食い入るように
オ　にらみつけるように

問二　傍線部①「これは明らかに、美などではない」とありますが、なぜ「僕」はそのように感じたのでしょうか。その理由として最も適切なものを選び、記号で答えなさい。

ア　西濱さんの絵からあふれ出る生命感を見て心が震えたのであり、描かれた花の美しさによる感動ではないから。
イ　西濱さんの絵に強く心を動かされたが、独特な描き方であり一般的には美しいと評価されるものではないから。
ウ　描かれた絵はたしかに美しいが、時間をかけずに気軽な気持ちで描かれたものを「美」と言うべきではないから。
エ　写実的な絵画こそが素晴らしいものであり、形が乱れて牡丹らしくない西濱さんの絵は美しいとは言えないから。

問三　傍線部②「花を追いかけるのに力が入り過ぎている」とありますが、それはどういうことでしょうか。その説明として最も適切なものを選び、記号で答えなさい。

ア　花と向き合うだけで精一杯であり、未熟さが感じられるということ。
イ　技術のみを重視し、メッセージ性が欠けているということ。
ウ　花の姿かたちを再現することにこだわりすぎているということ。
エ　花への愛が強いあまりに必要以上に美化して描いているということ。

問四　傍線部③「とんでもないこと」とありますが、具体的にそれはどのようなことでしょうか。その答えとして最も適切なものを選び、記号で答えなさい。

ア　絵に表れるほどに西濱さんの茜さんへの思いが強いということ。
イ　西濱さんが牡丹を愛するからこそ生き生きとした絵が描けたこと。
ウ　湖山先生が西濱さんの絵の素晴らしさを造作もなく見抜いたこと。
エ　西濱さんの筆づかいが心の変化を表せるほど繊細であるということ。

問五　空欄部Xに入る最も適切な語を次の中からそれぞれ選び、記号で答えなさい。

ア　森羅万象　　イ　命の在り方　　ウ　心の内側　　エ　外の宇宙

問六　傍線部④「誰もが分かった。それが上から下に向かって下がっているものなのだ」において、

(1)　用いられている表現技法として最も適切なものを選び、記号で答えなさい。

ア　倒置　　イ　体言止め　　ウ　擬人法　　エ　対句

(2)　「それ」とは具体的に何を指すでしょうか。《中略》以降の本文中から、三字以上五字以内で抜き出して答えなさい。

問七　傍線部⑤「そのとき」とありますが、それはどのようなときでしょうか。その答えとして最も適切なものを選び、記号で答えなさい。

ア　描いた墨蹟が滲んで乾ききったとき。

と、湖山先生は言っていたのだ。それを外の世界へと、外の現象へと、外の宇宙へと繋ぐ術が水墨画なのだ。西濱さんの絵が答えなら、もう、そうとしか考えられなかった。

[X] を解き放つために、湖山先生は僕をここに呼んだのだ。

《中略　数か月後、「僕」は湖山先生による水墨画の実演会に立ち会っていた。》

一歩前に出た湖山先生は、無造作に手を上げると上から下に向かって柔らかに線を引いた。柔らかに引かれた線は硬く、弾性を持ち、くねり、そして重力を感じさせた。④誰もが分かった。それが上から下に向かって下がっているものなのだ。そして、それは絵の中で小さな風に吹かれてもいるのだ。存在しないはずの風を感じ、存在しないはずの重力を感じ、そこに存在しないはずの生き生きとした質感を感じた。それはただの線であり、ただ墨と筆がなす軌跡だった。だが、間違いなくその筆致には一瞬で命が宿っていた。

「蔓だ」

僕だけではない会場のすべての人が、わずか数秒で理解した。無造作に引いた線を葡萄の蔓だと理解した。

大きな葉と、いくつもの実や房、それから枝や茎や樹が、一本の蔓によって次々に結ばれていく。点在していた無数の命が一つの手によって、一個の生命に変わっていく。これまでに描いたいくつもの※5墨蹟が滲みながら、乾きながら、たった一つの意志によって繋がっていく。

多くの観客の目と心もいっしょに、湖山先生の手によって結ばれていく。

僕はそのときになって、なぜ湖山先生が僕に、やってみることが大事だということや、自然であることがたいせつだということ、それから絵は※6絵空事だと言ったのか分かった気がした。

水墨画は確かに形を追うのではない、完成を目指すものでもない。

生きているその瞬間を描くことこそが、水墨画の本質なのだ。

自分がいまその場所に生きている瞬間の輝き、生命に対する深い共感、生きているその瞬間に感謝し賛美し、その喜びがある瞬間に筆致から伝わる。⑤そのとき水墨画は完成する。

「心の内側に宇宙はないのか?」

という言葉は、こうした表現のための言葉だったのだ。描くこと、形作ることに慣れ過ぎてしまうことで絵師はいつの間にか⑥『描くこと』の本質から少しずつ遠ざかってしまう。それが見えなくなってしまう。湖山先生は、もしかしたらそのことを伝えたかったのかもしれない。描くことは、こんなにも [Y] といっしょにいることなのだ。

（砥上裕将『線は、僕を描く』）

（注）

※1　水墨画……墨一色を用いて、その濃淡の調子によって描く絵のこと。
※2　筆致……書画の筆づかいの特徴や味わいのこと。
※3　応酬……たがいにやりとりすること。
※4　茜さん……西濱さんが好意を抱いている相手。西濱さんと「僕」は、この日の午前中に茜さんに会った。
※5　墨蹟……墨で書いた跡のこと。筆跡。
※6　絵空事……絵かきが事実を離れることによって実在以上の美を創造するところから、現実にはあり得ないようなきれいごと。

濱さんの命が、こちらにまで伝わってきた。手先の技法など無意味に思えてしまうほど、その命の気配が画面の中で濃厚だった。西濱さんのその気配は明らかに西濱さんの技術を超えている。技術はまるでその生命感に及ばないが、それは問題ではなかった。ただそこに生きて咲いている花がある。そのことだけはほかの絵よりも確かに伝わってきた。

それに比べれば、斉藤さんと千瑛の絵は、②花を追いかけるのに力が入り過ぎている。確かに美しいが、心惹(ひ)かれる美のさらに向こう側に行けない。千瑛の情熱だけがわずかに千瑛の心の在(あ)り方や温度を伝えるくらいで、それが西濱さんのような強烈な感動を生むわけではない。だが問題は、この二つの表現はどちらかが劣っているわけではないということだ。

あまりにも高いレベルの話過ぎて、僕を含めた大方の人間にはそれから先の想像も及ばない。ほとんど真上にあるような仰ぎ見るしかない高みを、その真下にいる人間は判じようがない。星々との距離を僕らが測れないのと同じように、僕らには正確なところは分からない。

湖山先生には、この三枚の絵はどう見えているのだろうか。

湖山先生は相変わらずお茶を飲んでいた。

西濱さんの絵を見て、湖山先生は、

「そうだね」

とうなずいた。西濱さんは（　2　）笑っていた。湖山先生は、なおもじっと見た後、

「まあ、なんだかとても生き生きしているけれど、今日は何かいいことがあったの？」

と湖山先生が笑うと、西濱さんは図星のように後頭を掻いた。これはもう明らかに茜(あかね)※4さんのことだと思い至るのに、それほど時間は掛からなかった。だが、そこでふいに僕は③とんでもないことに気づいた。

そんなささいな心の変化が筆にすぐに表れるほど、繊細な反応を西濱さんの筆は有しているのだ。西濱さんの心が現実と筆を繋(つな)いでいる。西濱さんは、その躍るような心の変化を牡丹という形に変えたのだ。牡丹という花の命の在り方を通して、自分の心や命の在り方を造作もなく表現した。

こういう技のことをなんとたとえればいいのだろう。そもそもこれは技なのだろうか。

湖山先生は口を開いた。

「水墨というのはね、森羅万象(しんらばんしょう)を描く絵画だ」

斉藤さんと千瑛は、これ以上ないほど真剣に湖山先生の話を聞いていた。湖山先生もまた二人に語り掛けていた。

「森羅万象というのは、宇宙のことだ。宇宙とは確かに現象のことだ。現象とは、いまあるこの世界のありのままの現実ということだ。だがね……」

湖山先生はそこで（　3　）息を放った。

「現象とは、外側にしかないものなのか？　心の内側に宇宙はないのか？」

斉藤さんの眉(まゆ)が八の字に歪(ゆが)んでいた。千瑛は何を言われたのか分からないほど、言葉に迷っていた。僕にはようやく湖山先生が何を言おうとして、なぜ僕がここにいるのか、ほんの少しだけ分かるような気がしてきた。

「自分の心の内側を見ろ」

問七　傍線部④「『もてなす』べきもの」とありますが、なぜもてなすべきだと考えられていたのでしょうか。その理由として最も適切なものを選び、記号で答えなさい。

ア　神楽や囃子で自分たちの気持ちを高めることで、鬼に立ち向かう勇気が出ると考えられていたから。

イ　疫病を退けてくれる須佐之男命は神楽や囃子を使ったにぎやかな行事を好むと考えられていたから。

ウ　盛大にもてなして鬼の機嫌がよくなれば、あまり暴れずに出て行ってくれると考えられていたから。

エ　気持ちよくもてなして油断させることで、鬼を村の外に追い出すことができると考えられていたから。

問八　空欄部Xに入る言葉として最も適切なものを選び、記号で答えなさい。

ア　疫病と戦う　　イ　疫病を除ける

ウ　疫病を認める　　エ　疫病に怯える

問九　空欄部Yに入る漢字二字の言葉を、〔Ⅲ〕の本文中から抜き出して答えなさい。

三　次の文章を読んで、後の問いに答えなさい。問題作成の都合上、文章は一部変更してあります。

両親を失い、心を閉ざして無気力に生きてきた「僕」は、ある日、※注1水墨画の巨匠である湖山先生に見いだされて水墨画の修業に励んでいた。次の場面は、「僕」の水墨画の兄弟子である千瑛、斉藤、西濱が湖山先生に絵を披露しているところである。

西濱さんの一筆、一筆が真っ白い画面に刻まれるたびに、目は吸い込まれた。

①<u>これは明らかに、美などではない。</u>

美しさなど思いもしなかった。そうではなく、ただ心が震え、一枚の絵、一輪の花、たった一つの花びらの中に命そのものを見ていた。

西濱さんの急激に膨らんでいく生命感が、画面の中に叩き付けられていく。※2筆致のことなどどうでもいい、ただ、その大きな空気が美以外のえたいの知れない感情を僕の中に呼び起こした。温度があり、揺さぶられ、そして何かを感じずにはいられなくなる。自分もこんなふうに何かを成すことができれば、という思いを掻き立てられてしまう。

僕は西濱さんの水墨を（　1　）見ていた。

僕は感動していた。僕は感動に手が震えていた。

絵はあまりにも速く出来上がった。出来上がった絵は、千瑛や斉藤さんのものよりも乱れ、写真のようではなかったが、それは牡丹よりも牡丹らしいものに見えた。

何がそう見せているのか。

形も何処か破綻していて、形よりも筆致のほうが強く表れている面と線の※3応酬にどうして牡丹を感じるのか分からなかったが、その絵には、斉藤さんと千瑛の絵にはない圧倒的な存在感があった。

並べてみて、僕の目にはようやくそれが映った。湖山先生が、何が気に入らないのかもそのときに分かった。

「命だ」

西濱さんの絵には命が描かれていた。

一輪の牡丹と真剣に向き合い、その牡丹に命懸けで向き合っている西

※2　滑稽本……江戸の町人たちの生活を、おかしみをもって書いたもの。
※3　遊郭……遊女屋が集まっていた一区画。
※4　花柳界……芸者、遊女などの社会。
※5　捺されている……ここでは、残っているということ。
※6　検閲……基準や規定にあっているかどうか。
※7　太田氏……太田尚弘（おおたなおひろ）。日本近世史の研究者。
※8　宿場……江戸時代、主要な街道筋にあって、旅人たちのための宿屋などの設備が整っていた場所。
※9　疱瘡……天然痘（とう）のこと。高い熱と同時に発疹ができ、死亡率が高い感染症。
※10　神楽……神をまつるために奏する歌舞。
※11　囃子……日本の各種の芸能で、舞踊や歌唱の伴奏などのために笛や打楽器で奏する音楽。
※12　コレラ……コレラ菌による急性の感染症。激しい下痢（げり）とおう吐を引き起こす。
※13　連判状……複数の人が署名して判を押した誓約書（せいやく）のこと。

問一　空欄部1～3に入る語として最も適切なものをそれぞれ選び、記号で答えなさい。

ア　つまり　イ　例えば　ウ　でも　エ　ところで　オ　さらに

問二　傍線部①「江戸時代の感覚」とありますが、それはどのような感覚でしょうか。具体的に記されている連続した二文を探し、最初と最後の五字を抜き出して答えなさい。

問三　傍線部②「日本特有の思考」とありますが、それはどのような考え方でしょうか。その答えとして最も適切なものを選び、記号で答えなさい。

ア　連帯責任を問われないように、行動を制限して互いに厳しく監視し合う必要があるという考え方。
イ　お上が示した方針に逆らわず、決められたルールを守ることが何より大切であるという考え方。
ウ　現場の様子をよく観察したうえで、議論を重ねてから判断を下そうとする慎重な考え方。
エ　細かな方針を決めなくても各人が自律的に行動し、よりよい状況を目指すことをよしとする考え方。

問四　次の一文を［Ⅰ］の本文中に戻すとき、最も適切な場所はどこでしょうか。【ア】～【エ】の中から選び、記号で答えなさい。

☆　**こうした統治のあり方は、近現代の日本の民主主義的な仕組みにも見られます。**

問五　傍線部③「わかってきたこと」とありますが、「わかってきたこと」について説明した次の文章の空欄ア・イにふさわしい言葉を、［Ⅱ］の本文中から指定の字数で探し、それぞれ最初の五字を抜き出して答えなさい。

○　**ソーシャルディスタンスや三密回避はコロナ禍（か）において重視され始めた考え方ですが、（　ア・十八字　）。日本の風土では（　イ・十一字　）に注意して生活する必要があったため、日本の中に深く根ざした感覚といえます。**

問六　空欄部AとBには同じ漢字一字が入ります。［Ⅱ］の本文中から抜き出して答えなさい。

普段から防災訓練のようなことをしているわけではないが、いったん※9疱瘡が流行すると、「疱瘡遠慮」を発動する。「遠慮」、つまり互いに訪ね合わないことを申し合わせるのです。行商人など外部からの訪問者も締め出して、できるだけ人と交わらない。そうして家財道具や食料を持って、山の中の小屋へ避難します。そういう小屋が建てられる人は建てるし、間に合わない場合は隣の村などに逃げていきます。二〇日なら二〇日そこで生活し、流行が過ぎたころ、再び村へ戻ってくる。

感染者を隔［Ａ］するのではなく、疫病がたどり着く前に、共同体が時限つきの［Ｂ］散をするわけです。他の宿場の情報などから、どのくらい村を離れていれば済むのかといったことも見当がついていました。とにかく「逃げること」が一番の予防対策でした。

さらにいえば、「三密回避」は元々、日本人の暮らしの中にありました。「密閉していないこと」自体が、日本建築の基本です。土間と座敷を分け、座敷では土足を禁じ、便所を母屋から離して設ける。食事に一人用のお膳を使ったり、箸を分けたりする習慣も、「密接」を避ける知恵といえます。気候が多湿で菌が繁殖しやすく、時に命を脅かすことを考えれば、人との距離や物の扱い方に神経質にならざるを得ない。これは日本の中に深く根差した感覚です。

＊

[Ⅲ]

江戸時代には、病気は「邪気（鬼）」のようなものと考えられていました。それは決して撲滅する対象ではなく、むしろ④「もてなす」べきものでした。

もてなしは待つことから始まります。来るぞ、来るぞと待ち構え、※10神楽を催したり、※11囃子を奏でたりする。そうして気持ちよくもてなして、隣村との境の川筋などに落として追い出すのです。その名残は、いまもさまざまな祭りや民俗行事に見られます。

あるいは、疫病を除けるお守りを盛んに使う。※12コレラは狐の仕業と考えられたことから、狐の天敵である狼を祀る秩父の三峯神社にお札をもらいに行く人が殺到し、疫病を司る須佐之男命を祀る神社にも人が押し寄せました。そこにも「［Ｘ］」という発想はありません。

東京のすみだ北斎美術館には、関東大震災で失われた北斎の肉筆画を写したモノクロ写真から推定復元した『須佐之男命厄神退治之図』という絵が展示されています。中には十数人の疫鬼が描かれていますが、須佐之男命はそれらに武器を向けているわけでも、消毒液をかけようとしているわけでもありません。

そうではなく、「もう暴れません」という※13連判状に手形を押させているのです。言いかえれば、相手の存在を認めているということです。

私たち現代人が向き合う新型コロナウイルス感染症の流行は、その最中にあってはいつ収まるかはわかりません。現代の疫学はウイルスの［Ｙ］を目指しますが、全てを抑え込むことは困難であり、必然的に「ウィズ」を生きなければならない。江戸時代以前の日本にはそのヒントがたくさんあるし、それはいまも一部において生きています。目には見えないが共有すべき文化資源は、日本社会の歴史に多々あって、見直されてよいように思います。　（ロバート キャンベル編『日本古典と感染症』）

（注）

※1　麻疹……はしかのこと。熱やせきが出て、やがて全身に赤い発疹があらわれる感染症。

二〇二〇年四月に一回目の緊急事態宣言を出しましたが、欧米諸国のようなロックダウンは行わず、都道府県の知事から外出自粛や休業が「要請」されました。これは世界的にも特異な対応として注目されました。

【ア】

東京都では「夜の街」への外出自粛が呼び掛けられました。夜の街――定義も曖昧なこの言葉を英語に訳すのは困難です。けれど、日本の中ではその意味が瞬時に理解されました。

そこには①江戸時代の感覚が生きていると思います。江戸なら吉原遊郭、品川、深川といった岡場所（非公認の私娼地）、柳橋などの花柳界[※4]。あるいは大坂の新地や京都の島原。「夜の街」という言葉にはこうした場所にまつわる歴史的な体験と感覚が息づいています。そこへ足を踏み入れるときの緊張感。快楽への期待と後ろ暗さ。そういう意識が一瞬で共有されるのは、日本語にはまだその遠い記憶が捺[※5]されているからです。

（　２　）緊急事態宣言解除後の営業再開に向け、国は業界ごとにガイドラインをつくることを求めました。実際に、飲食店やライブハウス、美術館など多くの団体が独自のガイドラインに従って営業されていました。

ここにも江戸時代の痕跡があります。江戸の町では、町奉行が行政の権限を握っていました。【イ】江戸には遊郭以外にも、幕府公認の歌舞伎小屋である江戸三座、露店が並ぶ両国広小路など、たくさんの盛り場がありました。けれど、疫病に際して、奉行所はそれらに営業停止を命令していない。対応はそれぞれの〝業界〟に任せられていました。

地域ごとには「仲間」と呼ばれる同業者の組織があり、普段からその中でさまざまなルールが決められていたのです。（　３　）本屋がつくる「本屋仲間」では、人の名誉を傷つけることや徳川家に関する話など、出版物に書いてはいけない言葉が取り決められていました。言論統制機関が幕府の中にあるわけではない。自分たちで検閲[※6]し、問題を解決するのです。ひとたび不正が起きれば、仲間全体が連帯責任を問われました。

お上は大方針だけを示し、実際の統治機能は現場に下ろして、自主的、自律的に運営させる。【ウ】

新型コロナウイルスのPCR検査への対応もその一つかもしれません。欧米では「検査」「隔離」「追跡」が切り離せないものとしてあるのに対し、日本ではそれを行うべきかの議論が起きていました。【エ】多くの国民が要請される前にマスクを着け、またソーシャルディスタンスに気を配っている上に、各地の保健所に過重な業務が押し寄せる状況だったので、検査の幅を広げずとりあえずこのまま様子を見ようという対応も自主性を重んじる②日本特有の思考の一つだったといえそうです。

＊

〔Ⅱ〕

ソーシャルディスタンスについて、太田氏[※7]の論考で③わかってきたことが興味深い。

江戸時代にも「三密回避」の対策があったのです。尾張藩の山守だった人が残した村の記録によれば、まず「噂」が街道を通して伝わってくる。どこかの宿場[※8]で人が不審な病に倒れた、死んだ人がいる……。疫病が噂として姿を現し、数日後に「隣の宿場で誰々の息子が亡くなった」といった話が届くあたりで、人々が俊敏に動き出します。

どうするかというと、村の人々が疎開するのです。

【国　語】（五〇分）〈満点：一〇〇点〉

【注意】すべての問題において、句読点・記号は一字と数えるものとする。

一　次の問いに答えなさい。

問一　次の傍線部のカタカナを漢字に直しなさい。

1　会場をジュンカイする。　2　エンカツに運営する。
3　非常口までユウドウする。　4　スルドい意見が出る。
5　えんぴつをケズる。

問二　次の傍線部の漢字の読み方をひらがなで答えなさい。

1　劣勢をはねのける。　2　土地が隆起する。
3　負債を返済し終える。　4　暦の上では春になる。
5　ほつれた布を繕う。

問三　次の1～5の空欄□にあてはまる最も適切なものをそれぞれ選び、記号で答えなさい。

1　次の文の（　）にふさわしい敬語は□である。

◆先ほどお客様が（　　）。

ア　まいりました　イ　いらっしゃられました
ウ　おうかがいなさいました　エ　お見えになりました

2　次の四字熟語のうち、誤りがあるのは□である。

ア　起死回生　イ　諸行無情　ウ　五里霧中　エ　当意即妙

3　次のことわざ・慣用句のうち、（　）に身体の一部を表す漢字が入らないのは□である。

ア　（　）も食わぬ　イ　（　）を引っ張る
ウ　（　）を下す　エ　（　）もくれない

4　次の（　）にあてはまる漢字が「対象」なのは□である。

ア　左右（　　）な図形を描く。
イ　英文と和文を（　　）する。
ウ　（　　）して吟味する。
エ　研究の（　　）とする。

5　正岡子規（まさおかしき）が作った俳句は□である。

ア　分け入つても分け入つても青い山
イ　万緑の中や吾子の歯生え初むる
ウ　柿食へば鐘が鳴るなり法隆寺
エ　春風や闘志いだきて丘に立つ

二　次の文章を読み、後の問いに答えなさい。なお、問題作成の都合上、文章は一部変更してあります。

[Ⅰ]

文政（ぶんせい）六年（一八二三）から七年（一八二四）にかけて、※1麻疹（ましん）が江戸を襲います。そのとき書かれたのが、『麻疹譫語（せんご）』という※2滑稽（こっけい）本です（文政七年発刊）。

そこで語られるのは、芝居小屋や※3遊郭、神社仏閣周辺の店々など、江戸で日ごろ繁盛（はんじょう）する場所が営業を取りやめた様子であり、客が来ずに生活が成り立たなくなった人々の嘆きです。例えば、「九惣兵衛（くそべえ）」という薬屋の店先。遊郭はガラガラ、（　1　）薬屋は大盛況というありさまが、やはり笑いとともに描かれます。

ここで、新型コロナウイルスへの対応が思い浮かびます。政府は

大切なことはメモしておこうネ！

2022年度

解　答　と　解　説

《2022年度の配点は解答欄に掲載してあります。》

＜数学解答＞

1　(1)　-112　(2)　$2\sqrt{5}$　(3)　$2(x-y)(x-5y)$　(4)　$0.6a$円　(5)　$x=0,\ -5$
(6)　$x=\frac{13}{2},\ y=1$　(7)　$y=-7$　(8)　$\angle x=140°$

2　(1)　2100m　(2)　4　(3)　24通り

3　(1)　(1, 12), (2, 6), (3, 4)　(2)　①　26　②　$y=\frac{52}{19}x$

4　(1)　$\frac{64\sqrt{15}}{3}\pi\,\text{cm}^3$　(2)　$80\pi\,\text{cm}^2$　(3)　$21\sqrt{15}\pi\,\text{cm}^3$

5　(1)　$\frac{5}{36}$　(2)　$\frac{1}{6}$　(3)　$\frac{4}{9}$

○推定配点○

各5点×20(1(5)・(6), 3(1)各完答)　計100点

＜数学解説＞

基本　1　(正負の数，平方根，因数分解，文字と式，2次方程式，連立方程式，1次関数，角度)

(1)　$\left(-\frac{4}{3}\right)^2\div\frac{7}{9}\times(-7^2)=\frac{16}{9}\times\frac{9}{7}\times(-49)=-112$

(2)　$\sqrt{80}-\sqrt{20}=4\sqrt{5}-2\sqrt{5}=2\sqrt{5}$

(3)　$2x^2-12xy+10y^2=2(x^2-6xy+5y^2)=2(x-y)(x-5y)$

(4)　$a\times(1-0.4)=0.6a$(円)

(5)　$2(x+3)(x+2)=12$　$x^2+5x+6=6$　$x(x+5)=0$　$x=0,\ -5$

(6)　$2x-3y=10$…①　$x=\frac{5}{2}y+4$…②　②を①に代入して，$2\left(\frac{5}{2}y+4\right)-3y=10$
$5y+8-3y=10$　$2y=2$　$y=1$　これを②に代入して，$x=\frac{5}{2}+4=\frac{13}{2}$

(7)　$y=ax+2$に$x=2$，$y=-4$を代入して，$-4=2a+2$　$a=-3$　$y=-3x+2$に$x=3$を代入して，$y=-9+2=-7$

(8)　大きい方の$\overset{\frown}{\mathrm{AC}}$の中心角の大きさは，$360°-80°=280°$　円周角の定理より，$\angle x=\frac{1}{2}\times 280°=140°$

2　(方程式の利用，式の値，場合の数)

(1)　家から博物館までの道のりをxmとすると，時間について，$\frac{x}{70}=\frac{x}{100}+9$　$10x=7x+6300$
$3x=6300$　$x=2100$(m)

基本　(2)　$x^2-2xy+y^2=(x-y)^2=(2022-2020)^2=2^2=4$

基本　(3)　$4\times3\times2=24$(通り)

3　(図形と関数・グラフの融合問題)

基本　(1)　$y=\frac{12}{x}$　$xy=12$　$12=1\times12=2\times6=3\times4$より，(1, 12)，(2, 6)，(3, 4)

重要　(2)　①　P(x, y)とする。四角形OAPBの面積は，$\triangle$OAP＋$\triangle$OBP＝$\frac{1}{2}\times4\times x+\frac{1}{2}\times4\times y=$

$2(x+y)$　これが最大となるのは，$(x,\ y)=(1,\ 12)$のときで，$2\times(1+12)=26$

重要　② 求める直線は線分BPと交わるから，その交点をCとし，点Cのy座標をhとすると，△OBC $=\frac{1}{2}\times4\times h=2h$　$2h=26\times\frac{1}{2}$　$h=\frac{13}{2}$　直線BPの式を$y=ax+b$とすると，2点B，Pを通るから，$0=4a+b$，$12=a+b$　この連立方程式を解いて，$a=-4$，$b=16$　よって，$y=-4x+16$　これに$y=\frac{13}{2}$を代入して，$\frac{13}{2}=-4x+16$　$4x=\frac{19}{2}$　$x=\frac{19}{8}$　したがって，$C\left(\frac{19}{8},\ \frac{13}{2}\right)$　直線OCの傾きは，$\left(\frac{13}{2}-0\right)\div\left(\frac{19}{8}-0\right)=\frac{52}{19}$　よって$y=\frac{52}{19}x$

重要　4 （空間図形の計量）

(1) 円すいの高さは，$\sqrt{16^2-4^2}=4\sqrt{15}$　よって，体積は，$\frac{1}{3}\pi\times4^2\times4\sqrt{15}=\frac{64\sqrt{15}}{3}\pi\ (\text{cm}^3)$

(2) 側面積は，$\pi\times16\times4=64\pi$　よって，表面積は，$\pi\times4^2+64\pi=80\pi\ (\text{cm}^2)$

(3) 円すいAと円すいBは相似で，相似比は16：4＝4：1より，体積比は$4^3:1^3=64:1$　よって，求める立体の体積は，$\frac{64\sqrt{15}}{3}\pi\times\left(1-\frac{1}{64}\right)=21\sqrt{15}\pi\ (\text{cm}^3)$

5 （確率）

基本　(1) さいころの目の出方の総数は6×6＝36(通り)　このうち，題意を満たすのは，(大，小)＝(2，6)，(3，5)，(4，4)，(5，3)，(6，2)の5通りだから，求める確率は，$\frac{5}{36}$

基本　(2) 題意を満たすのは，(大，小)＝(1，2)，(1，3)，(1，5)，(2，1)，(3，1)，(5，1)の6通りだから，求める確率は，$\frac{6}{36}=\frac{1}{6}$

(3) 12の約数は，1，2，3，4，6，12　題意を満たすのは，(大，小)＝(1，1)，(1，2)，(1，3)，(1，4)，(1，6)，(2，1)，(2，2)，(2，3)，(2，6)，(3，1)，(3，2)，(3，4)，(4，1)，(4，3)，(6，1)，(6，2)の16通りだから，求める確率は，$\frac{16}{36}=\frac{4}{9}$

★ワンポイントアドバイス★

平面図形が空間図形に，場合の数が確率に変わったが，取り組みやすい内容である。ミスのないように解いていこう。

<英語解答>

1　1 イ　2 エ　3 エ　4 イ　5 エ　6 イ　7 エ　8 ア　9 ウ
10 ウ　11 イ　12 ウ　13 ア　14 エ

2　1 イ　2 エ　3 ア　4 ウ　5 ア

3　1 who[that], has　2 more, beautiful　3 wasn't, broken
4 to, me　5 too, to

4　1 エ　2 イ　3 ア　4 エ　5 ア

5　1 about, playing　2 have, eaten[had]　3 the, most
4 interested, in　5 something, to

6　1 (1) ○　(2) ×　(3) ×　(4) ×　(5) ○
2 (1) ウ　(2) イ　(3) ウ　(4) イ

7　1 (1) カ　(2) オ　(3) イ　(4) エ

2 (1) William, Shakespeare (2) many, plays (3) playing, game
(4) They, detectives (5) by, herself[all, alone] 3 ア, イ, エ

8 1 (1) ○ (2) × (3) ○ (4) ○ (5) × (6) ○ (7) ×
(8) ○ (9) × (10) × 2 ① サ ② コ ③ ス ④ シ
⑤ ク ⑥ ケ ⑦ カ ⑧ キ ⑨ ウ ⑩ エ ⑪ セ ⑫ イ

○配点○
1・2・6・8 各1点×50 3・4・5・7 各2点×25(3, 5, 7 2各完答)
計100点

＜英語解説＞

やや難 1 (語句補充問題：受動態, 現在完了, 不定詞, 比較, 分詞, 命令文, 進行形, 助動詞)

1 <be made from +原料> 「～から作られている」
2 <have +過去分詞+ since ～> 「～から(ずっと)…している」
3 snow は数えられない名詞のため much を用いる。
4 Yoko が主語のため, 3単現の s をつける必要がある。
5 Makoto が主語のため, 疑問文をつくるときには does を用いる。
6 名詞の前には所有格 our「私たちの」を用いる。
7 to do は前の名詞を修飾する不定詞の形容詞的用法である。
8 <as 原級 as …>「…と同じくらい～だ」
9 covered with snow は前の名詞を修飾する分詞の形容詞的用法である。
10 <be 動詞+過去分詞>で受動態となる。
11 <Don't +動詞の原形～.>「～してはいけません」という禁止の命令文である。
12 now があるので, 現在進行形<be 動詞+ ～ing>にする。
13 <be going to +動詞の原形>「～するつもりだ」
14 <have +過去分詞+ for a long time>「長い間(ずっと)…している」

やや難 2 (会話文)

1 How often は回数を尋ねる疑問文である。よってOnce a week. (週1回)が適切。
2 That's too bad. 「お気の毒に」
3 Here you are. 「はいどうぞ」
4 この後で,「彼女に折り返し電話をするように頼みましょうか」と言っていることから, 今はいないということがわかる。
5 No problem. 「いいよ」

重要 3 (書き換え問題：関係代名詞, 比較, 受動態, 文型, 不定詞)

1 with ～「～を持った」となるので, have を用いて書きかえることができる。
2 not as ～ as …「…ほど～ない」
3 <be 動詞+過去分詞>で受動態の文になる。
4 <show +人+物>=<show +物+ to 人>「人に物を見せる」
5 <so ～ that +主語+ can't …>=<too ～ to …>「～すぎて…できない」

重要 4 (語句整序問題：不定詞, 現在完了, 分詞, 間接疑問文, 文型)

1 (Ken was) kind enough to show me how to use (the computer.) <～ enough to …>「…するのに十分～だ」

2 Have you ever been to Australia(?) have been to ~「~に行ったことがある」
3 (The man) dancing on the stage is our teacher(.) dancing on the stage は前の名詞を修飾する分詞の形容詞的用法である。
4 I didn't know who she was(.) 間接疑問文は<know(tell)+疑問詞+主語+動詞>の語順になる。
5 Santa Clause gave me a nice present(.) <give 人+物>「人に物を与える」

5 (語句補充問題:動名詞, 現在完了, 比較, 受動態, 不定詞)

1 How about ~ing ? 「~してはどうですか」
2 <have never +過去分詞>「一度も~したことがない」
3 「多く」many - more - most となる。前に the , 後に of ~ があるので, 最上級が適切。
4 be interested in ~ 「~に興味がある」
5 形容詞的用法の不定詞を用いた文である。something to drink「飲み物」

6 (資料問題)

(全訳)

東海大学菅生高等学校　オープンキャンパス
中学生を対象としたオープンキャンパスを開催します。
7月22日と9月4日の2日間開催します。

●スケジュール
1. 9:15 - 9:45　ガイダンス
2. 10:00 - 10:50　授業　＊下記よりお選びください
① 日本語　② 歴史　③ 数学　④ 生物学
⑤ 体育(バドミントン)　⑥ 英語　⑦ コンピュータ
3. 11:00 - 11:50　クラブ活動 & スクールツアー　＊参加無料
4. 12:00 - 13:00　ランチタイム　＊学校から食事が出ます。
学生は参加する日を選択できます。学生はガイダンス開始の15分前に到着してください。体育に参加する場合は, 運動靴とタオルを持参してください。

●備考
－参加する場合は, 当日の2日前までにホームページ(https://tokaisugao.ac.jp)からお申し込みください。
－鉛筆やペンなどの筆記用具を持参してください。
－天候によりスケジュールが変更になる場合があります。その際, ホームページにてお知らせいたします。

ご不明な点がございましたら、
東海大学 菅雄 高校 042-559-2200.

1. (1) 「体育の授業に参加する生徒は, ペンと靴とタオルを持ってくるべきだ」 体育に参加する場合は靴とタオルを, オープンキャンパスに参加する場合は筆記用具が必要なので適切。
(5) 「スケジュールが変わったら, 学校はホームページで告知する」 天候によりスケジュールが変更になったら, ホームページで知らせるので適切。
2. (1) 「7月22日に参加する場合には, いつ申し込まなければならないか」 2日前までに申し込む必要があるため, 7月20日までである。

(2) 「参加したい人はどのように申し込むか」 参加する場合にはホームページで申し込む。

(3) 「もし歴史の授業に参加する場合には，何を持ってくるべきか」 備考に筆記用具を持ってくるように書いてある。

(4) 「生徒は何時に来なければならないか」 15分前には来なければならないので，ガイダンスが始まる15分前に9時までに来なければならない。

7 (長文読解問題・説明文：要旨把握，英問英答，内容吟味)

(全訳) アガサ・クリスティは有名な推理小説作家だ。彼女は世界中で40億冊の本を販売している。ウィリアム・シェイクスピアだけがより多くの本を売った。また，彼女の本は他のどの作家の本よりも多くの言語で書かれている。人々は103の異なる言語でそれらを読むことができる。クリスティはまた，演劇を書いた。そのうちの1つはマウストラップと呼ばれ，60年以上前に始まった。今も劇場で上演中だ。それは他のどの演劇よりも長い。

クリスティの物語では，通常誰かが何か悪いことをした。その人を見つけるのは難しい。悪い人を捕まえようとする探偵がいる。人々は彼女の本を読むのが好きだ。なぜなら彼らも答えを見つけようとすることができるからだ。これらの本を読むことは，ゲームをするようなものだ。

クリスティはエルキュール・ポワロという探偵についての物語を書いた。ポワロはベルギー出身の奇妙な男だ。彼女の本の中でもう一人の有名な探偵はミス・マープルだ。ミス・マープルは年老いたイギリス人女性である。人々は彼女が賢いとは思わないが，彼女はいつも悪い人を見つける。ポワロとミス・マープルの物語は多くのテレビ番組や映画に作られた。

クリスティは1890年にイギリスのデヴォンで生まれた。彼女は学校に行かなかった。彼女は自宅で母親からレッスンを受けた。彼女の母親は，子供たちが8歳になるまで読むことを学ぶべきではないと考えた。しかし，クリスティは4歳のときに独学で読み方を学んだ。彼女は多くの本を読んだので，彼女は良い作家になることを学んだ。彼女は後に非常に良いピアニストと歌手にもなった。

1 (1) 第3段落第2文参照。ベルギー出身の奇妙な男はエルキュール・ポワロである。

(2) 第3段落第4，5文参照。ミス・マープルは，年老いたイギリス人女性で，いつも悪い人を見つける。

(3) 最終段落第3文参照。家で娘に教育をしたのは，クリスティの母である。

(4) 最終段落最終文参照。アガサ・クリスティは，非常に良いピアニストと歌手になった。

2 (1) 「誰が最も多くの本を売ったか」 第1段落第3文参照。ウィリアム・シェイクスピアだけがアガサ・クリスティよりも多く本を売った。

(2) 「アガサ・クリスティは何を書いたか」 第1段落第1文，第6文参照。推理小説と演劇を書いた。

(3) 「なぜ人々はアガサ・クリスティの本を読むのが好きか」 第2段落第4，5文参照。本を読むのがゲームをしているようだからである。

(4) 「エルキュール・ポワロとミス・マープルの職業は何か」 第3段落第1文，3文参照。彼らは探偵である。

(5) 「アガサ・クリスティは4歳の時，読み方をどのようにして学んだか」 最終段落第5文参照。彼女は読み方を独学で学んだ。

3 ア 「アガサ・クリスティは推理小説と劇場での演劇を書いた」 第1段落第1文，第6文参照。アガサ・クリスティは推理小説と演劇を書いたので適切。 イ 「マウストラップという演劇はアガサ・クリスティによって書かれ，まだ劇場で上映されている」 第1段落第7文，第8文参照。マウストラップはまだ上映されているので適切。 ウ 「アガサ・クリスティの母は，彼女が4歳のとき彼女に多くの本を読むように言った」 最終段落第4文参照。アガサ・クリスティの母は，子どもは8歳まで読むことを学ぶべきではないと思っていたので不適切。　エ「多くの言語で書かれているので，世界中で多くの人がアガサ・クリスティの話を読むことができる」　第1段落第4文，第5文参照。103の言語で書かれているので適切。　オ「ミス・マープルは賢い探偵ではなく，悪い人を見つけることができなかった」　第3段落第5文参照。ミス・マープルはいつも悪い人を見つけるので不適切。

重要 8 **(長文読解問題・手紙：適語補充，内容吟味，語句補充)**

(全訳)　1月3日

親愛なるカート

私たちの旅行を手伝ってくれてありがとう。ここカナダであなたのお兄さんに会えてよかったです。彼は私たちをたくさん助けてくれました。彼はカナダについて多くの情報を教えてくれました。カナダ出身なのに，日本に住んでいて，私は日本人なのに，今は家族でカナダ中を旅しているから面白いですよね。いつか一緒に旅行ができるといいなぁ！

父はバンクーバー近郊の山々が大好きでした。グラウスマウンテンという有名なスキーリゾートにも行きました。母はスキーが上手です。彼女はスキー場でスキーをする方法を教えてくれました。

父は8月にまたこの地域を訪れたいと思っています。スキーはあまり得意ではありませんが，登山は好きです。グラウス山の山道でトレッキングを楽しみたいと思っています。

ここの食べ物について教えてくれてありがとう。私はカナダ料理が大好きです。バンクーバーの人たちがいろんな地域から来ていることは知っていました。たとえば，中国，韓国，ベトナムです。この国にはたくさんのアジア人がやって来ました。たくさんの種類の料理が楽しめます。もっと美味しい料理を楽しむには，あと1ヶ月滞在しないといけないと思います。

バンクーバーは海と山の両方の近くに位置しています。それが肉や魚介類の様々な種類のおいしい料理を手に入れることができるもう一つの理由だと分かりました。海と山の美しい景色を本当に楽しんでいます。そして，海や山の料理や食べ物の味を楽しんでいます。

カナダ人は日本人よりもコーヒーを多く飲んでいることを知って驚きました。バンクーバーには多くのコーヒーショップがあります。カナダ人はコーヒーが本当に好きです。日本人よりも甘いコーヒーの味が好きなようです。私は新しい英語のフレーズ「ダブルダブル」を学びました。コーヒーの「ダブルダブル」を注文しますか？両親が2倍の角砂糖と濃厚なクリームの入ったコーヒーを飲んだとき，それは甘すぎて濃すぎました。もちろん，私はこのカナダスタイルのコーヒーが好きです。有名な喫茶店のスターバックスの味のようです。強くて濃厚で甘い味が気に入っています。スターバックスはアメリカのシアトル出身です。シアトルはバンクーバーに近接しています。それらはわずか230 kmしか離れていません。スターバックスは日本の若者にとても人気があります。私はスターバックスのようなバンクーバーのコーヒー文化にとても親しみを感じます。

私はあなたにいくつかのコーヒーを買いましたが，私はあなたが日本のスターバックスのコーヒーに非常によく似たタイプを飲むことができると思います。あなたの母国から帰る前に，何が欲しいのか教えてください。

あなたに私の感謝を示すためにあなたにとって何が一番いいのだろうかと思っています。

じゃあね。

テツシゲ

1　(1)「テツシゲは冬にカートに手紙を書いた」　1月3日に手紙を送ったので適切。　(2)「テツシゲはこの国に住んでいる両親に会うためにカナダを訪れた」　第1段落第5文参照。家族でカナダを旅行しているので不適切。　(3)「カートは日本に住んでおり，彼の兄弟はカナダに住んでいる」　第1段落第2文，第5文参照。カートは今日本に住んでいて，カートの兄弟はカナダにいるので適切。 (4) 「テツシゲの母親は夫よりもスキーがうまい」 第2段落第3文，第3段落第2文参照。テツシゲの母はスキーがうまく，父は得意ではないため適切。 (5) 「テツシゲの父親は，より良いスキーヤーになるためにカナダに再び行きたいと思っている」 第3段落最終文参照。テツシゲの父は，グラウス山の山道でトレッキングを楽しみたいと思っているので不適切。 (6) 「カートの兄はカナダにいるテツシゲの家族を助けた」 第1段落第3文参照。カートの兄がたくさん助けてくれたので適切。 (7) 「テツシゲはバンクーバーが好きだが，父親はバンクーバーがあまり好きではなかった」 第2段落第1文参照。テツシゲの父はバンクーバーの山が大好きなので不適切。 (8) 「テツシゲはバンクーバーに様々な種類の料理があることを知った」 第5段落第2文参照。海と山が近いという理由で，様々な料理が手に入ることがわかったので適切。 (9) 「カートはテツシゲにバンクーバーからコーヒーを買うように言った」 カートがテツシゲにコーヒーを買うように言っていないので不適切。 (10) 「テツシゲ，カート，カートの兄は，将来一緒にカナダ中を回ることを約束した」 第1段落最終文参照。一緒に旅行できたらいいと思っているが，約束したわけではないので不適切。

2 ① カートはテツシゲの「友だち」である。 ② カートはテツシゲの「旅行」を手伝った。 ③ カナダでは，カートの「兄」がテツシゲの家族を手伝ってくれた。 ④ テツシゲと彼の「両親」はバンクーバーに行った。 ⑤ テツシゲの家族はバンクーバーで「スキー」に行った。 ⑥ テツシゲの父は「トレッキング」のために，またバンクーバーを訪れたいと思っている。 ⑦ テツシゲの父はバンクーバーに「夏」に来たいと思っている。 ⑧ バンクーバーはいろいろな国から来た人と，豊かな「自然」がある。 ⑨ バンクーバーで，多くのおいしい「料理」を楽しんだ。 ⑩ バンクーバーの人は「コーヒー」が好きで，テツシゲは「コーヒー」のダブルダブルを好み，カートのために「コーヒー」を買った。 ⑪ ダブルダブルは両親にとって「甘」すぎた。 ⑫ テツシゲは「カナダ」での旅行中，カートに何を買うべきか教えてくれるように言った。

★ワンポイントアドバイス★

英文法の割合が比較的大きくなっている。ここでの得点を落とさないようにするために，問題集を繰り返し解くようにしたい。

＜国語解答＞

一 問一 1 巡回(する) 2 円滑 3 誘導(する) 4 鋭(い) 5 削(る)
問二 1 れっせい 2 りゅうき(する) 3 ふさい 4 こよみ 5 つくろ(う)
問三 1 エ 2 イ 3 ア 4 エ 5 ウ

二 問一 1 ウ 2 オ 3 イ 問二 そこへ足を～後ろ暗さ。 問三 エ
問四 ウ 問五 ア 元々，日本 イ 人との距離 問六 離 問七 エ
問八 ア 問九 撲滅

三 問一 1 エ 2 ア 3 イ 問二 ア 問三 ウ 問四 エ 問五 ウ
問六 (1) ア (2) 葡萄の蔓 問七 エ 問八 生きて～くこと 問九 命

四 問一 (1) イ・オ (2) 面白き・めづらしき 問二 ア 問三 稽古

○配点○

一・四　各2点×20(四(2)完答)

二　問一・問四・問六・問八・問九　各2点×7　他　各3点×5

三　問一・問六　各2点×5　他　各3点×7　計100点

＜国語解説＞

一 (漢字の読み書き，敬語，四字熟語，ことわざ・慣用句，文学史)

問一　1「巡」を使った熟語はほかに「巡視」「一巡」など。訓読みは「めぐ(る)」。　2「滑」を使った熟語はほかに「滑走路」「潤滑油」など。訓読みは「すべ(る)」「なめ(らか)」。　3「誘」を使った熟語はほかに「誘致」「勧誘」など。訓読みは「さそ(う)」。　4「鋭」の音読みは「エイ」。熟語は「鋭意」「鋭敏」など。　5「削」の音読みは「サク」。熟語は「削除」「添削」など。

問二　1「劣」を使った熟語はほかに「劣悪」「劣化」など。訓読みは「おと(る)」。　2「隆」を使った熟語はほかに「隆盛」「興隆」など。　3「負」を使った熟語はほかに「負荷」「負担」など。訓読みは「お(う)」「ま(かす)」「ま(ける)」。　4「暦」の音読みは「レキ」。熟語は「還暦」「陰暦」など。　5「繕」の音読みは「ゼン」。熟語は「営繕」「修繕」。

問三　1　主語は「お客様」なので，尊敬表現になる。「来る」の尊敬表現は「見える」「いらっしゃる」なので，エが適切。イは，「いらっしゃる」と「られる」の二重敬語になっているので適切でない。「まいる」「うかがう」は，「行く」の謙譲表現。　2　イは「諸行無常」が正しい。

1　アは「犬も食わない」となるので，「身体の一部」にあてはまらない。イは「足を引っ張る」，ウは「胸を下す」，エは「目もくれない」となる。　4　アは「左右対称」，イは「対照する」，ウは「対照して」，エは「対象とする」となる。　5　アは種田山頭火，イは中村草田男，ウは正岡子規，エは高浜虚子の句。

二 (論説文－脱文・脱語補充，接続語，文脈把握，内容吟味，要旨)

問一　1　直前の「ガラガラ」に対して，直後には「大盛況」とあるので，逆接を表す「でも」が入る。　2　前に「東京都では『夜の街』への外出自粛が呼びかけられました」とあり，直後で「緊急事態宣言解除後の営業再開に向け，国は業界ごとにガイドラインをつくることを求めました」と付け加えているので，累加を表す「さらに」が入る。　3　直前に「『仲間』と呼ばれる同業者の組織があり，普段からその中でルールが決められていたのです」とあり，直後には「本屋がつくる「本屋仲間」では……」と具体例が示されているので，例示を表す「例えば」が入る。

問二　後に「そこへ足を踏み入れるときの緊張感。快楽への期待と後ろ暗さ。」と，具体的な「感覚」が示されているので，「そこへ足を」から「後ろ暗さ。」までの二文があてはまる。

問三　直前に「自主性を重んじる」とあり，同様のことは直前の段落に「お上は大方針だけを示し，……，自主的，自律的に運営させる」とあるのでエが適切。

問四　【ウ】の直前に「統治機能」とあり，その後で「こうした統治のあり方は……」とつながるので，ウに補うのが適切。

問五　直後に「江戸時代にも『三密回避』の対策があったのです」とあり，「さらにいえば，『三密回避』は元々，日本人の暮らしの中にありました。……気候が多湿で菌が繁殖しやすく，時に命を脅かすことを考えれば，人との距離や物の扱い方に神経質にならざるを得ない。これは日本の中に深く根差した感覚です」と述べられているので。アには「元々，日本人の暮らしの中にありました」，イには「人との距離や物の扱い方」が入る。

問六　この後に「とにかく『逃げること』が一番の予防対策でした」とある。「隔離」は，ある者からへだててはなすこと，「離散」は，人びとがはなればなれになることなので，共通の一字は「離」。

問七　直後の段落に「来るぞ来るぞと待ち構え，……そうして気持ちよくもてなして，隣村との境の川筋などに落として追い出すのです」と説明されているのでエが適切。

問八　直後に「という発想はありません」とあることに着目する。同様のことは，前に「病気は『邪気(鬼)』のようなものと考えられていました。それは決して撲滅する対象ではなく，……」と表現されているので，「撲滅する」と同様の意味を表す「疫病と戦う」が適切。

問九　直後の「全て抑え込む」を意味する語としては，「江戸時代には……」で始まる段落の「撲滅」が適切。

三　**(小説－脱文・脱語補充，文脈把握，内容吟味，情景・心情，表現技法，指示語，大意)**

問一　1　直後の「僕は感動して見ていた。僕は感動に手が震えていた」という様子にあてはまるものとしては，「食い入るように(見ていた)」とするのが適切。　2　直後の「笑っていた」という様子のあてはまるものとしては，「照れたように」が適切。　3　直後に「息を放った」とあるので，「ため息をつくように」が適切。

問二　直後に「ただ心が震え，一枚の絵，一輪の花，たった一つの花びらの中に命そのものを見ていた」とあり，後に「西澤さんの絵には命が描かれていた」とあるのでアが適切。

やや難　問三　直後に「確かに美しいが，心惹かれる美の向こう側に行けない。……それが西澤さんのような強烈な感動を生むわけではない」とある。花の形の美を追究するだけで，それ以上の感動は生まない，としているので，ウが適切。

問四　直後に「そんなささいな心の変化が筆にすぐに表れるほど，繊細な反応を西澤さんの筆は有しているのだ」とあるので，「心の変化を表せるほど繊細である」とするエが適切。

問五　これより前に湖山先生の言葉として「『自分の内側を見ろ』とあり，「それを外の世界へ，……と繋ぐ術が水墨画なのだ」とあるので，「心の内側(を解き放つ)」とするのが適切。

問六　(1)　「誰もが分かった」と結論を示した後に，「それが……ものなのだ」と説明されているので，本来の順番を変えて強調させる「倒置法」があてはまる。「体言止め」は，文末が名詞(体言)になる技法。「擬人法」は，人ではないものを人に見立てて表現する技法。「対句」は，同じ構成の文を対にして調子を整える技法。　(2)　「それ」とは，上から下に向かって引かれた線のこと。後に「……，わずか数秒で理解した。無造作に引いた線を葡萄の蔓だと理解した」とあるので，「葡萄の蔓」が適切。

問七　「そのとき」とは，直前の「自分がいまその場所に生きている瞬間の輝き，生命に対する深い共感，生きているその瞬間に感謝し，その喜びがある瞬間に筆致から伝わる」を指すのでエが適切。

問八　「『描く』ことの本質」と同様のことは，前に「生きているその瞬間を描くことこそが，水墨画の本質なのだ」と表現されているので，「生きているその瞬間を描くこと(14字)」を抜き出す。

やや難　問九　湖山先生が伝えたかったことについては，前に「水墨画は確かに形を追うのではない，完成を目指すものでもない」「生きているその瞬間を描くことこそが，水墨画の本質なのだ」とある。「生きているその瞬間を描くこと」を言い換える語を探すと，前に「だが，間違いなくその筆致には一瞬で命が宿っていた」とあるので，「命(といっしょにいること)」とするのが適切。

四　**(古文－文脈把握，内容吟味，口語訳，大意)**

〈口語訳〉　この口伝において，能の花の何たるかを知るということについて。まず，たとえば，花が咲くのを見たときの感動をもって，能の美的感動を花にたとえるに至った理由を理解せねばならぬ。

そもそも花というのは，あらゆる草木において，季節ごとに咲くものだから，丁度よい時節に当たって新鮮な感動を呼び，その美を愛し，味わうことができる。申楽の場合でも，観客が心の中で新鮮な魅力を感じることが，そのまま面白いということだ。花と面白さとめづらしさ，この三つは同じものだ。どんな花が，散らずにいつまでも咲いているだろうか。そんなことはあり得まい。散るからこそ，咲いた時にはめづらしさを感じるのだ。能も停滞しないことを花の第一条件とせよ。いつまでも同じことばかりやっていないで，別の演目に変えて行くことで新鮮さが出るのだ。

ただし，留意すべきことがある。めづらしさを表すために，能としてはあり得ない，突飛な演技をしてはならない。花伝で取り上げた物まねの条々を，すべて稽古し尽くして，申楽をしようとするときに，その演目の数々を，観客の好みに応じて上演するのがよい。花というものも，あらゆる草木において四季折々の時以外に何のめづらしいと感じる花があろうか。そのように習い覚えた物まねの数々を極め尽くしたならば，その時その時の流行を意識し，観客の好みに合った演目を選んで見せることができる。それは，時の花が咲くのを見るようなものだ。花というのも，去年咲いた同じ花の種が元になっている。能も，それと同じで以前に見た演技が元になっているが，演目を数多く修得すればするほど，同じ演目が再演されるまでの時間が長くなる。その期間が開いているほど，それが再演されたとき，観客はめづらしく思うのだ。

問一　(1)　直後に「そもそも，花といふに，万木千草において，四季折節に咲くものなれば，その時を得てめづらしきゆゑに，もてあそぶなり」とあり，「いづれの花か散るで残るべき。散るゆゑによりて，咲く頃あればめづらしきなり」とあるので，イ・オが合致する。　(2)「花と面白きとめづらしきと，これ三つは同じ心なり」とあるので，「花」と同じ意味のものとして，「面白き」「めづらしき」があてはまる。

やや難　問二　直前に「散るゆゑによりて，咲く頃あればめづらしきなり」とあり，直後には「住せずして，余の風体に移れば，めづらしきなり」とある。「めづらしき」には，新鮮だ，という意味がある。「住する」は，停滞する，という意味。停滞せずに新鮮であれ，としているので，「次々と新しい芸を身につけなければならない」とするアが適切。

問三　「習ひ覚えつる」ために必要なことについては，前に「稽古」とある。

★ワンポイントアドバイス★

国語知識は，多岐に渡る出題に備え，早めに着手して幅広い知識をしっかり蓄えておこう！　現代文は，言い換え表現や指示内容を的確にとらえる練習をしよう！

2021年度

★★★★★★★★★★★★★★★★★★★★★★★★★★★★

入　試　問　題

2021年度

東海大学菅生高等学校入試問題

【数　学】（50分）　＜満点：100点＞

【注意】 定規・分度器・コンパスは使用してはいけない。

1 次の各問いに答えなさい。

(1) $\left(\frac{2}{3}-\frac{1}{4}\right)\times\frac{1}{5}+\frac{5}{12}$ を計算しなさい。

(2) $(\sqrt{2}+\sqrt{3})(3\sqrt{2}-2\sqrt{3})$ を計算しなさい。

(3) $(x+3)^2-(x+1)(x+5)$ を計算しなさい。

(4) $2x^2-6x-20$ を因数分解しなさい。

(5) 連立方程式 $\begin{cases} x-y=4 \\ \frac{3x+y}{6}=\frac{4}{3} \end{cases}$ を解きなさい。

(6) 2次方程式 $x^2-4x=0$ を解きなさい。

(7) 等式 $S=\frac{1}{2}ah$ を h について解きなさい。

2 次の各問いに答えなさい。

(1) 2次方程式 $x^2+ax+b=0$ の解が5と－7のとき，a と b の値を求めなさい。

(2) $\sqrt{45n}$ が整数となる自然数 n のうち，もっとも小さいものを求めなさい。

(3) $b=\sqrt{2}+3$ のとき，b^2-6b+9 の値を求めなさい。

(4) 下の図において，$\angle x$ の大きさを求めなさい。ただし，点Oは円の中心とし，4点A，B，C，Dは円周上の点とします。

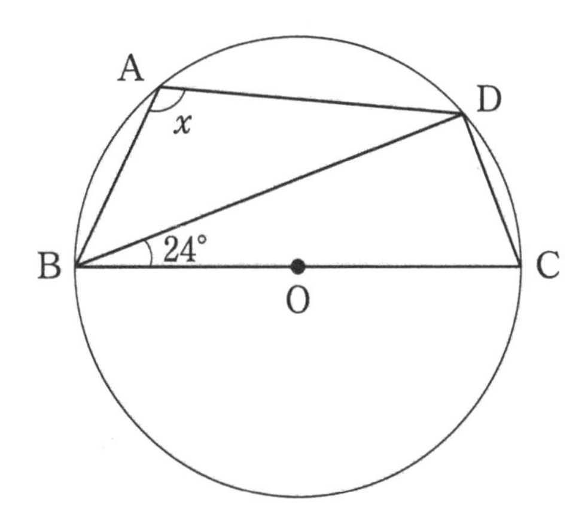

3 下の図のように，関数 $y=\frac{1}{2}x^2$ のグラフ上に２点Ａ，Ｂがあり，点Ａの x 座標は－４，点Ｂの座標は（2，2）です。２点Ａ，Ｂを通る直線と y 軸との交点をＣとします。また，点Ｂを通り，y 軸に平行な直線と x 軸との交点をＤとします。

このとき，次の問いに答えなさい。

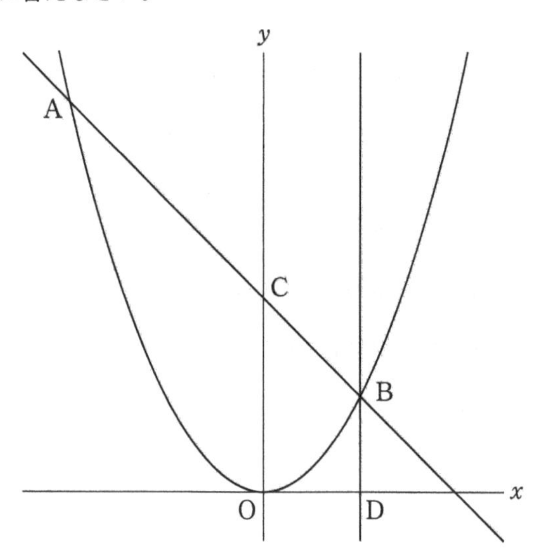

(1) 点Ａの y 座標を求めなさい。

(2) ２点Ａ，Ｂを通る直線の式を求めなさい。

(3) 関数 $y=\frac{1}{2}x^2$ のグラフ上に x 座標が正である点Ｅをとります。△OECと四角形ODBCの面積が等しくなるとき，点Ｅの座標を求めなさい。

4 中心Ｃ，半径３㎝の半円があります。右の図のように直径BDの延長上の点Ａから，この半円と２点で交わる直線を引き，半円との交点をＡに近い方からＥ，Ｆとします。AE＝３㎝，∠BAE＝36°のとき，次の問いに答えなさい。

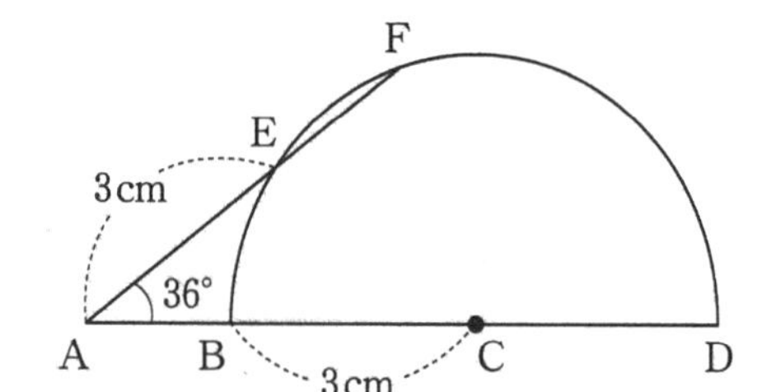

(1) ∠ACEの大きさを求めなさい。

(2) ∠ECFの大きさを求めなさい。

(3) 線分ABの長さを求めなさい。

5 ５個の数字1，2，3，4，5を１個ずつ使って５桁の整数を作るとき，次のような整数は何個作れるか答えなさい。

(1) 50000より大きい数

(2) 両端の数字が偶数

(3) 両端の数字が奇数

【英　語】（50分）　＜満点：100点＞

1　次の各英文の（　）に入る最も適切なものを選び記号で答えなさい。

(1) Yuko (　　) English hard every day.
　ア study　イ studies　ウ is going to study　エ studied

(2) (　　) is it today? — It's Friday.
　ア What day　イ What　ウ What's the date　エ What's day

(3) Kate speaks English the (　　) of all in our class.
　ア well　イ good　ウ better　エ best

(4) Mike (　　) very tired last Sunday.
　ア was　イ is　ウ has been　エ will be

(5) If it (　　) fine tomorrow, I'll go camping with my family.
　ア will be　イ is　ウ was　エ being

(6) May I use your dictionary? — No, you (　　).
　ア won't　イ may　ウ mustn't　エ need not

(7) I don't know (　　) to express my feeling in English.
　ア that　イ what　ウ why　エ how

(8) Who gave (　　) on your birthday?
　ア you to a present　イ you a present
　ウ a present you　エ a present to

(9) I will never (　　) France this summer.
　ア forget visiting　イ forget to visit
　ウ remember visiting　エ remember to visit

(10) It was snowing all day. The kids were (　　) with white snow.
　ア filled　イ pleased　ウ surprised　エ covered

2　次の各組の英文がほぼ同じ意味になるように（　）に入る適切な一語を解答欄に書きなさい。

(1) I left home before my mother came back.
　My mother came back (　　) I left home.

(2) The book is interesting. The writer is Keigo Higashino.
　The book (　　) by Keigo Higashino is interesting.

(3) Do you know his address?
　Do you know where he (　　)?

(4) My father died three years ago.
　Three years have (　　) since my father died.

(5) Mika gets up earlier than Ken.
　Ken does (　　) get up so early as Mika.

(6) My brother is 12 years old.
　My brother was (　　) 12 years ago.

3 次のそれぞれの会話について，（ ）に入る最も適切なものを選び番号で答えなさい。

(1) A : Hello. This is SGO Travel Agency.
B : Hello. Can I speak to Mr. Yoshida?
A : I'm sorry. He is out now. ( )
① Would you like this one? ② You have the wrong number.
③ I'll tell you the truth. ④ Can I take a message?

(2) A : How was the movie, "*Kimetsu no Yaiba*"? Was it interesting?
B : Actually, ( ) because I have read the story by books.
① it was too difficult to say some comments
② I was sorry about that
③ it was very nice to watch it again
④ I didn't watch it

(3) A : How often do you take an online English conversation lesson, Naoki?
B : ( ) It's a lot of fun.
① For 45 minutes. ② Once a week.
③ Good to know that. ④ Fine thank you.

(4) A : It's raining outside. Do you have an umbrella, Hanna?
B : No. I hope it stops before I leave school.
A : I have two. Would you like to use one?
B : ( )
① Not at all. I never mind getting wet. ② Yes. My umbrella is broken.
③ Sure, if you don't mind. ④ No, thank you. I have one.

(5) A : George, did you finish writing your history report?
B : Not yet. ( )
A : I can lend you mine if you like.
① I have to help my mother.
② I don't want to do it.
③ I need some books about Edo period.
④ History is not my favorite subject.

4 次の各英文が日本語の意味を表すように（ ）内の語（句）を並べ替えた場合，3番目と5番目に来るものの最も適切な組み合わせをア～エの中から1つ選び記号で答えなさい。ただし文頭に来る語も小文字になっています。

(1) あなたはいつオーストラリアに出発しますか。
When (① for / ② to / ③ you / ④ leave / ⑤ going / ⑥ are) Australia?
ア ⑤－④ イ ④－⑤ ウ ⑥－② エ ②－①

(2) 宿題を手伝ってくれてありがとう。
Thank (① me / ② my / ③ with / ④ for / ⑤ you / ⑥ helping) homework.
ア ④－① イ ①－③ ウ ⑥－③ エ ⑥－②

(3) 放課後，図書館に行きませんか。
(① going / ② after / ③ about / ④ to / ⑤ how / ⑥ the library) school?
ア ③－①　イ ①－⑥　ウ ①－④　エ ④－②

(4) ケンは親切にも私にコンピュータの使い方を教えてくれました。
Ken was (① to use / ② to show / ③ kind / ④ me / ⑤ how / ⑥ enough) the computer.
ア ④－⑤　イ ⑥－②　ウ ⑥－①　エ ②－⑤

(5) 中古車を運転しているのは私の兄です。
(① a / ② that man / ③ used / ④ is / ⑤ driving / ⑥ car) my brother.
ア ①－⑥　イ ⑥－③　ウ ②－④　エ ①－④

5 次の英文を読み，各問いに答えなさい。

From: Eri Sugao < eri2001@smail.com >
To: Kate Brown < kate_b@smail.com >
Date: September 12, 2020
Subject: Homestay
Hi, Kate,
Thank you for everything during my stay in Australia. I had a really great time with you and your family. Now I have to study for the next exam, so I am very busy! I miss you and Australia so much! When you come to Japan, please let me know. You can stay at my house and I'll show you my town.
Eri

From: Kate Brown < kate_b@smail.com >
To: Eri Sugao < eri2001@smail.com >
Date: September 13, 2020
Subject: Re: Homestay
Hi, Eri,
Thank you for your e-mail. My family and I had a good time with you. We miss you too. I came to like Japan because you told me a lot about Japanese food, cultures, towns and so on. Actually, I'm going to visit Japan at the end of this year. Until then, I'll keep studying Japanese through classes at school. I'm looking forward to seeing you! Please take me to manga and anime stores!
Kate

(1) Why is Eri busy? Answer to this question in English.
(2) When will Kate go to Japan? Choose the best answer below.

ア December　イ January　ウ March

(3) What does Kate want to do in Japan? Choose the best answer below.

ア To study Japanese with Eri.

イ To visit Japan with her family.

ウ To meet Eri and go to manga shops.

6 次の英文を読み，各問いに答えなさい。

SUGAO SMILE CAFÉ

SUGAO SMILE CAFÉ is a relaxing and comfortable café with the best coffee and sandwiches in Akiruno city.

Sandwiches Menu

Vegetable sandwiches	*$2.50*
Tuna sandwiches	*$3.00*
Egg sandwiches	*$3.50*
Akigawa Beef sandwiches	*$4.00*
Special sandwiches	*$4.50*

Drink Menu

Coffee	*$1.00*
Tea	*$1.30*
Milk	*$1.50*

Coffee Coupons

We offer reasonable coupon tickets. A book of T Coupons costs as much as 10 cups of coffee. You can have 11 cups with these tickets. A book of S Coupons costs as much as 20 cups of coffee. You can have 23 cups with them.

・T Coupons (for 11 cups) $10

・S Coupons (for 23 cups) $20

Point Program

Would you like to receive our special offers? If you would, please get a member's application. When you pay for drinks or foods, please show us the member's application. We will give you one point per $5 spent. If you collect 10 points, we will give you a special sandwich for free.

(1) If you get T Coupons, how many cups of coffee can you drink?

ア ten　イ eleven　ウ twenty　エ twenty-three

(2) Which is true about the member's application?

ア If you get a member's application, you can get $5.

イ After getting a member's application, you can get special points.

ウ If you get a member's application and 10 points, you can receive their special offer.

エ Soon after getting a member's application, you can eat a special sandwich for free.

(3) How much do you need to pay to get a free special sandwich?

ア $4.50　イ $10　ウ $20　エ $50

7 次の英文を読み，各問いに答えなさい。

Hi, friends! I'm Emiliano Lopez. I'm from Mexico. I'm a student at Sugao High School. I came to Japan as an *exchange student. My hobby is watching anime on TV. When I was in Mexico, I had a chance to see a Japanese animated movie. Its title was "*Naruto*." So [A] I decided to go to Japan in the future.

I *searched the Internet for exchange programs day by day. At last, I found an exchange program for Japan. I started to study Japanese to pass the exam. ①The language was so difficult that I couldn't understand it. But I studied Japanese very hard because I wanted to go to Japan.

After two weeks I took the exam, I got a letter. It said "Congratulations on passing the exam!" I was so happy ②to pass the exam. I will never forget the day when I got the letter.

I learned it is very important to try anything in our lives.

【注】 *exchange student 交換留学生 *searched 探した

(1) 下線部①を次の英語に書き換えるとき，（ ）に入る適切なものを選び記号で答えなさい。

The language was (　　) difficult for me to understand.

ア too　イ so　ウ such　エ as

(2) 下線部②と同じ用法を含む英文を下記より選び記号で答えなさい。

ア Jim likes to play soccer.

イ I went to the station to see my friends.

ウ I was surprised to hear the news.

エ There are many places to visit in Kyoto.

(3) [A] に入るものとして最も適切なものを選び記号で答えなさい。

ア I bought the film named "*Naruto*."　イ I studied English hard.

ウ I had some traditional Japanese food.　エ I got interested in Japan.

(4) 本文の内容として正しいものを次のページから1つ選び記号で答えなさい。

ア　メキシコでは外国語の授業として日本語が行われている。
イ　日本への留学について先生から紹介された。
ウ　主人公は外国語の勉強を通じて挑戦することの大切さを学んだ。
エ　主人公は将来日本語の教師になることを決心した。

8　次の英文を読み，各問いの答えを選び記号で答えなさい。

Takuya is a member of Biology club at Sugao High School. He made a speech about the kingfisher. It is called "Kawasemi" in Japanese.

Have you ever heard of the kingfisher before? No other bird in Akiruno City is anything like the kingfisher. I have seen them three or four times in the Koikawa river in front of Sugao High School. It is not easy to see or observe it because it flies too fast and it is small. It is about the size of a *sparrow and has a very short tail and a long, sharp beak. The kingfisher is a very colorful bird. The back of the kingfisher is in various shades of blue: the tail, wings and head are darker, but the middle back is almost a bright blue. Its *belly is orange. I think it is the most beautiful bird in the world.

The kingfisher is also good at hunting. It watches from a *branch or *hovers above a pond until it sees a fish. If it sees a fish, then it dives, *cutting through the water very quickly as if there is no barrier between it and the fish. It makes almost no splash thanks to the shape of its beak and head.

Let me tell you the kingfisher is very special bird. Do you know the kingfisher gave a hint to solve the environmental problems like the noise of Shinkansen? Eiji Nakatsu, an engineer with JR West and a birdwatcher, noticed that the kingfisher entered water to catch fish without splashing. The kingfisher's beak is the best shape to decrease the *resistance of air or water. He got an idea from this and used it to reduce the noise of shinkansen. Mr. Nakatsu and the engineers changed the shape of the train's nose to be more *similar to that of the kingfisher. The more *streamlined Shinkansen not only travels more quietly, it now travels faster and uses less electricity.

The kingfisher is one of the *endangered species. It is wonderful but needs to be protected from human beings. It eats fish and frogs but the places for it to live are decreasing because of water pollution. We must change our way of living and try not to make the water dirty. The kingfisher can't live without fish in the rivers and ponds.

Today, I'd like to tell you what a wonderful bird kingfisher is and it is important we protect our nature because we can learn a lot from it. I am going to keep watching the kingfisher around Sugao and clean the river and protect it. Thank you for listening.

【注】 *sparrow すずめ *belly 腹 *branch 枝 *hovers 空中に留まる
*cutting through ～を切り抜けて *similar to ～ ～に似ている *streamlined 流線形の
*resistance 抵抗力 *endangered species 絶滅危惧種

(1) According to Takuya's speech, the kingfisher is about (　　) centimeters long.
ア 15　イ 50　ウ 100　エ 150

(2) Which is true about the kingfisher's color?
ア It is not so colorful.
イ It is blue and orange. It's beautiful.
ウ Its tail and head are orange and the back is darker orange.
エ It's bright yellow and red on its beak.

(3) What is the kingfisher good at?
ア Flying and Swimming.　イ Making sound.
ウ Hunting fish.　エ Reducing noise.

(4) The kingfisher's beak is used (　　).
ア for Shinkansen color
イ for the shape of the nose of Shinkansen
ウ for protecting nature
エ for building Shinkansen by engineers

(5) What does Takuya say to do to protect the kingfisher?
ア To clean water such as river and pond.
イ To reduce air pollution.
ウ To help each other.
エ To live with fish.

四 次の古文を読んで後の問いに答えなさい。

弓の上達のために熱心に励んでいる人が、ある夜出かける際に弓と矢を十本持って行った。途中、竹やぶで篠竹を切り、矢を一本作って追加した。さらに進んでいくと、道の真ん中に謎の生き物がいる。

さて行くに、道の真中に、その色黒きものあり。人よりは小さうして、さらにア動かず。「のけ。」と言へど、イいらへず。「いかさまに狐・狢（むじな）[注1]なるべし。」と思ひ、矢を放ちて射るに、手ごたへして当たると見しも、飛びのく音、かねなど射るがごとし。しかれども、やをらはたらきもせず。また射るも初めのごとし。一筋（ひとすぢ）一筋と射るほどに、十筋みな射て、ただ一本残れり。このとき、かのもの動きて、上にかづき[注2]しものをわきへウのけて、飛びかかるを、残る一筋にてエ射とめたり。さて間近く見れば、狸にて、上にかづきしは鍋なり。①おそろしきたくみにあらずや。その十の数知りしにや。また、十は数の常にして、ものごとにこれを用ゆ。狸すらそれを繰り[注3]てうかがふ、②まして人なんどの智にはかんがふべきをや。切り添へて十一にして行きしは心にくく侍る。秘事は睫（まつげ）[注4]のごとく、③これ弓法の徳なりと言へり。

（富尾似船『御伽物語』）

（注）
1 狢……アナグマ。狸と間違えられることもある。
2 かづき……頭にかぶること。
3 繰り……順々に数えること。
4 秘事は睫のごとく……秘伝は身近にあるということ。

問一 ――線部ア～エの中から、動作の主体（主語）が異なるものを一つ選び記号で答えなさい。

問二 ――線部①「おそろしきたくみにあらずや」のように言う理由として、最も適切なものを選び記号で答えなさい。
ア 最後に残った矢で見事に射止めたから。
イ 相手の持っている矢の数が十本だと知っていたから。
ウ 暗い中でも身軽にすべての矢をよけていたから。
エ 十本の矢のすべてが相手を射貫いていたから。

問三 ――線部②「まして人なんどの智にはかんがふべきをや」の解釈として、最も適切なものを選び記号で答えなさい。
ア そのうえ人はすぐに知恵を働かせようとするものだ。
イ やはり人の知恵で考えたことなどたいしたことではない。
ウ なおさら人の悪知恵には注意しなければならない。
エ さらに人の知恵などというものを頼ってはいけないのである。

問四 ――線部③「これ弓法の徳なりと言へり」とありますが、ここではどういうことを「弓法の徳」と言っているのですか。最も適切なものを選び記号で答えなさい。
ア 常に心を配って万一のための備えをしておくこと。
イ 日ごろ練習を繰り返して技をみがいておくこと。
ウ 相手の正体が分からなくても恐れずに戦うこと。
エ どんな時でも状況をよく見て冷静に行動すること。

問五 〰〰線部「その色黒きもの」の正体はどのようなものでしたか。その正体として、最も適切なものを選び記号で答えなさい。
ア 死にかかった狸　　イ 睫の長い狢
ウ 壊れて捨てられた鍋　　エ 鍋をかぶった狸

疑われてしまうから。

問二　空欄部Aに入る言葉として、最も適切なものを選び記号で答えなさい。

ア　トークスキルや幸運　　イ　ダンステクニックや運動神経

ウ　ルックスや運動神経　　エ　ルックスやトークスキル

問三　傍線部②「それは、絶望でもあり、希望でもありました」とありますが、次の文章は筆者がそのように感じた理由を説明したものです。空欄ア～エに入る適切な言葉を【Ⅰ】の本文中から指定字数で抜き出して答えなさい。

○　ジャニーズは生まれながらに（　ア・五字　）たちであると考えていた。ところが、ジャニーズは（　ア　）なのではなく、（　イ・二字　）を重ねたからこそ成功をおさめていた。その事実は、自分の（　イ　）が欠けていたために（　ウ・二字　）に差がついているのだということを突きつけるものであり、苦しみや絶望を感じている。しかし、それと同時にその事実は、（　エ・四字　）であっても（　イ　）次第で活躍できるという希望を示すものでもある。

問四　空欄部Xには、ある四字熟語が入ります。最も適切なものを選び記号で答えなさい。

ア　千載一遇　　イ　十人十色　　ウ　一進一退　　エ　七転八倒

問五　空欄部1、2に入る最も適切な語を、それぞれ選び記号で答えなさい。

ア　いわば　　イ　例えば

ウ　ところが　　エ　さらに

オ　あるいは

問六　傍線部③「この〝できないこと〟に対する悲愴感はありません」とありますが、なぜ悲愴感がないのでしょうか。その理由として適切なものを二つ選び記号で答えなさい。

ア　自身の伸びしろを残しておくことになるから。

イ　所属するチームの弱点を補うことになるから。

ウ　弱みをあえて作ることでファンの同情を誘えるから。

エ　人々の記憶に残る特徴を演出することができるから。

オ　歌以外に専念する理由を作ることができるから。

問七　傍線部④「社会の変化」とありますが、中居が予測していた社会の変化とはどのようなものですか。最も適切なものを選び記号で答えなさい。

ア　チームで協力できる人材のみが、生き残れるようになること。

イ　メディアの発達により、アイドルとファンの距離が近づくこと。

ウ　アイドルの活躍の場は、歌や踊りに限られなくなっていくこと。

エ　他者の〝できないこと〟に対して、寛容になっていくこと。

問八　次の一文（一段落）を【Ⅱ】の本文中に戻すとき、最も適切な場所を（ア）～（エ）の中から選び記号で答えなさい。

☆　**代わりに自分の〝できないこと〟は、チームの他のメンバーに任せることを意識します。**

三　※問題に使用された作品の著作権者が二次使用の許可を出していないため、問題を掲載しておりません。

（出典：『100万分の1回のねこ』「虎白カップル譚」谷川俊太郎）

（イ）

この自虐は単なる逃げではありません。むしろ、歌を〝できないこと〟のままにしておくというのは、中居の人生においては、かなり意図的な攻めの姿勢であり、考え抜かれた戦略なのです。

「一〇代の頃から将来はバラエティでMC[注6]をやれるようになりたいと考えていたし、これがいつか新しいアイドルのひとつの形になるのではという予感があった」と、④社会の変化も予測した上で、早い時期から自分の立ち位置を想像していました。

［ 2 ］、MCもできるアイドルになりたい、というのは単なる個人としての欲望ではありません。

「10代の頃から『本当におしゃべりができるようになりたい』とは思っていました。『一体自分の個性って何だろう?』というときに、自分がしっかりしゃべれるようになったら、それはSMAPにとっても大きな武器になるなと」と語るように、まずは他のメンバーが〝できないこと〟を、自分の長所として伸ばすことが、チームのためになることを意識しての決断だったのです。

（ウ）

「歌は他のメンバーに任せたほうがチームとして戦うにはいい。代わりにダンスは得意だから踊りで頑張るし、MCに適任がいないんだったら司会をやろう」とSMAPになってから思ったのだといいます。

結果、中居が音痴であることを責めたり、歌に対して過度に責任を負わせる雰囲気はなく、むしろファンの中には、それを味として楽しんできた人も多いことでしょう。

（エ）

中居は、何かを「できない」と明言することで、自らが他に注力することを認めてもらうための土壌を作ったのです。

（霜田明寛『ジャニーズは努力が9割』）

（注）

1　オーディション……ここではジャニーズJr.のオーディションを指す。

2　男闘呼組……一九八八年から一九九三年まで活動していた男性四人組のロック・バンド。

3　岡本健一……男闘呼組の元メンバー。現在は俳優としてテレビや舞台に出演している。

4　一笑に付す……笑って問題にしない。

5　中居正広……日本の男性タレント、司会者、俳優、歌手。一九八八年から二〇一六年まで、男性アイドルグループSMAPのメンバーの一人として活動。

6　MC……司会者。番組進行役。

問一　傍線部①「休憩場で2人きりになった瞬間を見計らって」とありますが、筆者がこのように行動したのはなぜだと考えられますか。最も適切なものを選び記号で答えなさい。

ア　一対一で面と向かって話すことにより、自分の真剣さが伝わるだろうと考えたから。

イ　自分がこれから切り出す内容が恥ずかしく、極力誰にも聞かれたくなかったから。

ウ　舞台に関係ない話だったため、他のメンバーには聞かせるべきでないと判断したから。

エ　密談を誰かに見られたら、この後受けるオーディションで不正を

《中略》

ジャニーズは努力によって特別になっていった人たちである――。

それは岡本さんの背中から教わった、偉大な真実でした。そして、この真実を直視することは、僕の人生観を一変させました。②それは、絶望でもあり、希望でもありました。

それまでは、ジャニーズを恵まれたルックスをもって生まれた人たちの集団だと思っていました。おそらく、多くの人が同じような眼差しでジャニーズを見つめていることと思います。彼らは運良くイケているルックスで生まれ、運良くジャニーズに選ばれ、運良く人気を得ている「特別な星のもとに生まれた、選ばれし人たちなのだ」と。

彼らの活躍の裏には不断の努力や思考の重なりがあります。しかし、ファンでありながらも僕は、それを直視せず、見て見ぬふりをしてきたのでした。

なぜならば、「彼らと自分は生まれた星が違うのだ」と思いこむ方が、楽だったから。しかし、現実は違いました。彼らもまた「普通の星のもとに生まれた、普通の人たち」だったのです。ですが、彼らはそこから努力を重ね、一方で自分は努力を怠っていた。その差が、そのまま人生の差になっている。それを見つめることは苦しくもありました。

《中略》

岡本健一さんに「努力できる?」と問われてから約15年、ジャニーズがどんな努力や工夫をこらして、自分の人生を歩んできたのかを見つめ、調べてまとめたのが本書です。

共通していたのは、もともと特別な星のもとに生まれた人なんていないんだ、ということ。普通の人が特別なことを成し遂げるための道は、確実に存在するということ。そして、その道は1本ではなく、無数に存在しているということ。活躍の仕方が［X］なら、そこまでの努力の仕方も［X］です。

【Ⅱ】

「個性とは、得意なものを磨くことで生まれる」と思われがちですが、苦手意識のあるところから生まれる、唯一無二の個性もあるのかもしれない――。そんなことを、ジャニーズ司会者の先駆者・中居正広[注5]の人生は教えてくれます。

《中略》

日本のシングルCD歴代売上げランキングトップ10という記録を持ちながら、こんなにも〝音痴〟であることが広く認知されているアイドルも他にはいません。もちろん、知られているのは、隠していないから。自分からネタにしているからです。

(ア)

中居は、インタビューでも「SMAPになってから、『あっ、俺って歌っちゃいけないんだな』って思った」などと、自虐的に語っています。といっても、③この〝できないこと〟に対する悲愴感はありません。

［1］、歌番組などでは自ら「マイクのスイッチ入ってないよー!」と笑いにしていたこともありますし、コンサートでは「中居のソロ曲の時間をトイレタイムにしている観客が多い」ことをネタにした『トイレットペッパーマン』という曲を自ら作詞して歌っていました。

「歌って踊るのがアイドル」というイメージがまだ根強くある中で、ここまで歌が〝できない〟ことを明らかにする人はなかなかいません。

【国　語】（五〇分）〈満点：一〇〇点〉

【注意】すべての問題において、句読点・記号は1字と数えるものとする。

一 次の問いに答えなさい。

問一　次の傍線部のカタカナを漢字に直しなさい。

1　センモンの知識を学ぶ。　　2　野菜のカカクが上がる。

3　横断歩道の前でテイシする。　　4　新しい店をカマえる。

5　公園で財布をヒロう。

問二　次の傍線部の漢字の読みをひらがなで答えなさい。

1　資料を添付する。　　2　暑さが和らぐ。

3　あたりが次第に暗くなる。　　4　無駄を省く。

5　別れるのが名残惜しい。

問三　次の空欄にあてはまる最も適切なものをそれぞれ選び記号で答えなさい。

1　次の三つのことわざの空欄部【　】に入る言葉について、共通する事項は□である。

【　】は【　】屋。　棚から【　】。　【　】に塩。

ア　植物　イ　食べ物　ウ　道具　エ　動物

2　「延」と同じ画数の漢字は□である。

ア　券　イ　序　ウ　革　エ　因

3　「共生」と同じ成り立ちの語は□である。

ア　清潔　イ　日没　ウ　国旗　エ　再現

4　「机ががたつく。」の「つく」と同じ使い方の「つく」を含む文は□である。

ア　実績をつくる。　イ　とりつく島もない。

ウ　ようやく駅につく。　エ　雪がちらつく。

5　現存する最古の作り物語で、主人公が月へと帰っていったのは□である。

ア　平家物語　イ　伊勢物語　ウ　竹取物語　エ　源氏物語

二 次の文章を読んで後の問いに答えなさい。

【Ⅰ】

オーディション[注1]に落ちた翌年。20歳の頃、端役ながら、元男闘呼組[注2]（おとこ）の岡本健一[注3]さんの舞台に出演する機会を得ました。稽古期間も3週間を過ぎ、だいぶ打ち解けてきた頃、①休憩場で2人きりになった瞬間を見計らって、ずっと言おうと思っていたことを、岡本さんに伝えました。

「僕、ジャニーズJr.になりたいんです」

笑われるかと思っていました。「その顔で?」「その身長で?」「その歳で?」……何を言われるんだろうと怖くもありました。そもそもオーディションで一度落ちている身。自分が何者でもないということをあらためて突きつけられる可能性のほうが高かったと思います。

しかし、岡本さんは僕の目をまっすぐに見て、こう言いました。

「努力できる?」

岡本さんは、□A□のような生まれもった才能ではなく、「努力できるかどうか」の一点のみで、ジャニーズ入りの資格を問うてきたのです。岡本さんの目は真剣で、僕の直訴を一笑[注4]に付したりはしませんでした。

2021年度

解　答　と　解　説

《2021年度の配点は解答欄に掲載してあります。》

＜数学解答＞

1　(1) $\frac{1}{2}$　(2) $\sqrt{6}$　(3) 4　(4) $2(x-5)(x+2)$　(5) $x=3$, $y=-1$
(6) $x=0$, 4　(7) $h=\frac{2S}{a}$

2　(1) $a=2$, $b=-35$　(2) 5　(3) 2　(4) $x=114°$

3　(1) 8　(2) $y=-x+4$　(3) $E\left(3, \frac{9}{2}\right)$

4　(1) ∠ACE＝36°　(2) ∠ECF＝36°　(3) $AB=\frac{-3+3\sqrt{5}}{2}$

5　(1) 24個　(2) 12個　(3) 36個

○推定配点○

各5点×20　　計100点

＜数学解説＞

基本　1　(正負の数，平方根，式の計算，因数分解，連立方程式，2次方程式，等式の変形)

(1) $\left(\frac{2}{3}-\frac{1}{4}\right)\times\frac{1}{5}+\frac{5}{12}=\left(\frac{8}{12}-\frac{3}{12}\right)\times\frac{1}{5}+\frac{5}{12}=\frac{1}{12}+\frac{5}{12}=\frac{1}{2}$

(2) $(\sqrt{2}+\sqrt{3})(3\sqrt{2}-2\sqrt{3})=3\times2-2\sqrt{6}+3\sqrt{6}-2\times3=\sqrt{6}$

(3) $(x+3)^2-(x+1)(x+5)=x^2+6x+9-(x^2+6x+5)=4$

(4) $2x^2-6x-20=2(x^2-3x-10)=2(x-5)(x+2)$

(5) $x-y=4$…①　$\frac{3x+y}{6}=\frac{4}{3}$より，$3x+y=8$…②　①＋②より，$4x=12$　$x=3$　これを②に代入して，$9+y=8$　$y=-1$

(6) $x^2-4x=0$　$x(x-4)=0$　$x=0$, 4

(7) $S=\frac{1}{2}ah$　$\frac{1}{2}ah=S$　$ah=2S$　$h=\frac{2S}{a}$

2　(2次方程式，数の性質，式の値，角度)

重要　(1) $x=5$, -7を解とする2次方程式は，$(x-5)(x+7)=0$　$x^2+2x-35=0$　これが$x^2+ax+b=0$と等しいから，係数を比べて，$a=2$, $b=-35$

基本　(2) $\sqrt{45n}=3\sqrt{5n}$　よって，$n=5$のとき題意を満たす。

基本　(3) $b^2-6b+9=(b-3)^2=(\sqrt{2}+3-3)^2=2$

基本　(4) OD＝OBより，∠ODB＝∠OBD＝24°　よって，∠COD＝24°＋24°＝48°より，大きい方の∠BOD＝180°＋48°＝228°　円周角の定理より，$\angle x=\frac{1}{2}$∠BOD＝114°

3　(図形と関数・グラフの融合問題)

基本　(1) $y=\frac{1}{2}x^2$に$x=-4$を代入して，$y=\frac{1}{2}\times(-4)^2=8$

基本　(2) 直線ABの式を$y=ax+b$とおくと，2点A，Bを通るから，$8=-4a+b$，$2=2a+b$　この連立方程式を解いて，$a=-1$，$b=4$　よって，$y=-x+4$

重要　(3) 点Eのx座標をtとすると，Eは$y=\frac{1}{2}x^2$上の点だから，$E\left(t, \frac{1}{2}t^2\right)$　また，C(0, 4)，D(2, 0)

より，$\triangle OEC=\frac{1}{2}\times4\times t=2t$　四角形ODBC$=\frac{1}{2}\times(4+2)\times2=6$　よって，$2t=6$　$t=3$
したがって，$E\left(3,\ \frac{9}{2}\right)$

4 (平面図形の計量)

基本 (1) 半径だから，CE＝CB＝3cm　よって，CE＝AEより，∠ACE＝∠CAE＝∠BAE＝36°

基本 (2) CF＝CEだから，∠CFE＝∠CEF＝∠ACE＋∠CAE＝36°＋36°＝72°　よって，∠ECF＝180°－72°×2＝36°

重要 (3) ∠BEA＝180°－∠CEB－∠CEF＝180°－72°×2＝36°　△ABEと△AECは底角が36°の二等辺三角形だから，相似である。よって，AB＝EB＝$x$cmとすると，AB：AE＝AE：AC　$x:3=3:(x+3)$　$x(x+3)=9$　$x^2+3x-9=0$　解の公式を用いて，$x=\frac{-3\pm\sqrt{3^2-4\times1\times(-9)}}{2\times1}=\frac{-3\pm3\sqrt{5}}{2}$　$x>0$より，$AB=\frac{-3+3\sqrt{5}}{2}$(cm)

基本 5 (場合の数)

(1) 下4桁は，1，2，3，4を並べて作るから，作れる整数は，4×3×2×1＝24(個)

(2) 2□□□4の数は，□に1，3，5を並べて作るから，作れる整数は，3×2×1＝6(個)　4□□□2も同様に6個作れるから，全部で，6＋6＝12(個)

(3) 1□□□3，1□□□5，3□□□1，3□□□5，5□□□1，5□□□3の数はそれぞれ6個ずつ作れるから，全部で，6×6＝36(個)

★ワンポイントアドバイス★

空間図形が平面図形に，確率が場合の数に変わり，例年より取り組みやすい内容であった。ミスのないように解いていこう。

<英語解答>

1 (1) イ　(2) ア　(3) エ　(4) ア　(5) イ　(6) ウ　(7) エ　(8) イ　(9) ア　(10) イ

2 (1) after　(2) written　(3) lives　(4) passed　(5) not　(6) born

3 (1) ④　(2) ④　(3) ②　(4) ③　(5) ③

4 (1) ア　(2) ウ　(3) イ　(4) エ　(5) ア

5 (1) Because she [Eri] has to study for the next exam. ／ To study [prepare] for the next exam.　(2) ア　(3) ウ

6 (1) イ　(2) ウ　(3) エ

7 (1) ア　(2) ウ　(3) エ　(4) ウ

8 (1) ア　(2) イ　(3) ウ　(4) イ　(5) ア

○配点○

2・7・8 各3点×15　5(1) 5点　他 各2点×25　計100点

＜英語解説＞

基本 **1** (語句補充問題：比較，接続詞，助動詞，不定詞，動名詞，受動態)

(1) every day があり，現在の習慣をあらわしているため現在形を用いる。
(2) What day is it today ? は曜日を尋ねる疑問文である。
(3) the があるため，最上級を用いる。
(4) last Friday があるため，過去形の文である。
(5) if が用いられた文は，未来の内容であっても現在形を用いる。
(6) May I ～ ?「～してもいいですか」を断る場合は,「～してはいけない」mustn't を用いる。
(7) how to ～「～する方法」
(8) <give + 人 + 物>「人に物を与える」
(9) forget ~ing「～したのを忘れる」
(10) be pleased with ～「～に喜ぶ」

重要 **2** (書き換え問題：接続詞，分詞，間接疑問文，比較，受動態)

(1) before ～「～の前に」⇔ after ～「～の後に」
(2) written by Keigo Higashino は前の名詞を修飾する分詞の形容詞的用法である。
(3) his address「彼の住所」=where he lives「彼がどこに住んでいるのか」
(4) <期間 + have passed since ～>「～から…経っている」
(5) not as ～ as …「…ほど～ない」
(6) be born「生まれる」

3 (会話文)

(1) Can I take a message ? 「伝言を伺いましょうか」
(2) 「本でその物語を読んだ」とあるので，映画を見ていないと判断できる。
(3) How often は回数を尋ねる疑問文なので，Once a week「週に1回」が適切。
(4) if you don't mind「差し支えなければ，あなたがよければ」
(5) 「よかったら私のを貸すことができるよ」と答えているので，本が必要であると判断できる。

4 (語句整序問題：熟語，動名詞，不定詞，分詞)

(1) (When) are you going to leave for (Australia ?)　leave for ～「～に向かって出発する」
(2) (Thank) you for helping me with my (homework.)　<help + 人 + with + 物>「人の物を手伝う」
(3) How about going to the library after (school ?)　How about ~ing ?「～しませんか」
(4) (Ken was) kind enough to show me how to use (the computer.)
<~enough to …>「…するのに十分～だ」

重要 (5) That man driving a used car is (my brother.)　used はcar を修飾する過去分詞の形容詞的用法，driving a used car は that man を修飾する現在分詞の形容詞的用法である。

基本 **5** (Eメール)

(全訳)
差出人：スガオ エリ<eri2001@smail.com>
宛　先：ケイト・ブラウン<kate_b@smail.com>
送信日：2020年9月12日

題　名：ホームステイ
やぁ，ケイト
オーストラリア滞在中，いろいろとありがとう。私はあなたとあなたの家族と本当に素晴らしい時間を過ごしました。今，私は次の試験のために勉強しなければならないので，非常に忙しいです！あなたとオーストラリアがとても恋しいです！日本に来るときは，知らせてください。あなたは我が家に滞在することができ，あなたに私の町を見せるつもりです。
エリ

差出人：ケイト・ブラウン<kate_b@smail.com>
宛　先：スガオ　エリ<eri2001@smail.com>
送信日：2020年9月13日
題　名：Re：ホームステイ
こんにちは，エリ
メールありがとう。私の家族と私はあなたと楽しい時間を過ごしました。私たちもあなたを恋しく思います。日本の食べ物や文化，街など，たくさん話してくれたので，日本が好きになりました。実は，年末に日本を訪ねるつもりです。それまで，学校の授業で日本語を勉強し続けています。お会いできるのを楽しみにしています！漫画やアニメのお店へ連れて行って下さい！
ケイト

(1) 「なぜエリは忙しいのか」 エリは次の試験のための勉強で忙しいのである。Why に対する答えなので，Because か不定詞の副詞的用法を用いて答えるのが適切である。
(2) 「ケイトはいつ日本に行くか」 年末に日本を訪れるとあるので12月が適切である。
(3) 「ケイトは日本で何をしたいか」 エリに漫画やアニメのお店に連れて行ってくれるようにお願いをしていることから判断できる。

6 (資料問題：要旨把握，内容吟味)

(全訳)

スガオスマイルカフェ

スガオスマイルカフェは，あきる野市内で最高のコーヒーとサンドイッチを楽しめる，リラックスした快適なカフェです。

サンドイッチメニュー

野菜サンドイッチ	$2.50
ツナサンドイッチ	$3.00
エッグサンドイッチ	$3.50
秋川牛サンドイッチ	$4.00
スペシャルサンドイッチ	$4.50

ドリンクメニュー

コーヒー	$1.00
お茶	$1.30
ミルク	$1.50

コーヒークーポン
リーズナブルなクーポン券を提供しています。Tクーポンの綴りはコーヒー10杯分の値段です。これらのチケットで11杯分飲むことができます。Sクーポンの綴りは20杯分の値段です。

これらのチケットで23杯分飲むことができます。

・Tクーポン(11杯分)　$10

・Sクーポン(23杯分)　$20

ポイントプログラム

特別な提供を受けますか？もし受けるようでしたら，会員アプリを入手してください。飲み物や食べ物の代金を支払う際は，それを見せてください。＄5ごとに1ポイントを与えます。10ポイントを集めた場合，無料で特別なサンドイッチを差し上げます。

(1)　Tクーポンを手に入れた場合，10杯分の費用で11杯飲むことができる。

(2)　会員アプリを手に入れると，5ドルごとに1ポイント与えられ，10ポイントで特別なサンドイッチをもらうことができる。

(3)　特別なサンドイッチは10ポイントで手に入れられるので，50ドル支払う必要がある。

7　(長文読解問題・物語文：書き換え問題，適文補充，内容吟味)

(全訳)　こんにちは，みなさん！私はエミリアーノ・ロペスです。私はメキシコ出身です。私はスガオ高校の学生です。交換留学生として日本に来ました。私の趣味はテレビでアニメを見ることです。メキシコにいたとき，①日本のアニメ映画を見る機会がありました。タイトルは「ナルト」です。それでA日本に興味を持ちました。私は将来日本に行くことにしました。

私は来る日も来る日もインターネットで交換プログラムを検索しました。ついに，日本の交流留学プログラムを見つけました。試験に合格するために日本語を勉強し始めました。②その言語はとても難しかったので，私は理解できませんでした。でも日本に行きたくて日本語を一生懸命勉強しました。

試験を受けて2週間後，私は手紙をもらいました。「試験の合格おめでとうございます！」と書いてありました。私は試験に③合格してとてもうれしかったです。私はその手紙を受け取った日を決して忘れません。

私は生活の中で何でも試してみることが非常に重要であることを学びました。

(1)　<so ~ that + 主語 + can’t…> = too ~ to …「~すぎて…できない」

(2)　be happy to ~「~してうれしい」という原因や理由を表す不定詞の副詞的用法である。

(3)　get interested in ~「~を興味を持つ」

(4)　最終文で「何でも試すことが大切だ」とあることから判断する。

重要 8　(資料問題：要旨把握)

(全訳)　タクヤは菅生高校の生物部の部員だ。彼は kingfisher についてスピーチをした。日本語で「カワセミ」と呼ばれている。

あなたは今までにカワセミのことを聞いたことがありますか？あきる野市の鳥はカワセミのようなものではありません。菅生高校前の鯉川で3～4回見たことがあります。飛行が速すぎて小さいので，見たり観察したりするのは容易ではありません。スズメほどの大きさで，非常に短い尾と長くて鋭いくちばしを持っています。カワセミは非常にカラフルな鳥です。カワセミの背中は様々な色合いの青です：尾，翼，頭は暗いですが，背中の真ん中はほとんど明るい青です。腹はオレンジ色です。世界で一番美しい鳥だと思います。

カワセミは狩猟が得意です。枝から見るか，魚を見るまで池の上の空中に留まります。魚を見ると，魚との間に障壁がないかのように，水を切りさいて飛び込みます。それはくちばしと頭の形のおかげでほとんど水しぶきがたちません。

カワセミは非常に特別な鳥だということを伝えさせてください。カワセミが新幹線の騒音のような環境問題を解決するヒントを与えたのを知っていますか？JR西日本の技術者で鳥の観察者の仲津英治は，カワセミが魚を捕まえるために，水をはねずに水に入っていることに気づきました。カワセミのくちばしは，空気や水の抵抗を減らすのに最適な形状です。彼はこれからアイデアを得て，新幹線の騒音を減らすためにそれを使用しました。仲津氏と技術者は，カワセミの形と似せるために，列車の鼻の形を変えました。より多くの流線形の新幹線は，より静かに移動するだけでなく，今より速く移動し，より少ない電力を使用します。

カワセミは絶滅危惧種の一つです。カワセミは素晴らしいですが，人間から保護する必要があります。魚やカエルを食べますが，水質汚染のために生息する場所は減少しています。私たちは生き方を変え，水を汚さないようにしなければなりません。カワセミは川や池で魚なしでは生きていけないのです。

今日，私たちはカワセミから多くのことを学ぶことができるので，カワセミがどれだけ素晴らしく，そして自然を保護することが大切であることをお伝えしたいと思います。私はスガオの周りのカワセミを見続け，川をきれいにし，カワセミを保護するつもりです。聞いていただきありがとうございます。

(1)　第2段落参照。カワセミはスズメほどの大きさであることから判断する。
(2)　第2段落参照。カワセミの色は様々な色合いの青とオレンジである。
(3)　第3段落参照。カワセミは狩猟が得意である。
(4)　第4段落参照。カワセミのくちばしは，新幹線の形に使われている。
(5)　最終段落参照。タクヤはカワセミを保護するために，川をきれいにすると述べている。

★ワンポイントアドバイス★

半分以上は英文法に関する問題が占めている。文法で得点できるように，過去問を繰り返し解いて同難易度の問題に慣れるようにしたい。

＜国語解答＞

一　問一　1　専門　2　価格　3　停止　4　構(える)　5　拾(う)
　問二　1　てんぷ　2　やわ(らぐ)　3　しだい　4　はぶ(く)　5　なごり
　問三　1　イ　2　ア　3　エ　4　エ　5　ウ

二　問一　イ　問二　ウ　問三　ア　選ばれし人　イ　努力　ウ　人生
　エ　普通の人　問四　イ　問五　1　イ　2　エ　問六　イ・オ　問七　ウ
　問八　ウ

三　問一　ア　問二　一時期船内　問三　ウ　問四　私の結婚　問五　うま
　問六　エ　問七　細君・連れ合い　問八　ウ　問九　100万　問十　6

四　問一　エ　問二　イ　問三　ウ　問四　ア　問五　エ

○配点○

一・四　各2点×20　二　問一～問五　各2点×9　他　各3点×4
三　問一・問五・問六　各2点×3　他　各3点×8　計100点

＜国語解説＞

一 （漢字の読み書き，ことわざ，画数，品詞・用法，文学史）

問一　1 「専」を使った熟語はほかに「専任」「専念」など。訓読みは「もっぱ(ら)」。　2 「価」を使った熟語はほかに「価値」「物価」など。訓読みは「あたい」。　3 「停」を使った熟語はほかに「停滞」「停車」など。訓読みは「と(まる)」。　4 「構」の訓読みはほかに「かま(う)」。音読みは「コウ」。熟語は「構成」「構想」など。　5 「拾」の音読みは「シュウ」「ジュウ」。熟語は「拾得」「収拾」など。

問二　1 「添」を使った熟語はほかに「添加」「添削」など。訓読みは「そ(う)」「そ(える)」。
2 「和」の訓読みはほかに「なご(む)」「なご(やか)」「やわ(らげる)」「あ(える)」。音読みは「ワ」。熟語は「和解」「和音」など。「和尚(おしょう)」という読み方もある。　3 「次」の音読みはほかに「ジ」。熟語は「次点」「次男」など。訓読みは「つぎ」「つ(ぐ)」。　4 「省」の訓読みはほかに「かえり(みる)」。音読みは「ショウ」「セイ」。熟語は「省略」「反省」など。　5 「名残(なごり)」は，特別な読み方をする熟字訓。物事が過ぎた後に残っている気分や様子のこと。「残」の訓読みは「のこ(す)」「のこ(る)」。音読みは「ザン」。熟語は「残照」「残像」など。

問三　1 順に「餅」「餅屋」「ぼた餅」「青菜」となるので，共通するのは，イの「食べ物」。「餅は餅屋」は，何事もそれぞれ専門があって，専門家にはかなわないというたとえ。「棚からぼた餅」は，思いがけない幸運が転がり込んでくることのたとえ。「青菜に塩」は，青い菜に塩をふると，しおれてしまうように，うちひしがれ，うなだれていること。　2 「延」の画数は8画。「券」は8画。「序」は7画。「革」は9画。「因」は6画。　3 「共生」は，上の字が下の字を修飾する構成。アは，似た意味の字を組み合わせたもの。イは，主語と述語の構成。ウは，下の字が上の字を修飾する構成。エは，上の字が下の字を修飾する構成。　4 「がたつく」は，語尾に「つく」を付けて，がたがたする様子を表す使い方。アは，動詞「つくる(作る)」の一部。イは，動詞「とりつく(取り付く)」の一部。ウは「つく(着く)」という動詞。エは，語尾に「つく」を付けて，ちらちら降る様子を表す使い方で，「がたつく」と同じ用法。　5 『竹取物語』は，平安時代前期に成立したわが国最古の作り物語とされる。作者は未生。『平家物語』は鎌倉時代に成立した軍記物語で，琵琶を弾きながら語る平曲として発展した。作者は未詳。『伊勢物語』は平安時代前期に成立した歌物語。

二 （随筆－文脈把握，内容吟味，脱文・脱語補充，心情，四字熟語，接続語，要旨）

問一　この時の心情は直後に「笑われるかと思っていました。……何を言われるだろうと怖くもありました。そもそもオーディションで一度落ちている身。……可能性のほうが高かったと思います」とあるので，「恥ずかしく，誰にも聞かれたくなかった」とあるイが適切。

問二　直後に「生まれもった才能」とあるので，「生まれもった才能」にあてはまる「ルックスや運動神経」が入る。「トークスキル」や「ダンステクニック」は努力によって上達できるものなので，この2点を含まないウが適切。

問三　直後に「それまでは，ジャニーズは恵まれたルックスをもって生まれた人たちの集団だと思っていました」とあり，「『特別な星のもとに生まれた選ばれし人達なのだ』と」言い換えられているので，アには「選ばれし人」が入る。続いて「彼らの活躍の裏には不断の努力や思考の重なりがあります」とあり，「彼らもまた『普通の星のもとに生まれた，普通の人たち』だったのです。ですが，彼らはそこから努力を重ね，一方で自分は努力を怠っていた。その差が，そのまま人生の差になっている」と説明されているので，イには「努力」，ウには「人生」，エには「普通の人」が入る。

問四　直前の「その道は1本ではなく，無数に存在している」を言い換えているので，一人一人はみな別々の趣味や嗜好があって一律ではない，という意味の「十人十色」が入る。

問五　1　直後に「歌番組などでは……」と具体例が示されているので，例示を表す「例えば」が入る。　2　直前の「社会の変化も予測した上で，早い時期から自分の立ち位置を想像していました」という内容に，直後の「……単なる個人としての欲望ではありません」を付け加えているので，累加を表す「さらに」が入る。

やや難　問六　後に「この自虐は単なる逃げではありません。むしろ，歌を“できないこと”のままにしておくというのは，……かなり意図的な攻めであり，考え抜かれた戦略なのです」とあるので，オはあてはまる。また，「意図」「戦略」については，「まずは他のメンバーが“できないこと”を自分の長所として伸ばすことが，チームのためになることを意識しての決断だったのです」と説明されているので，イもあてはまる。

問七　直前に「バラエティでMCをやれるようになりたいと考えていたし，これがいつか新しいアイドルのひとつの形になるのでは」とある。「『歌って踊るのがアイドル』というイメージ」から「バラエティでMCもやれる」というイメージへの移行を「社会の変化」と表現する文脈なので，ウが適切。

問八　(ウ)の直後で「『歌は他のメンバーに任せたほうがチームとして戦うにはいい……』」と言い換えているので，ウが適切。

三　(物語文－文章構成，文脈把握，内容吟味，脱語補充，段落構成，大意)

やや難　問一　1の「その野良猫」を受けて，「私が物心ついたころには，その野良には……」とある5が1番目。5の最後に「縁の下で次から次へと子猫が生まれる」とあるので，「無事に生きていけるのだろうかと気が揉める」とある2が2番目。7に「虎白カップル」とあるので，「猫の虎白カップルが……」とある6が5番目。3には「私もいつかとっくに還暦を過ぎていた」とあり，4には「私が成人して職を得て結婚して……」とあるので，4が3番目。3が4番目になるので，5→2→4→3→6の順になる。

問二　直後に「長年外洋航路の船長をやっていた……記憶に残っている。」とあり，「話」の内容にあてはまるのは「一時期船内で飼っていた虎猫とそっくりだと言っていた(こと)」。

問三　直後に「都会と違ってこのあたりはまだ自然が豊かで，家猫になるよりも野良で生きるほうが自由で面白いと，本能的に知っていたのだろう」とあるので，ウが適切。

問四　直後に「私の結婚した相手が猫アレルギーだということが分かっていた(28字)」と履修が示されている。

問五　「うまが合う」は，気が合う，という意味。

問六　直前の「次から次へと子猫が生まれる」ことが「迷惑」の理由で，「子猫たち」については，後に「やはり無事に生きていけるだろうかと気が揉める」とあるので，エが適切。

問七　直後に「八十年近く一緒にいた」とあり，6段落には「私たち夫婦」とあるので「妻」のことだとわかる。「妻」の言い換えは，3段落に「細君」，8・10段落に「連れ合い」とある。

問八　同段落に「間もなく虎と私も死んだからだ。それも同じ日に」とあるので，ウが適切。

問九　直後に「あと何回か生き返って」とあることから考える。「生き返る」と似た表現を探すと，本文冒頭に『100万回生きたねこ』とあるので，「100万」を抜き出す。

問十　「寿命」については，6段落に「面妖なのは私たち夫婦と寿命競争でもしているのか，猫の虎白カップルがいまだに衰えも見せずに……事実である。もしかすると私どもの気づかぬうちに生まれ変わっていたのかもしれないと疑うが」とある。

四　(古文－文脈把握，動作主，口語訳，大意，主題)

〈口語訳〉　それから進んで行くと，道の真中に，黒いものがあった。人よりは小さくて，その上動かない。「どけ」と言っても答えない。「きっとキツネかアナグマだろう」と思い，矢を放って射ると，手ごたえがあって当たったようだが，(矢が)飛びのく音が金属のようなものを射るようである。しかし，静かに動きもしない。また射るも同様である。一筋，一筋と射るうちに，十本すべて射て，ただ1本だけ残った。このとき，その黒いものが動いて，頭にかぶっていたものを横に置いて，飛びかかって来たので，残っていた1本で射止めた。そうして近くで見てみるとタヌキで，頭にかぶっていたのは鍋であった。たいした知恵であるよ。その(矢の)数が十だと知っていたのだろう。ならびに，十本は常備している矢の数で，さまざまなことに用いる。タヌキはこれを順々に数えて機会を見るのである，なおさら人の悪知恵には注意しなければならない。一本増やして十一本にして行ったのは，心にくいことである。秘事は睫のごとく(秘伝は身近にあり)，これは弓法の道理であると言われている。

問一　アの直前に「その色黒きものあり」「人よりは小さうして」とあり，続いて「動かず」「いらへず」とあるので，ア・イの主語は「色黒きもの」。次の「のけて」の直前には「かのもの」とあり，前出の「色黒きもの」を指すので，ウの主語も「色黒きもの」。エの主語は，「色黒きもの」を「射とめた」者なので，この話の「主人公」。

問二　直後に「その十の数知りにしや」とある。自分を射止めようとしている者が持っている弓の数が十本であることを知っていたから，十本の矢を使い切った後に飛びかかってきた，とする文脈なので，イが適切。

やや難 問三　「まして」は，いっそう，なおさら，という意味。「かんがふ(考ふ)」は，思慮する，という意味があるので，「注意しなければならない」とするウが適切。

問四　直前に「切り添えて十一にして行きし」とあり，このような準備を「秘事」としているので，「万一のための備え」とあるアが適切。

問五　後に「さて間近く見れば，狸にて，上にかづきしは鍋なり」とあるので，エが適切。

★ワンポイントアドバイス★

漢字・語句・文法・文学史など知識事項の出題が多いので，確実に得点できる力をつけよう！　現代文は，長文ではないが精読する力が求められるので，文脈を的確にとらえる練習をしよう！

大切なことはメモしておこうネ！

T.G

2020年度
★★★★★★★★★★★★★★★★★★★★★★★★
入　試　問　題

2020年度

東海大学菅生高等学校入試問題

【数　学】（50分）　＜満点：100点＞

【注意】 定規・コンパスは使用してはいけない。

1 次の各問いに答えなさい。

(1) $\left(\dfrac{2}{3}\right)^2 \div \left(-\dfrac{1}{6}\right) + \dfrac{2^2}{3} \times (-3)^3$ を計算しなさい。

(2) $(\sqrt{3}+2)(\sqrt{6}-\sqrt{2})$ を計算しなさい。

(3) $(x-2)^2-(x+3)(x-3)$ を計算しなさい。

(4) $x^2-4xy+4y^2-9$ を因数分解しなさい。

(5) 方程式 $(3x+2)(x-1)=2(x+8)$ を解きなさい。

(6) 方程式 $5x+3y=3x+2y-4=-9$ を解きなさい。

2 次の各問いに答えなさい。

(1) x の2次方程式 $x^2-ax-18=0$ の解の1つが -2 であるとき，a の値ともう1つの解を求めなさい。

(2) $\sqrt{120-5n}$ が整数となる自然数 n のうち，もっとも小さいものを求めなさい。

(3) 九角形の内角の和を求めなさい。

(4) 下の図のように，1辺が4cmの正方形に，半径4cm，中心角90°のおうぎ形2つを組み合わせたものがあります。色のついた部分の面積を求めなさい。ただし，円周率は π とします。

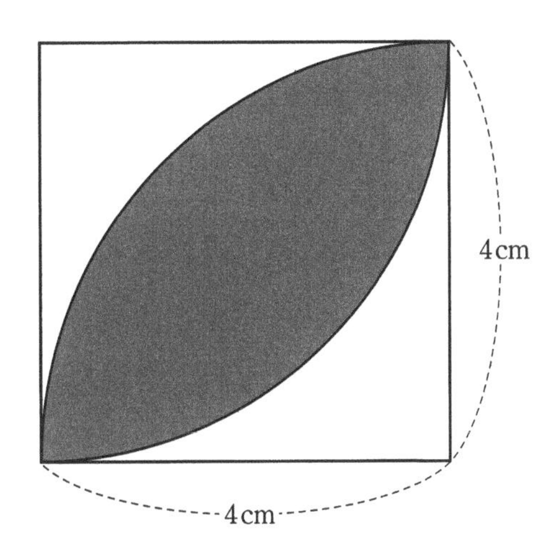

3 次の図のように，放物線 $y=\dfrac{1}{2}x^2$ と x 軸に平行な直線 ℓ が2点A，Bで交わっています。また，直線 l と y 軸との交点をCとします。点Aの x 座標が a であるとき，次の問いに答えなさい。ただし，$a>0$ とします。

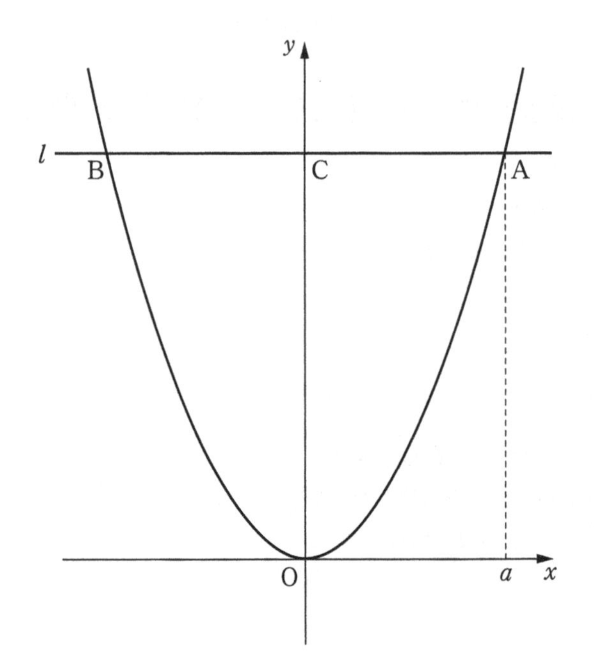

(1) $a=4$ のとき，点Aを通り y 軸に平行な直線 m と x 軸との交点を点D，放物線と直線BDの交点のうち点Bでない方を点Eとします。次のものを求めなさい。

(ア) 直線BDの式

(イ) 点Eの座標

(2) △OABが正三角形となるように点Aをとるとき，次のものを求めなさい。ただし，円周率は π とします。

(ア) a の値

(イ) y 軸を軸として△OACを１回転させてできる立体の体積

4 右の図のように，BD＝CD＝４㎝，AD＝８㎝，∠BCD＝45°で，辺ADが平面BCDに垂直な三角錐があります。この立体について，次のものを求めなさい。

(1) 辺ABの長さ

(2) △ABCの面積

(3) 頂点Dから平面ABCにひいた垂線の長さ

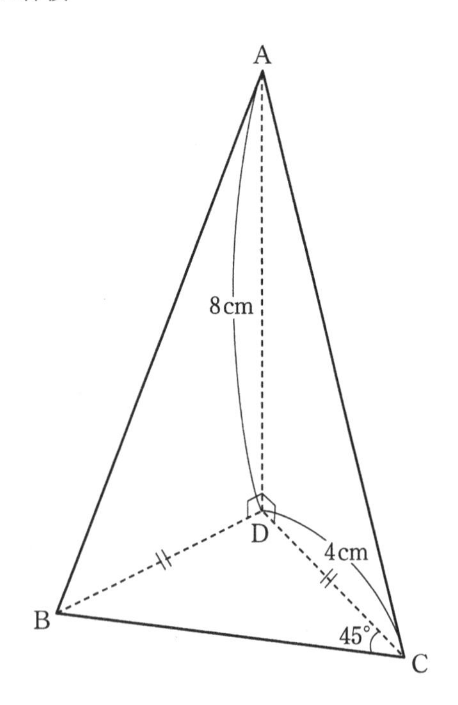

5 右の図のように，点Pが正八角形ABCDEFGHの頂点Aにあります。1個のさいころを投げて出た目の数だけ点Pは正八角形の頂点を矢印の方向に1つずつ順に動きます。さいころを2回投げて，1回目に点Pが止まった頂点を点P_1，2回目に点Pが止まった頂点を点P_2とします。例えば，1回目に出た目が3，2回目に出た目が4のとき，点P_1は頂点Dに，点P_2は頂点Hにあることになります。次の確率を求めなさい。

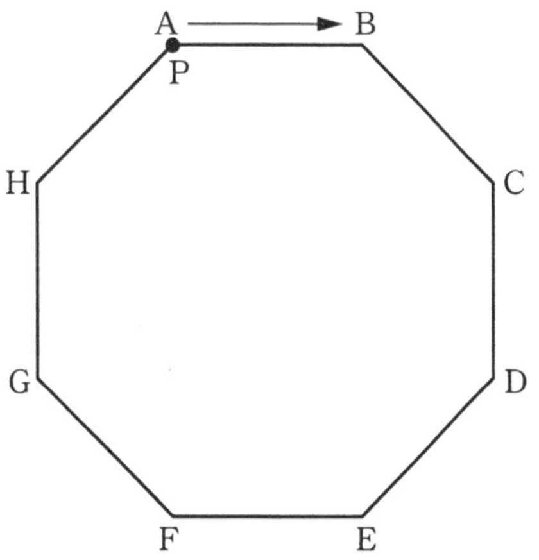

(1) 点P_2が頂点Fにある確率

(2) 点P_2が頂点Eにある確率

(3) $\triangle AP_1P_2$が$AP_1=AP_2$である二等辺三角形になる確率

【英　語】（50分）　＜満点：100点＞

1　次の各英文の（　）に入れるのに最も適切なものを選び，記号で答えなさい。

1. He (　　) a high school student last year.
   ア is　　イ was　　ウ are　　エ were
2. They are (　　).
   ア new student　　イ a new student　　ウ new students　　エ a new students
3. Do you ski (　　) winter?
   ア at　　イ in　　ウ on　　エ to
4. Yumi (　　) to help her mother last night.
   ア must　　イ have　　ウ has　　エ had
5. I'm interested in (　　) English.
   ア speak　　イ spoke　　ウ speaking　　エ to speak
6. Are you as (　　) as Mike?
   ア old　　イ older　　ウ oldest　　エ more old
7. I (　　) him since last Friday.
   ア don't see　　イ didn't see　　ウ haven't seen　　エ hasn't seen
8. My father (　　) to stay home.
   ア told me　　イ told to me　　ウ told for me　　エ told on me
9. Hurry up, (　　) you'll be late.
   ア or　　イ and　　ウ but　　エ so
10. The woman (　　) is teaching English is Ms. Ozaki.
   ア who　　イ which　　ウ whose　　エ what
11. (　　) your mother make cakes?
   ア Do　　イ Does　　ウ Is　　エ Am
12. (　　) pencil is this? — It's mine.
   ア How　　イ Whose　　ウ What　　エ Where

2　次の各英文が日本語の内容を表すように，（　）に適切な単語1語を書きなさい。

1. 私の兄は，放課後に図書館に行きます。
   My brother (　　) to the library after school.
2. この川で泳いではいけません。
   You (　　) (　　) swim in this river.
3. 何か飲み物はいかがですか。
   Would you like something (　　) (　　)?
4. 京子はギターの弾き方を習っています。
   Kyoko is learning (　　) to play the guitar.
5. トムは一度も日本を訪れたことがありません。
   Tom (　　) (　　) visited Japan.

3 次の各組の英文がほぼ同じ意味になるように，（ ）に適する単語1語を書きなさい。

1. To eat breakfast every morning is important.
   (　　) breakfast every morning is important.
2. This picture isn't as beautiful as that one.
   That picture is (　　) (　　) than this one.
3. Mr. Johnson is our English teacher.
   Mr. Johnson (　　) (　　) English.
4. People speak English in many countries.
   English (　　) (　　) in many countries.
5. I was so tired that I couldn't walk.
   I was (　　) tired (　　) walk.
6. This is the letter John wrote yesterday.
   This is the letter (　　) by John yesterday.

4 次のそれぞれの会話について，（ ）に入れるのに最も適切なものを選び，記号で答えなさい。

1. *Man:* What a nice day! Let's go to the park.
   Woman: (　　). But I have to finish my homework first.
   ア That sounds nice.　　イ Sorry, I feel sick.
   ウ Don't do that.　　エ I really want to study.
2. *Sister:* Ken, do you know how to use this computer?
   Brother: It's easy. (　　).
   ア Dad bought it.　　イ That's yours.
   ウ I'll show you.　　エ I don't know.
3. *Man:* Excuse me. How can I get to Hamura station?
   Woman: (　　).
   ア Thank you very much.　　イ Take the train for Ome.
   ウ Go home now.　　エ Take a deep breath.
4. *Husband:* Lucy, it's already six o'clock. (　　).
   Wife: Hold on. I can't find my favorite necklace.
   Husband: Hurry up, we'll miss the train.
   ア What time is it?　　イ When did you come home?
   ウ Are you ready?　　エ Are you sure?
5. *Boy 1:* I'm thinking of starting a sport. Do you often practice soccer?
   Boy 2: (　　) You need to train hard if you want to play soccer here.
   ア Almost every day.　　イ That' my favorite sport.
   ウ I love it.　　エ You are a fast runner.

5 次の各英文が日本文の意味を表すように（ ）内の語(句)を並べかえた場合，3番目と5番目にくるものの最も適切な組み合わせをア～エの中から1つ選び，記号で答えなさい。ただし文頭に来る語も小文字になっている。

(1) あなたの好きな科目は何ですか。
(① is / ② favorite / ③ what / ④ subject / ⑤ your)?
ア ②-①　イ ②-④　ウ ⑤-①　エ ⑤-④

(2) あなたは今までにオーストラリアに行ったことがありますか。
(① ever / ② have / ③ Australia / ④ you / ⑤ to / ⑥ been)
ア ①-③　イ ①-⑤　ウ ⑥-③　エ ⑥-⑤

(3) あなたの友達はあなたを何と呼びますか。
(① call / ② do / ③ friends / ④ what / ⑤ you / ⑥ your)?
ア ②-①　イ ③-⑤　ウ ⑥-①　エ ⑥-⑤

(4) 私は彼が何時に来るか知っています。
(① know / ② time / ③ I / ④ will / ⑤ he / ⑥ what / ⑦ come).
ア ⑤-⑥　イ ⑤-⑦　ウ ⑥-④　エ ⑥-⑤

(5) これは私が10年間使っているかばんです。
(① a bag / ② is / ③ used / ④ have / ⑤ ten years / ⑥ for / ⑦ this / ⑧ I).
ア ①-③　イ ①-④　ウ ③-⑥　エ ⑦-⑥

6 次の英文を読み，質問に答えなさい。

The BBC made a documentary film about seabirds ①(live) near Australia and New Zealand. A lot of seabirds died there because they ate plastic. They couldn't eat food because there was no room in their stomachs for food. Biologists are working to save the birds. They removed plastic from the stomachs of chicks.

A biologist said: "The birds ate anything. Birds can't see the difference between plastic ②(　　) non-plastic. Adult birds gave the plastic to their chicks. We should stop this and save the birds. We can easily change plastic bottles to aluminum cans. We can use paper bags instead of plastic bags." A reporter said "There were 90 pieces of plastic ③(　　) came out of one of the chicks."

※ The BBC イギリスのテレビ放送局　stomachs 胃　Biologists 生物学者
removed 取り除いた　chicks ひな鳥

1. ①の語を文に合うよう，適する形（１語）に直しなさい。
2. ②に入る適切な語を選び，記号で答えなさい。
ア and　イ in　ウ of　エ to
3. ③に入る適切な語を選び，記号で答えなさい。
ア what　イ which　ウ who　エ whose
4. 次の英語の質問に答えなさい。
Why were many seabirds killed?
ア Because plastic ate them.　イ Because they were eaten by other animals.
ウ Because of eating plastic.　エ Because of poison.

5. ア～オの英文の中で本文の内容に合っているものを2つ選び，記号で答えなさい。

ア Birds had no room to live in.

イ Biologists helped seabirds.

ウ Plastic was given to adult birds by chicks.

エ It is easy for us to change plastic bottles to aluminum cans.

オ Paper bags are dangerous to seabirds.

7 次の英文は岡本健太さんの旅行代理店での会話です。英文を読み，各質問に答える場合，（ ）内にあてはまる最も適切な単語1語を書きなさい。

Kenta Okamoto : Excuse me. I'm looking for a good place to travel abroad during spring break. But I have no idea. Could you give me any recommendations? I'd like to see a beautiful ocean.

A Travel Agent : Yes, sir. Can I have your name, please?

Kenta Okamoto : My name is Kenta Okamoto.

A Travel Agent : Will you travel alone?

Kenta Okamoto : No. With my wife and two children. My children are 10 years old and 6 years old.

A Travel Agent : OK, thank you very much. So two adults and two children. Now this season, our company recommends Guam and Hawaii. We have some special tours.

Kenta Okamoto : That's nice. I like Hawaii better than Guam. How much is the tour to Hawaii?

A Travel Agent : It's 130,000 yen for 5 days, for one person.

Kenta Okamoto : Oh that's too expensive and I can't go for 5 days, only 4 days.

A Travel Agent : Then I recommend Guam. It's 82,000 yen. How about that?

Kenta Okamoto : Oh, it's still expensive. I can afford up to 200,000 yen.

A Travel Agent : I'm sorry but I think it's hard to go abroad with this budget. How about Okinawa? I think it's possible. It's 50,000 yen for one person. You can stay at one of the most famous hotels in Okinawa and also you can have a 50 percent discount for children who are under 7 years old.

Kenta Okamoto : Oh, that's great! OK, I choose Okinawa.

※ recommendations おすすめ afford 余裕がある budget 予算 discount 割引

1. Q : Did Kenta Okamoto want to go to Okinawa from the beginning?
   A :（　　）, he（　　）.
2. Q : How many children does Kenta Okamoto have?
   A : He（　　）（　　）children.
3. Q : How long can Kenta Okamoto travel?
   A : For（　　）days.

4. Q： Which is cheaper, Hawaii or Guam?
   A：(　　　) is.
5. Q：How much is the total fee to Okinawa?　　※ fee 料金
   A：It's (　　　) yen.

8 次の英文は，ギタ－リストのパット・バークさんに関する広告です。英文を読み，各質問に答えなさい。

SUGAO MOTORS PRESENTS PAT BURKE JAPAN TOUR 2020

Pat Burke will come to Japan to do his 15th tour in Japan. He has played for more than 30 years since the 90s and he is known as one of the three greatest guitarists in the world. His musical style is based on Blues Rock and sounds very aggressive but sometimes his guitar sounds like it is crying.

Last winter he released a new album called "Bostonian". In this album, he sings about the people who live in his hometown. One of the songs "Beacon Street" has been nominated for the 2020 Grammy Award, the record of the year. Some songs from this album will be played at the concert.

Tickets will be sold from Dec 15 online and at the box office.

Don't miss it! This tour might be his last Japan tour!

Jan 22	Nippon Budo-kan (Tokyo)	open 18:00,	start 19:00
Feb 10	Osaka-jyo hall (Osaka)	open 18:00,	start 19:00
Feb 11	Yokohama Arena (Kanagawa)	open 16:00,	start 17:00
Feb 17	Nippon Budo-kan (Tokyo)	open 18:00,	start 19:00

Ticket / S : 12,000 yen　A : 11,000 yen

※ is based on 基づいている　Blues Rock ブルース・ロック（音楽のジャンル）
aggressive 攻撃的　released 発売した　has been nominated 推薦されている
Grammy award グラミー賞

1. 広告の内容と一致するように(1)～(4)の語(句)に続く最も適切なものをア～エから１つずつ選び，記号で答えなさい。
   (1) Pat Burke
      ア lives in Boston and doesn't eat meat.

イ has lived in Japan for 20 years.
ウ is a musician who plays the guitar.
エ is an aggressive and scary person.

(2) "Bostonian"
ア are people who love Boston Red Sox.
イ is the title of his new album.
ウ live on Beacon street.
エ have Pat Burke's new album.

(3) In Tokyo, Pat will play
ア one show.　イ two shows.　ウ three shows.　エ four shows.

(4) If you want to see Pat's concert,
ア the box office is an only place to get a ticket.
イ you have to choose only one show.
ウ you will be able to buy tickets from Dec 15.
エ you should buy a car from Sugao motors.

2. 広告の内容に合うものを 2 つ選び記号で答えなさい。
ア Pat Burke has played in Japan 13 times.
イ Pat Burke likes records better than CDs.
ウ The concert in Yokohama starts two hours earlier than other concerts.
エ You can get into a concert hall thirty minutes before a concert starts.
オ The price is different depending on the seat.

ア　坊主が大切にしている飴を何杯も食べたこと。
イ　飴をくれなければ寺を出ていくといったこと。
ウ　坊主が外出に出た隙を見て飴を食べたということ。
エ　坊主の水瓶を誤って割ってしまったということ。

問三　☆より前の中に、児が意図していない行動があります。その行動を表す部分を本文から二十一字で探し、最初の五字を抜き出して答えなさい。

問四　傍線部②「口惜しく」の意味として、最も適切なものを選び記号で答えなさい。
ア　惨め　　イ　名残惜しい　　ウ　残念だ　　エ　恐ろしい

問五　傍線部③「児の知恵ゆゆしくこそ」とありますが、その理由として、最も適切なものを選び記号で答えなさい。
ア　坊主の意見に左右されることなく、飴を盗み食いすることに成功したから。
イ　坊主の意見をうまく利用して、嘘がばれずに飴を食べることに成功したから。
ウ　坊主の言葉に騙されはしたが、自らの欲望に従って飴を食べることが出来たから。
エ　坊主の怒りを買ったが、飴を食べるという最終目標を達成することが出来たから。

じるから。

ウ　人間は苦しみや悲しみから知識を得るが、同時にそのような痛みを忘れていってしまうものだから。

エ　人間はもともと互いに好意を持って生き、憎み合ったり敵対すべきものではないから。

問七　傍線部⑤「本当の人間らしさ」とありますが、作者はどのような状況で「本当の人間らしさ」があらわれると言っていますか、「〜とき」となるように本文中から七字で探し、抜き出して答えなさい。

問八　傍線部⑥「人間らしい苦痛」とありますが、作者は「人間らしい苦痛」をどのようなものと捉えていますか、本文中より二十四字で探し、最初の三字を抜き出して答えなさい。

問九　傍線部⑦「誤りから立ち直ることもできるのだ」とありますが、「立ち直る」ためには何が必要ですか、次の選択肢から最も適切なものを選び記号で答えなさい。

ア　苦しい思いをしないために、正しい道に従って歩いていく力。

イ　自分自身の行動が誤ったときに、反省し悔いる能力。

ウ　何が正しいかを知り、正しい道義に基づいて行動する力。

エ　自分の過ちを認め、素直に謝罪できる能力。

四　次の文章を読んで後の問いに答えなさい。

ある山寺の坊主、慳貪(けんどん)[注1]なりけるが、飴(あめ)を治し[注2]てただ一人食ひけり。よくしたためて、棚に置き置きしけるを、一人ありける小児に食はせずして、①「これは人の食ひつれば死ぬる物ぞ」と言ひけるを、この児、あはれ、食はばや[注3]、食はばやと思ひけるに、坊主他行[注4]の隙(すき)に、棚より取り下ろしけるほどに、うちこぼして、小袖にも髪にもつけたりけり。X日ごろ欲しと思ひければ、二三杯よくよく食ひて、坊主が秘蔵の水瓶を、雨垂りの石に打ちあてて、打ち割りておきつ。坊主帰りたりければ、この児さめほろ[注5]と泣く。☆「何事に泣くぞ」と問へば、「大事の御水瓶を、誤ちに打ち割りてさぶらふ時に、いかなる御勘当[注6]かあらむずらむと、②口惜しくおぼえて、命生きてもよしなし[注7]と思ひて、人の食へば死ぬと仰せられさぶらふ物を、一杯食へども死なず、二三杯まで食べてさぶらへどもおほかた死なず[注8]。はては小袖につけ、髪につけてはべれども、いまだ死にさぶらはず。」とぞ言ひける。飴は食はれて、水瓶は割られぬ。慳貪の坊主得るところなし。③児の知恵ゆゆしく[注9]こそ。学問の器量も、むげには[注10]あらじかし。

（無住道暁『沙石集』）

（注）　1　慳貪なり……欲深い。　2　治して……作って。
3　食はばや……食べたい。　4　他行……外出する。
5　さめほろ……さめざめと、静かに。　6　御勘当……処罰。
7　よしなし……意味がない。
8　おほかた死なず……まったく死なない。
9　ゆゆしく……すばらしい。
10　むげにはあらじかし……劣ってはいないだろうよ。

問一　傍線部X「日ごろ欲しと思ひければ」の主語として、最も適切なものを選び記号で答えなさい。

ア　小児　　イ　作者　　ウ　坊主　　エ　他の坊主

問二　傍線部①「これは人の食ひつれば死ぬる物ぞ」は坊主が児についた嘘ですが、本文中において児が坊主についた嘘として、最も適切なものを選び記号で答えなさい。

を、私は見たことがある」
これは、ゲーテの言葉だ。
僕たちは、自分で自分を決定する力をもっている。
だから誤りを犯すこともある。
しかし
僕たちは、自分で自分を決定する力をもっている。
だから、⑦誤りから立ち直ることもできるのだ。
そして、コペル君、君のいう「人間分子」の運動が、ほかの物質の分子の運動と異なるところも、また、この点にあるのだよ。

（吉野源三郎『君たちはどう生きるか』）

（注）1 片輪……身体の一部に欠損があること、身体障害者。
2 平生……普段、常日頃。　3 ウロ……空洞。
4 虚栄心……自分を実質以上に見せようと、見栄を張りたがる心。
5 悔恨……後悔し、残念に思うこと。
6 道義……人のふみ行うべき正しい道。

問一　二重傍線部A・Bと同じ漢字を使うものをそれぞれ選び、記号で答えなさい。

A　イダイ
ア　伝説に残る偉人。　イ　異議を唱える。
ウ　虎の威を借る狐。　エ　居合抜きの名人。

B　ツトめて
ア　再発防止に努める。　イ　試験に備えて勉強に勉める。
ウ　演劇の主役を務める。　エ　私が勤めている会社だ。

問二　本文中の空欄部A～Dのうち、次の一文の入る箇所として最も適切なものを選び、記号で答えなさい。

☆ **やさしい愛情を受けることなしに暮らしていれば、僕たちの心は、やがて堪えがたい渇きを覚えてくる。**

問三　傍線部①「眼が一つしかなければ、慰めようのない思いをする」とありますが、その理由を本文中より三十一字で探し、最初の三字を抜き出して答えなさい。

問四　傍線部②「大切な真理」とありますが、その説明として最も適切なものを選び、記号で答えなさい。
ア　本来王位にあるべき人が王位を奪われて、自分の現在に不甲斐なく思うこと。
イ　自分が片目であることや、自分の境遇に対して嘆き悲しむこと。
ウ　人は悲しみや苦しみを通して、人間がどういうものであるかを知るということ。
エ　子供は子供なりに悲しい出来事に遭遇し、人間性を育んでいくということ。

問五　傍線部③「からだにじかに感じる痛さや苦しさというものが、やはり、同じような意味をもっている」とありますが、どのような意味を痛さや苦しさが持っていますか、本文中より二十五字で探し、最初の三字を抜き出して答えなさい。

問六　傍線部④「人間は自分たちの不調和を苦しいものと感じる」とありますが、その理由として最も適切なものを選び記号で答えなさい。
ア　自分の才能を伸ばしていった結果、才能がないことに気付きやりきれない思いになるから。
イ　自分のもって生まれた才能を伸ばすことができず、みじめだと感もっとも、ただ苦痛を感じるというだけならば、それはむろん、人間に限ったことではない。犬や猫でも、怪我をすれば涙をこぼすし、寂しくなると悲しそうに鳴く。からだの痛みや、飢えや、のどの渇きにかけては、人間もほかの動物も、たしかに変わりがない。だからこそ僕たちは、犬や猫や馬や牛に向かっても、同じくこの地上に生まれてきた仲間として、しみじみとした同感を覚えたり、深い愛情を感じたりするのだけれど、しかし、ただそれだけなら、⑤人間の本当の人間らしさはあらわれない。

人間の本当の人間らしさを僕たちに知らせてくれるものは、同じ苦痛の中でも、人間だけが感じる人間らしい苦痛なんだ。

では、⑥人間だけが感じる人間らしい苦痛とは、どんなものだろうか。からだが傷ついているのでもなく、からだが飢えているのでもなく、しかも傷つき飢え渇くということが人間にはある。

一筋に希望をつないでいたことが無残に打ち砕かれれば、僕たちの心は目に見えない血を流して傷つく。（　C　）

しかし、そういう苦しみの中でも、一番深く僕たちの心に突き入り、僕たちの目から一番つらい涙をしぼり出すものは、――自分が取りかえしのつかない過ちを犯してしまったという意識だ。自分の行動を振りかえってみて、損得からではなく、道義の心から、「しまった」と考えるほどつらいことは、おそらくほかにはないだろうと思う。

そうだ。自分自身そう認めることは、ほんとうにつらい。だから、たいていの人は、なんとか言い訳を考えて、自分でそう認めまいとする。

しかし、コペル君、自分が過っていた場合にそれを男らしく認め、そのために苦しむということは、それこそ、天地の間で、ただ人間だけができることなんだよ。

人間が、元来、何が正しいかを知り、それに基づいて自分の行動を自分で決定する力を持っているのでなかったら、自分のしてしまったことについて反省し、その誤りを悔いるということは、およそ無意味なことではないか。

僕たちが、悔恨（かいこん）[注5]の思いに打たれるというのは、自分はそうでなく行動することもできたのに――、と考えるからだ。それだけの能力が自分にあったのに――、と考えるからだ。正しい理性の声に従って行動するだけの力が、もし僕たちにないのだったら、何で悔恨の苦しみなんか味わうことがあろう。

自分の過ちを認めることはつらい。しかし過ちをつらく感じるということの中に、人間の立派さもあるんだ。

「王位を失った国王でなかったら、誰が、王位にいないことを悲しむものがあろう」[注6]

正しい道義に従って行動する能力を備えたものでなければ、自分の過ちを思って、つらい涙を流しはしないのだ。

人間である限り、過ちは誰にだってある。そして、良心がしびれてしまわない以上、過ちを犯したという意識は、僕たちに苦しい思いをなめさせずにはいない。

しかし、コペル君、お互いに、この苦しい思いの中から、いつも新たな自信を汲み出してゆこうではないか、――正しい道に従って歩いてゆく力があるから、こんな苦しみもなめるのだと。（　D　）

「誤りは真理に対して、ちょうど睡眠が目醒めに対すると、同じ関係にある。人が誤りから覚めて、よみがえったように再び真理に向かうのである。

は大人なりに、いろいろ悲しいことや、つらいことや、苦しいことに出会う。

もちろん、それは誰にとっても、決して望ましいことではない。しかし、こうして悲しいことや、つらいことや、苦しいことに出会うおかげで、僕たちは、本来人間がどういうものであるか、ということを知るんだ。

心に感じる苦しみや痛さだけではない。③からだにじかに感じる痛さや苦しさというものが、やはり、同じような意味をもっている。

健康で、からだになんの故障も感じなければ、僕たちは、心臓とか胃とか腸とか、いろいろな内臓がからだの中にあって、平生（へいぜい）[注2]大事な役割をBツトめていてくれるのに、それをほとんど忘れて暮らしている。

ところが、からだに故障ができて、動悸がはげしくなるとか、おなかが痛み出すとかすると、はじめて僕たちは、自分の内臓のことを考え、からだに故障のできたことを知る。からだに痛みを感じたり、苦しくなったりするのは、故障ができたからだけれど、逆に、僕たちがそれに気づくのは、苦痛のおかげなのだ。

実際、むし歯なんかでも、少しも痛まないでどんどんとウロ[注3]が大きくなってゆくものは、痛むものよりも、つい手当てがおくれがちになるではないか。

だから、からだの痛みは、誰だって御免こうむりたいものに相違ないけれど、この意味では、僕たちにとってありがたいもの、なくてはならないものなんだ。

人間が本来、人間同志調和して生きてゆくべきものでないならば、どうして④人間は自分たちの不調和を苦しいものと感じることができよう。

お互いに愛しあい、お互いに好意をつくしあって生きてゆくべきものなのに、憎みあったり、敵対しあったりしなければいられないから、人間はそのことを不幸と感じ、そのために苦しむのだ。（　B　）

また、人間である以上、誰だって自分の才能をのばし、その才能に応じて働いてゆけるのが本当なのに、そうでない場合があるから、人間はそれを苦しいと感じ、やり切れなく思うのだ。

人間が、こういう不幸を感じたり、こういう苦痛を覚えたりするということは、人間がもともと、憎みあったり敵対しあったりすべきものではないからだ。また元来、もって生まれた才能を自由にのばしてゆけなくてはウソだからだ。

およそ人間が自分をみじめだと思い、それをつらく感じるということは、人間が本来そんなみじめなものであってはならないからなんだ。

コペル君。僕たちは、自分の苦しみや悲しみから、いつでも、こういう知識を汲み出してこなければいけないんだよ。

もちろん、自分勝手な欲望が満たされないからといって、自分を不幸だと考えているような人もある。また、つまらない見栄にこだわって、いろいろ苦労している人もある。

しかし、こういう人たちの苦しみや不幸は、実は、自分勝手な欲望を抱いたり、つまらない虚栄心（きょえいしん）[注4]が捨てられないということから起こっているのであって、そういう欲望や虚栄心を捨てれば、それと同時になくなるものなんだ。

その場合にも、人間は、そんな自分勝手の欲望を抱いたり、つまらない見栄を張るべきものではないという真理が、この不幸や苦痛のうしろにひそんでいる。

ウ　地域の人々の欲求に答えられるように新技術を次々に開発しても、故障しない特別な仕組みがあるから。

エ　先進国と後進国の環境権・出産権が完全に平等となるよう、国際的な政策が執られているから。

オ　世界大の権力を作り上げて地域哲学に固執することは、現在の世の中の流れと矛盾することだから。

問八　空欄部2に入る最も適切な語句を、次から選び記号で答えなさい。

ア　資本主義の発展　イ　科学技術への服従

ウ　自然との共生　エ　後進国の隆盛

問九　次の文の中で、筆者の考えに最も近いものを選び記号で答えなさい。

ア　現代の科学技術は、人々の欲望のみにコントロールされる。

イ　巨大となった科学技術だが、かえって普通の人にも制御できるものとなった。

ウ　現代の科学技術文明であっても、人々の欲望に答えることはできない。

エ　科学技術文明の発展は、人々の欲望と深く関連している。

問十　二重傍線部ア～エの中から文脈上誤って用いられた語を探し、記号で答えなさい。

三　次の文章を読んで後の問いに答えなさい。

「人間は、自分自身をあわれなものだと認めることによってそのイダイ（A）さがあらわれるほど、それほどイダイである。樹木は、自分をあわれだとは認めない。なるほど、『自分をあわれだと認めることが、とりもなおさず、あわれであるということだ』というのは真理だが、しかしまた、ひとが自分自身をあわれだと認める場合、それがすなわちイダイであるということだというのも、同様に真理である。だから、こういう人間のあわれさは、すべて人間のイダイさを証明するものである。……それは、王位を奪われた国王のあわれさである」「王位を奪われた国王以外に、誰が、国王でないことを不幸に感じる者があろう。……ただ一つしか口がないからといって、自分を不幸だと感じるものがあろうか。また、眼が一つしかないことを、不幸に感じないものがあるだろうか。誰にせよ、眼が三つないから悲しいと思ったことはないだろうが、①眼が一つしかなければ、慰めようのない思いをするものである」

本来王位にあるべき人が、王位を奪われていれば、自分を不幸だと思い、自分の現在を悲しく思う。彼が、現在の自分を悲しく思うのは、本来王位にあるべき身が、王位にいないからだ。

同様に、片目の人が自分を不幸だと感じるのも、本来人間が二つの目を備えているはずなのに、それを欠いているからだ。人間というものが、もともと目を一つしかもっていないものだったら、片目のことを悲しむ者はないに違いない。いや、むしろ二つ目をもって生まれたら、とんだ片輪（注1 かたわ）に生まれたものだと考えて、それを悲しむに相違ない。

コペル君。このことを、僕たちは、深く考えてみなければいけない。

それは僕たちに、②大切な真理を教えてくれる。人間の悲しみや苦しみというものに、どんな意味があるか、ということを教えてくれる。

（　A　）

僕たちは人間として生きてゆく途中で、子供は子供なりに、また大人学技術の発展は先にも述べたように、人々の欲望と深く相関しているため、単に、「 2 」といったお題目をかかげただけでは何も解決しない。

科学技術を定常的で資源浪費的でないものに変換するためには、人々の欲望の質を、それにあわせたものに変換しなくてはならない。それはお題目ではなく、新しいシステムを構想することによってしか解決しない。

現在の巨大科学は、普通の人がコントロールできない難物（エ）になってしまった。さしあたって、これをなんとか、コントロールできるようにしたい。

（池田清彦『科学はどこまでいくのか』）

（注）
1 具現……実際の形やものとして現れること。具体的に現すこと。
2 享受……あるものを受け、自分のものとすること。
3 増殖……増えて多くなること。
4 結託……互いに心を通じて力を合わせること。多くは、不正を行うためにぐるになることをいう。
5 破綻……まとまっている状態が維持できなくなること。

問一 傍線部①「何をかいわんや」の意味として、最も適切なものを選び記号で答えなさい。

ア 何を言おうか、いや何も言うことはない。
イ 何も隠すつもりはない。
ウ 何かよいものがあればそれを。
エ ほかのことはひとまず後まわしにしても。

問二 傍線部②「食物が足らず、餓死者がでている」とありますが資本主義の観点から考えた理由を、☆より前の本文中から四十一字で探し、最初の五字を抜き出して答えなさい。

問三 傍線部③「どうすればよいのか」とありますが、筆者は科学技術をどうすればよいとここでは考えていますか、最も適切なものを選び記号で答えなさい。

ア 科学技術に対する論文を出版し、数多くの人々の教育に生かす。
イ 科学技術を変化させないで、資源を無駄遣いしないものに変化させる。
ウ 科学技術を支える世界大の資本を、存続し続けられるようにする。
エ 科学技術を進化させ続け、人々の欲望を満足させる。

問四 傍線部④「これ」の指示内容として最も適切な部分を本文中から二十八字で探し、最初の五字を抜き出して答えなさい。

問五 傍線部⑤「エコ・ファッシズム」を導入したことで、私たちが目にしてきたものとはなんですか、☆より前の本文中より十三字で探し、最初の五字を抜き出して答えなさい。

問六 空欄部1に入る最も適切な語句を、次から選び記号で答えなさい。

ア 優勢　イ 否認　ウ 承認　エ 支配

問七 傍線部⑥「地域主義」を導入しても上手くいかないと筆者が考える理由として、適切なものを二つ選び記号で答えなさい。

ア 全ての物質について地域ごとに閉鎖系を作るのには、原則的に無理があるとわかっているから。
イ 資本主義は地域的隔たりを原動力として、自らを増殖をしていくという体系を持つから。

る。

現在、科学技術文明の恩恵に浴している先進国の人々は、地球全人口の二〇パーセントに満たず、それと同数かそれ以上の人々が飢えに直面している。全世界の穀物生産高は、一〇〇億人分の胃袋を満たすことができるにもかかわらず、その需要のかたよりは極めて大きい。一方では、消費できないほどの食物が満ちあふれ、一方では②食物が足らず、餓死者がでている。

たとえば日本の人口は全世界人口の約二パーセントであるが、世界のGNP（国民総生産）の一五パーセントを独占している。単純に計算すれば、日本は世界平均の七倍の物質的豊かさを注2享受（きょうじゅ）している。

このまま、資本主義と科学技術文明が注3自己増殖（ぞうしょく）を続ければ、そのどちらもクラッシュを起こすに違いない。③どうすればよいのか。

ほっとくというのも一つの方法である。案外これがいちばん正解かも知れない。しかし、悪化することがわかっていて、放置することに我々はなかなか耐えられない。そこでいろいろもがくわけだが、もがけばもがくほど、泥沼にはまることだってある。最悪の（だと私が思う）方法は、先進国が注4結託して、後進国の大多数の人々を見殺しにすることである。実際、世界は我々の知らないところで、実質的にそのような方向へ動いているのかも知れない。しかし、④これは公正にいちじるしく反するやり方である。

別の方法は、⑤エコ・ファッシズムである。政府や国連が、人々の消費と出産を厳格に管理して、それに反するものを厳罰に処すのである。しかし、このような全体主義的、ア抑圧的なやり方がうまく機能しないことを、我々はこの目で見た。ソ連と東欧の社会主義の崩壊こそは、全体主義的なやり方がいつかは注5破綻（はたん）することをみごとに示している。

☆　そこで、環境権（たとえばCO_2を排出する権利）や出産権を、先進国と後進国とを問わずいったんは平等に分与しておいて、これを市場で自由に売買しよう、という話がでてくる。しかし、おそらくこれは、先進国が後進国の権利を全部買い上げて、先進国の後進国に対する［1］構造を強化する結果に終わるだけのような気がする。その先にあるものは、支配する先進国と支配される後進国、といった現代奴隷（どれい）制の発祥か、さもなければ後進国の見殺しになる恐れなしとしない。

もうひとつの方法は⑥地域主義、簡単に言えば鎖国である。資源を世界大に流通させないで、ある限定的な地域内だけに限って、やりとりするのである。こうすれば地域の生産力を超える人口は養えない。クラッシュの危険性を地域ごとに分散することができる。

しかし、これはいくつかの点においてうまくゆかない。ひとつは、すべての物質に関して地域ごとの閉鎖系をつくることは、原理的に不可能だからである。たとえば、ある地域から排出されたCO_2は不可避的に別の地域に影響を与える。もうひとつは、物質レベルの鎖国を維持させるためには、極めて強大な世界大の権力が必要だが、世界大の権力を構築することと、地域主義を貫徹することは、矛盾するとまでは言えないにしても、両立させることは極めてイ容易である。

さらに、資本主義は地域的な差異を駆動力にして自己増殖をはかるシステムであるから、地域主義を貫徹させるためには、世界大の資本をつぶす必要がある。逆に言えば、世界大の資本がつぶれない限り、地域主義を徹底することはできない。これはほとんどウ不可能な夢であろう。

最後に科学技術文明を拒否してしまうという方法もある。しかし、科

【国　語】（五〇分）〈満点：一〇〇点〉

【注意】すべての問題において、句読点・記号は一字と数えるものとする。

一　次の問いに答えなさい。

問一　次の傍線部のカタカナを漢字に直しなさい。

1　かつてのホウユウに会う。
2　武将がチョウホウした道具。
3　昔からのカンシュウに従う。
4　フルカブの社員から仕事を教わる。
5　雨で作業がトドコオる。

問二　次の傍線部の漢字の読みをひらがなで答えなさい。

1　合成皮革の服を着る。
2　世間の風潮に左右される。
3　彼の器用さは天賦の才能だ。
4　政界再編の一翼を担う。
5　ルールを厳格に遵守する。

問三　次の1～5の問いに答えなさい。

1　「自分に都合のいい言動をすること」の意味を持つ四字熟語として最も適切なものを選び、記号で答えなさい。

ア　公平無私　イ　言語道断　ウ　唯我独尊　エ　我田引水

2　次の三つの空欄部に共通する漢字として最も適切なものを選び、記号で答えなさい。

【　】が据わる。【　】に銘じる。【　】を冷やす。

ア　腹　イ　肝　ウ　腰　エ　手

3　次のア～エの傍線部の漢字について、誤字を使っているものを選び、記号で答えなさい。

ア　成功を収める。　イ　怒りを収める。
ウ　税を収める。　エ　争いが収まる。

4　次の対義語の組み合わせとして相応しくないものを選び、記号で答えなさい。

ア　延長―短縮　イ　形式―内容
ウ　倹約―浪費　エ　熟練―老練

5　「男もすなる日記といふものを、女もしてみむとて、するなり」で始まる「紀貫之」が書いた日本最古の日記文学として最も適切なものを選び、記号で答えなさい。

ア　土佐日記　イ　紫式部日記
ウ　更級日記　エ　和泉式部日記

二　次の文章を読んで後の問いに答えなさい。

現代の科学技術文明は、人々の欲望とそれをコントロールしようとする権力によって支えられている。人々にとって自分の欲望を満たすことが、何よりの善ならば、現在の科学技術文明の継続もまた善であり、①何をかいわんや、ということになる。四〇年位前までは、科学技術文明の恩恵を、あまねく全世界に及ぼして、すべての人々の欲望にこたえることが可能であると考えられていた。

しかし、地球上の資源には限りがあり、現行の資本主義的経済システムは、富める者の欲望を優先して具現[注1]するシステムであるから、後進国の大多数の人々の欲望は具現されず、南北の格差は広がるばかりであ

2020年度

解　答　と　解　説

《2020年度の配点は解答欄に掲載してあります。》

＜数学解答＞

1 (1) $-\dfrac{116}{3}$　(2) $\sqrt{2}+\sqrt{6}$　(3) $-4x+13$　(4) $(x-2y+3)(x-2y-3)$

(5) $x=-2,\ 3$　(6) $x=-3,\ y=2$

2 (1) $a=7,\ x=9$　(2) $n=4$　(3) $1260°$　(4) $8\pi-16(\mathrm{cm}^2)$

3 (1) (ア) $y=-x+4$　(イ) E(2, 2)　(2) (ア) $a=2\sqrt{3}$　(イ) 24π

4 (1) $4\sqrt{5}$ cm　(2) 24cm²　(3) $\dfrac{8}{3}$cm　**5** (1) $\dfrac{1}{9}$　(2) $\dfrac{1}{9}$　(3) $\dfrac{5}{36}$

○配点○

各5点×20(1(5)(6)，2(1)各完答)　計100点

＜数学解説＞

基本 **1** (正負の数，平方根，式の計算，因数分解，2次方程式，連立方程式)

(1) $\left(\dfrac{2}{3}\right)^2\div\left(-\dfrac{1}{6}\right)+\dfrac{2^2}{3}\times(-3)^3=\dfrac{4}{9}\times(-6)+\dfrac{4}{3}\times(-27)=-\dfrac{8}{3}-\dfrac{108}{3}=-\dfrac{116}{3}$

(2) $(\sqrt{3}+2)(\sqrt{6}-\sqrt{2})=3\sqrt{2}-\sqrt{6}+2\sqrt{6}-2\sqrt{2}=\sqrt{2}+\sqrt{6}$

(3) $(x-2)^2-(x+3)(x-3)=x^2-4x+4-(x^2-9)=-4x+13$

(4) $x^2-4xy+4y^2-9=(x-2y)^2-3^2=(x-2y+3)(x-2y-3)$

(5) $(3x+2)(x-1)=2(x+8)$　$3x^2-x-2=2x+16$　$3x^2-3x-18=0$　$x^2-x-6=0$　$(x+2)(x-3)=0$　$x=-2,\ 3$

(6) $x+3y=-9$…①　$3x+2y-4=-9$より，$3x+2y=-5$…②　①×2−②×3より，$x=-3$　これを①に代入して，$-15+3y=-9$　$3y=6$　$y=2$

基本 **2** (2次方程式，数の性質，角度，平面図形)

(1) $x^2-ax-18=0$に$x=-2$を代入して，$(-2)^2-a\times(-2)-18=0$　$2a=14$　$a=7$　もとの方程式は，$x^2-7x-18=0$　$(x+2)(x-9)=0$　$x=-2,\ 9$　よって，もう1つの解は，9

(2) $\sqrt{120-5n}=\sqrt{5(24-n)}$　よって，$n=4$のとき題意を満たす。

(3) n角形の内角の和は，$180°\times(n-2)$で表せるから，$n=9$を代入して，$180°\times(9-2)=1260°$

(4) 正方形の対角線をひいて2つの合同な弓形と考えると，その面積の和は，$\left(\pi\times4^2\times\dfrac{90}{360}-\dfrac{1}{2}\times4\times4\right)\times2=8\pi-16(\mathrm{cm}^2)$

3 (図形と関数・グラフの融合問題)

基本 (1) (ア) $y=\dfrac{1}{2}x^2$に$x=4$を代入して，$y=\dfrac{1}{2}\times4^2=8$　よって，A(4, 8)より，B(−4, 8)，D(4, 0)　直線BDの式を$y=bx+c$とおくと，2点B，Dを通るから，$8=-4b+c$，$0=4b+c$　この連立方程式を解いて，$b=-1$，$c=4$　よって，$y=-x+4$

(イ) $y=\dfrac{1}{2}x^2$と$y=-x+4$からyを消去して，$\dfrac{1}{2}x^2=-x+4$　$x^2+2x-8=0$　$(x+4)(x-$

2)=0　$x=-4,\ 2$　$y=-x+4$に$x=2$を代入して，$y=2$　よって，E(2，2)

重要　(2)　(ア)　Aは$y=\frac{1}{2}x^2$上の点だから，$A\left(a,\ \frac{1}{2}a^2\right)$　△OABが正三角形のとき，AC：CO=1：$\sqrt{3}$　$a:\frac{1}{2}a^2=1:\sqrt{3}$　$\frac{1}{2}a^2=\sqrt{3}a$　$a(a-2\sqrt{3})=0$　$a>0$より，$a=2\sqrt{3}$

基本　(イ)　求める立体は円錐である。$AC=2\sqrt{3}$，$OC=\sqrt{3}AC=6$だから，その体積は，$\frac{1}{3}\pi\times(2\sqrt{3})^2\times6=24\pi$

4　(空間図形の計量)

基本　(1)　$AB=\sqrt{AD^2+BD^2}=\sqrt{8^2+4^2}=4\sqrt{5}$(cm)

重要　(2)　$AC=AB=4\sqrt{5}$　BDの中点をMとすると，$BM=\frac{1}{2}BC=\frac{1}{2}\times\sqrt{2}BD=2\sqrt{2}$　△ABMに三平方の定理を用いて，$AM=\sqrt{AB^2-BM^2}=\sqrt{(4\sqrt{5})^2-(2\sqrt{2})^2}=\sqrt{72}=6\sqrt{2}$　よって，$\triangle ABC=\frac{1}{2}\times4\sqrt{2}\times6\sqrt{2}=24$(cm²)

重要　(3)　三角錐ABCDの体積は，$\frac{1}{3}\times\triangle BCD\times AD=\frac{1}{3}\times\frac{1}{2}\times4\times4\times8=\frac{64}{3}$　求める垂線の長さを$h$cmとすると，$\frac{1}{3}\times\triangle ABC\times h=8h$　よって，$8h=\frac{64}{3}$　$h=\frac{8}{3}$(cm)

5　(確率)

(1)　さいころの目の出方の総数は，6×6=36(通り)　このうち，題意を満たすのは，出る目の数の和が5のときだから，(1回目，2回目)=(1，4)，(2，3)，(3，2)，(4，1)の4通り。よって，求める確率は，$\frac{4}{36}=\frac{1}{9}$

(2)　題意を満たすのは，出る目の数の和が4または12のときだから，(1回目，2回目)=(1，3)，(2，2)，(3，1)，(6，6)の4通り。よって，求める確率は，$\frac{4}{36}=\frac{1}{9}$

(3)　題意を満たすのは，(P1，P2)=(B，H)，(C，G)，(D，F)，(F，D)，(G，C)の5通りだから，求める確率は，$\frac{5}{36}$

★ワンポイントアドバイス★

平面図形が空間図形に変わったが，例年どおりの標準レベルの出題である。時間配分を考えながら，できるところからミスのないように解いていこう。

＜英語解答＞

1　1 イ　2 ウ　3 イ　4 エ　5 ウ　6 ア　7 ウ　8 ア　9 ア　10 ア　11 イ　12 イ

2　1 goes　2 must, not　3 to, drink　4 how　5 has, never

3　1 Eating　2 more, beautiful　3 teaches, us　4 is, spoken　5 too, to　6 written

4　1 ア　2 ウ　3 イ　4 ウ　5 ア

5　1 エ　2 イ　3 ウ　4 エ　5 イ

6 1 living　2 ア　3 イ　4 ウ　5 イ，エ
7 1 No, didn't　2 has, two[2]　3 4[four]　4 Guam　5 175,000
8 1 (1) ウ　(2) イ　(3) イ　(4) ウ　2 ウ，オ
○配点○
各2点×50　計100点

＜英語解説＞

基本 1 (語句補充問題：前置詞，助動詞，動名詞，比較，現在完了，不定詞，命令文，関係代名詞)
1 過去の文なので was を用いる。
2 主語が they なので，名詞は複数形を用いる。
3 〈in ＋季節〉となる。
4 have to の過去の表現は，had to となる。
5 be interested in ～ing「～することに興味がある」
6 〈as 原級 as ～〉「～と同じくらい…」
7 since が用いられているので，現在完了の文になる。
8 〈tell ＋人＋ to ～〉「人に～するように言う」
9 〈命令文，or …〉「～しなさい，さもないと…」
10 空欄の後に動詞が来ているため，主格の関係代名詞を用いる。
11 your mother が主語であるため，does を用いて疑問文にする。
12 〈whose ＋名詞〉「誰の～」

基本 2 (語句補充問題：助動詞，不定詞，現在完了)
1 my brother が主語であるため，3単現の s を用いる。
2 must not ～「～してはいけない」
3 to drink は不定詞の形容詞的用法である。
4 how to ～「～の仕方，方法」
5 never「一度も～ない」

重要 3 (書き換え問題：動名詞，比較，文型，受動態，分詞)
1 不定詞の名詞的用法は動名詞と書きかえることができる。
2 not as ～ as …「…ほど～ない」
3 〈teach ＋人＋ A〉「人にAを教える」
4 受動態は〈be動詞＋過去分詞〉となる。
5 too ～ to …「～すぎて…できない」
6 written by John yesterday は過去分詞の形容詞的用法である。

4 (会話文)
1「公園に行こうよ」という提案に対する返答を選ぶ。
2 I'll show you.「教えてあげるよ」
3 How can I get to ～?「～への行き方を教えてください」
4 Are you ready?「準備できたの？」
5「よくサッカーの練習をするの？」という質問に対する返答を選ぶ。

重要 5 (語句整序問題：現在完了，間接疑問文，関係代名詞)
1 What is your favorite subject (?)　favorite「お気に入りの，好きな」

2 Have you ever been to Australia (?) have been to ～「～に行ったことがある」
3 What do your friends call you (?) call + A + B「AをBと呼ぶ」
4 I know what time he will come (.) 間接疑問文は〈疑問詞＋主語＋動詞〉の語順になる。
5 This is a bag I have used for ten years (.) I have used for ten years は前の名詞を修飾する接触節である。

6 **(長文読解問題・説明文：語句補充，要旨把握，内容吟味)**

(全訳) BBC はオーストラリアとニュージーランドの近くに住む海鳥についてのドキュメンタリー映画を制作した。プラスチックを食べたので，たくさんの海鳥がそこで死んだ。胃に食べ物を入れる余地がなかったため，食べ物を食べることができなかった。生物学者は鳥を救うために働いている。彼らはひな鳥の胃からプラスチックを取り除いた。

生物学者は言った「鳥は何でも食べた。鳥はプラスチックと非プラスチックの違いを見ることができない。成鳥はプラスチックをひな鳥に与えた。これをやめて鳥を救う必要がある。プラスチックボトルをアルミニウム缶に簡単に変更できる。ビニール袋の代わりに紙袋を使うことができる」ある記者は「ひな鳥の1つから出てきたプラスチックが90個あった」と述べた。

1 前の名詞を修飾する現在分詞の形容詞的用法である。
2 between A and B「AとBの間に」
3 主格の関係代名詞 which を用いる。
4 「なぜ多くの海鳥が殺されたのか？」 第1段落第2文参照。プラスチックを食べたからである。
5 ア 「鳥に住む部屋がなかった」 第1段落第3文参照。room は本文において「空間」という意味で用いられているので不適切。 イ 「生物学者は海鳥を助けた」 第1段落第4文参照。生物学者は海鳥を救うために働いているので適切。 ウ 「プラスチックはひな鳥によって成鳥に与えられた」 第2段落第3文参照。成長によってプラスチックがひな鳥に与えられたので不適切。
エ 「私たちがプラスチックボトルをアルミニウムの缶に変えることは簡単だ」 第2段落第5文参照。私たちは簡単にプラスチックボトルをアルミニウム缶に変えられるとあるので適切。
オ 「紙袋は海鳥にとって危険だ」 第2段落第6文参照。ビニール袋の代わりに紙袋を使うことができるので不適切。

7 **(会話文：要旨把握)**

(全訳) 岡本健太 ：すみません。春休みに海外旅行にいい場所を探しています。しかし，私にはわかりません。何かおすすめはありますか？美しい海を見たいのですが。
旅行代理店：はい。お名前を頂けますか？
岡本健太 ：岡本健太です。
旅行代理店：一人で旅行しますか？
岡本健太 ：いいえ。妻と二人の子供です。私の子供は10歳と6歳です。
旅行代理店：わかりました，ありがとうございました。つまり，大人2人と子供2人ですね。今シーズンは，グアムとハワイをおすすめします。特別なツアーもあります。
岡本健太 ：それはいいですね。私はグアムよりハワイが好きです。ハワイへのツアーはいくらですか？
旅行代理店：1人5日で13万円です。
岡本健太 ：それは高すぎるし，5日間は行けず，4日間しか行けません。
旅行代理店：グアムをお勧めします。82000円です。どうですか？
岡本健太 ：ああ，まだ高いです。20万円まで払うことができます。
旅行代理店：申し訳ありませんが，この予算で海外に行くのは難しいと思います。沖縄はどうですか？　それなら可能だと思います。一人5万円です。沖縄で最も有名なホテルの1つに滞在でき，7歳未満の子供が50％割引になります。

岡本健太　：それはいいですね！沖縄を選びます。

1 「岡本健太ははじめから沖縄に行きたいと思っていたか」 岡本健太ははじめは海外に旅行に行きたいと思っていた。

2 「岡本健太は何人の子供がいるか」 10歳と6歳の2人の子供がいる。

3 「岡本健太はどのくらいの間旅行できるか」 4日間しか旅行に行けないと言っている。

4 「ハワイとグアムのどちらが安いか」 ハワイは1人13万円，グアムは1人82000円かかる。

5 「沖縄の合計料金はいくらか」 沖縄は1人5万円で，7歳未満は半額である。

基本 8 **（資料問題：要旨把握，内容吟味）**

菅生モーターズプレゼンツ　パット・バーク日本ツアー2020

パット・バークが来日し，15回目のツアーを行います。彼は90年代から30年以上演奏しており，世界で3人の偉大なギタリストの1人として知られています。彼の音楽スタイルはブルースロックに基づいて，非常にアグレッシブに聞こえますが，時々彼のギターは泣いているように聞こえます。

昨年の冬，彼は「ボストニアン」と呼ばれるニューアルバムをリリースしました。このアルバムでは，彼は故郷に住んでいる人々について歌っています。曲の1つである「ビーコンストリート」は，2020グラミー賞にノミネートされました。このアルバムの一部の曲はコンサートで演奏されます。

チケットは12月15日からオンラインおよびチケット販売で販売されます。

お見逃しなく！　このツアーは彼の最後の日本ツアーかもしれません！

1月22日	日本武道館（東京）	開場18:00	開演19:00
2月10日	大阪城ホール（大阪）	開場18:00	開演19:00
2月11日	横浜アリーナ（神奈川）	開場16:00	開演17:00
2月17日	日本武道館（東京）	開場18:00	開演19:00

チケット/　S席：12000円　　A席：11000円

1 (1) パット・バークはギタリストとして知られている。 (2) 「Bostonian」は，パット・バークの新しいアルバムである。 (3) パットは東京で，1月22日と2月17日の2回行う。
(4) もしパットのコンサートを見たい場合には，12月15日からオンラインで購入できる。

2 ア 「パット・バークは日本で13回演奏したことがある」 今回は15回目のコンサートであるので不適切。 イ 「パット・バークはCDよりレコードが好きだ」 CDよりレコードが好きだという記述はない。 ウ 「横浜でのコンサートはほかのコンサートより2時間早く始まる」 横浜は17時，その他のコンサートは19時に始まるので適切。 エ 「コンサートが始まる30分前にコンサートホールに入ることができる」 開場は開演の1時間前であるので不適切。 オ 「料金は席によって異なる」 S席は12,000円，A席は11,000円なので適切。

★ワンポイントアドバイス★

問題数が多いため，すばやく処理する必要がある。過去問を用いて，出題形式に慣れるように繰り返し解きたい。

＜国語解答＞

一　問一　1　朋友　2　重宝　3　慣習　4　古株　5　滞(る)　問二　1　ひかく
2　ふうちょう　3　てんぷ　4　いちよく　5　じゅんしゅ　問三　1　エ
2　イ　3　ウ　4　エ　5　ア

二　問一　ア　問二　現行の資本　問三　イ　問四　先進国が結　問五　ソ連と東欧
問六　エ　問七　ア・イ　問八　ウ　問九　エ　問十　イ

三　問一　A　ア　B　ウ　問二　C　問三　本来人　問四　ウ　問五　僕たち
問六　エ　問七　傷つき飢え渇く(とき)　問八　道義の　問九　ウ

四　問一　ア　問二　エ　問三　うちこぼし　問四　ウ　問五　イ

○配点○
一　各2点×15　二　問一・問七　各2点×3　他　各3点×8
三　問一　各2点×2　問八・問九　各4点×2　他　各3点×6　四　各2点×5
計100点

＜国語解説＞

一　(漢字の読み書き，四字熟語，慣用句，対義語，文学史)

問一　1「朋友」は，友達，という意味。「朋」を使った熟語はほかに「朋輩」「朋僚」など。訓読みは「とも」。　2「重」を「チョウ」と読む熟語はほかに「貴重」「慎重」など。音読みはほかに「ジュウ」。訓読みは「おも(い)」「かさ(なる)」「かさ(ねる)」「え」。　3「慣」を使った熟語はほかに「慣例」「慣用句」など。訓読みは「な(らす)」「な(れる)」。　4「古株」は，古くからいる人，という意味。「株」を使った熟語はほかに「株主」「株式」など。「株」の音読みは「シュ」。熟語は「守株(しゅしゅ)」。　5「滞」の音読みは「タイ」。熟語は「滞納」「渋滞」など。

問二　1「皮革(ひかく)」は，加工した動物の皮の総称。「革」を使った熟語はほかに「革新」「変革」など。訓読みは「かわ」。　2「風潮(ふうちょう)」は，時勢とともに変わって行く世の中の傾向，という意味。「潮」を使った熟語はほかに「干潮」「最高潮」など。訓読みは「しお」。
3「天賦(てんぷ)」は，天が分け与える，という意味で，生まれつきの才能のこと。「賦」を使った熟語はほかに「賦与」「賦課」など。　4「一翼(いちよく)」は，全体の中の一部の役割，一つの任務という意味。「一翼を担う」などと使われる。熟語はほかに「両翼」「尾翼」など。訓読みは「つばさ」。　5「遵守(じゅんしゅ)」は，法律や教えなどに従い，それを守ること。熟語は「遵法」など。

問三　1　アの「公平無私(こうへいむし)」は，どちらか一方にかたよらず平等で，私心や私欲を持たないこと。イの「言語道断(ごんごどうだん)」は，言葉に言い表せない程ひどい，話にならないほど間違っていて非常によくない，という意味。ウの「唯我独尊(ゆいがどくそん)」は，エの「我田引水(がでんいんすい)」は，自分の田にだけ水を引く意から，自分に都合がいいように考えたり，物事を進めたりすること。　2「肝がすわる」は，度胸があり，めったなことではびくついたり驚いたりしないこと。「肝に銘じる」は，決して忘れぬよう心に深く刻むこと。「肝を冷やす」は，身の危険を感じるようなことがあり，ひやりとすること。　3　ウは，正しくは「税金を納める」。　4　エの「熟練」と「老練」は同義語。　5　アの『土佐日記』は，平安時代前期に成立した紀貫之による日記。イの『紫式部日記』は，平安時代中期に成立した紫式部による日記。ウの『更級日記』は，平安時代中期に成立した菅原孝標女による日記。エの『和泉式部日記』は，平安時代中期に成立した和泉式部による日記。

二 （論説文一語句の意味，文脈把握，内容吟味，要旨，脱語補充）

問一　「か」は，反語を意味する係助詞で，「か～や」の形で，「～か，いや～でない」という意味になるので，アが適切。

問二　このような事態を生み出す理由については，「しかし……」で始まる段落に「現行の資本主義的経済システムは，富める者の欲望を優先して具現するシステムであるから（41字）」と説明されている

やや難 問三　この後，いくつかの考え方とその問題点を示した上で，「科学技術を定常的で資源浪費的でないものに変換するためには，人々の欲望の質を，それにあわせたものに変換しなくてはならない」と述べられているので，イが適切。

問四　前に「先進国が結託して，後進国の大多数の人々を見殺しにすること（28字）」とあり，この内容を受けて「公正にいちじるしく反する」とつながる文脈である。

問五　後に「我々は……見た」とあり，直後に「ソ連と東欧の社会主義の崩壊」とある。

問六　直前の「先進国が後進国の権利を全部買い上げて」という内容にあてはまる内容として「支配」が適切。

問七　「上手くいかない」理由は，「しかし……」で始まる段落に「ひとつは，すべての物質に関して地域ごとの閉鎖系をつくることは，原理的に不可能だからである」「もうひとつは，物資レベルの鎖国を維持させるためには，極めて強大な世界大の権力が必要だが，世界大の権力を構築することと，地域主義を貫徹させることは，矛盾とまでは言えないにしても……」と説明されているので，ア・イが適切である。

問八　直前に「科学技術文明を拒否」にあるので，「自然との共生」が適切。

やや難 問九　エは，冒頭に「現代の科学技術文明は，人々の欲望とそれをコントロールしようとする権力によって支えられている」と述べられていることと合致する。

問十　イは，「容易」ではなく，対義語の「困難」とするのが適切。

三 （論説文一漢字，脱文補充，文脈把握，内容吟味，要旨）

問一　A 「偉大」と書く。価値や能力がすぐれていて立派なもの，という意味。　B 「務める」と書く。「務める」は，役目や任務に当たる，という意味。同訓の「努める」は，努力する，励む，という意味。「勤める」は，職場で仕事に従事する，という意味。

問二　〔　C　〕の前に「からだが……しかも傷つき飢え渇くということが人間にはある」とあり，脱落文中の「堪えがたい渇き」の説明になっているので，Cが適切。

問三　理由については，「同様に……」で始まる段落に「本来人間が二つの目を備えているはずなのに，それを欠いているから（31字）」と説明されている。

問四　この後「もちろん……」で始まる段落に「悲しいことや，つらいことや，苦しいことに出会うおかげで，僕たちは，本来人間がどういうものであるか，ということを知るんだ」とあるのでウが適切。

やや難 問五　「だから……」で始まる段落に「だから，からだの痛みは，……僕たちにとってありがたいもの，なくてはならないものなんだ」と端的に述べられているので，「僕たちにとってありがたいもの，なくてはならないもの（25字）」を抜き出す。

問六　直後に「お互いに愛しあい，お互いに好意をつくしあって生きてゆくべきものなのに，憎みあったり，敵対しあったりしなければいられないから，人間はそのことを不幸と感じ，そのために苦しむのだ」と説明されているので，エが適切。

やや難 問七　直後に「人間の本当の人間らしさを僕たちに知らせてくれるものは，同じ苦痛の中でも，人

間だけが感じる苦痛なんだ」とあり，「……傷つき飢え渇くということが人間にはある」と説明されているので，「傷つき飢え渇く(7字)」を抜き出す。

やや難 問八 「しかし，そういう……」で始まる段落に「そういう苦しみの中でも，一番深く僕たちの心に突き入り，……一番つらい涙をしぼり出すものは，――自分が取り返しのつかない過ちを犯してしまったという意識だ」とあり，「道義の心から，『しまった』と考えるほどつらいことは，おそらくほかにないだろうと思う」としているので，「道義の心から，『しまった』と考えるほどつらいこと(24字)」があてはまる。

やや難 問九 前に「自分の過ちを認めることはつらい。しかし過ちをつらく感じるということの中に，人間の立派さもあるんだ」とあり，続いて「正しい道義に従って行動する能力を備えたものでなければ，……しないのだ」と述べられているので，ウが適切。

四 (古文ー文脈把握，文脈把握，内容吟味，大意，語句の意味，主題)

〈口語訳〉 ある山寺の坊主は，欲深く，飴を作って一人で食べていた。念入りに管理して，棚に置いているのを，ただ一人いる児子には食べさせず，「これは，人が食べれば死ぬものである」と言っていたが，この児子は，ああ，食べたい，食べたいと思っていたが，坊主が外出した隙に，棚から(瓶を)下ろしたときに(飴を)こぼしてしまい，小袖にも髪にもつけてしまった。(児子は)日頃から食べたいと思っていたので，(瓶に入っていた飴を)二，三杯もよく食べて，坊主の秘蔵の水瓶を，軒下の石に打ちつけて割っておいた。坊主が帰って来ると，この児子はさめざめと泣く。「なぜ泣くのだ」と(坊主が)聞くと，「大切な御水瓶を，誤って割ってしまいました時に，どんな処罰があろうかと残念に思い，生きていても意味がないと思って，人が食べれば死ぬとおっしゃっていたものを(椀に)一杯食べましたが死なず，二，三杯まで食べましてもまったく死なない。ついには小袖につけ，髪につけてみましたが，まだ死にません」と言った。飴は食べられ，水瓶は割られてしまった。欲深い坊主は得るものがない。児子の知恵はすばらしい。(きっと)学問の才も劣ってはいないだろうよ。

問一 前に「この児，あはれ，食はばや，食はばやと……」とあるので，主語は「小児」。

問二 児が坊主についた嘘は「『大事の御水瓶を，誤ちに打ち割りてさぶらふ時に，……いまだ死にさぶらはず。』」というものなので，エが適切。坊主の留守中に飴を食べたことを隠すために，誤って水瓶を割ってしまったと嘘をついたのである。

問三 児の意図した行為は，「あはれ，食はばや，食はばやと思ひけるに，坊主他行の隙に，棚より取り下ろしける」というもので，その後の「うちこぼして，小袖にも髪にもつけたりけり。(21字)」は意図していない行為である。

問四 「口惜し」には，残念だ，がっかりだ，という意味がある。

やや難 問五 児の行為は「日ごろ欲しと思ひければ，二三杯よくよく食いひて，坊主が秘蔵の水瓶を，雨垂りの石に打ちあてて，打ち割りておきつ」というものだが，坊主に対しては「『大事の御水瓶を，誤ちに打ち割りてさぶらふ時に，いかなる御勘当かあらむずらむと，口惜しくおぼえて，命生きてもよしなしと思ひて，人の食へば死ぬと仰せられさぶらふ物を，一杯食へど死なず……いまだ死にさぶらはず』」と言っている。坊主が「『これは人の食ひつれば死ぬる物ぞ』」という言葉を利用しているのでイが適切。

★ワンポイントアドバイス★

国語知識の独立問題が毎年出題されるので，まんべんなく学習して得点力を高めよう！　現代文の読解は，指示語や言い換えに注意して丁寧に読み進める練習をしておこう！

解答用紙集

○月×日　△曜日　天気（合格日和）

◆ご利用のみなさまへ
＊解答用紙の公表を行っていない学校につきましては、弊社の責任において、解答用紙を制作いたしました。
＊編集上の理由により一部縮小掲載した解答用紙がございます。
＊編集上の理由により一部実物と異なる形式の解答用紙がございます。

人間の最も偉大な力とは、その一番の弱点を克服したところから生まれてくるものである。 ――カール・ヒルティ――

東京学参株式会社

東海大学菅生高等学校　2024年度

※ 116％に拡大していただくと，解答欄は実物大になります。

1	解						答							欄		
	−	±	0	1	2	3	4	5	6	7	8	9	a	b	c	d
1ア	⊖	⊕	⓪	①	②	③	④	⑤	⑥	⑦	⑧	⑨	ⓐ	ⓑ	ⓒ	ⓓ
2イ	⊖	⊕	⓪	①	②	③	④	⑤	⑥	⑦	⑧	⑨	ⓐ	ⓑ	ⓒ	ⓓ
3ウ	⊖	⊕	⓪	①	②	③	④	⑤	⑥	⑦	⑧	⑨	ⓐ	ⓑ	ⓒ	ⓓ
4エ	⊖	⊕	⓪	①	②	③	④	⑤	⑥	⑦	⑧	⑨	ⓐ	ⓑ	ⓒ	ⓓ
5オ	⊖	⊕	⓪	①	②	③	④	⑤	⑥	⑦	⑧	⑨	ⓐ	ⓑ	ⓒ	ⓓ
6カ	⊖	⊕	⓪	①	②	③	④	⑤	⑥	⑦	⑧	⑨	ⓐ	ⓑ	ⓒ	ⓓ
7キ	⊖	⊕	⓪	①	②	③	④	⑤	⑥	⑦	⑧	⑨	ⓐ	ⓑ	ⓒ	ⓓ
8ク	⊖	⊕	⓪	①	②	③	④	⑤	⑥	⑦	⑧	⑨	ⓐ	ⓑ	ⓒ	ⓓ
9ケ	⊖	⊕	⓪	①	②	③	④	⑤	⑥	⑦	⑧	⑨	ⓐ	ⓑ	ⓒ	ⓓ
10コ	⊖	⊕	⓪	①	②	③	④	⑤	⑥	⑦	⑧	⑨	ⓐ	ⓑ	ⓒ	ⓓ
11サ	⊖	⊕	⓪	①	②	③	④	⑤	⑥	⑦	⑧	⑨	ⓐ	ⓑ	ⓒ	ⓓ
12シ	⊖	⊕	⓪	①	②	③	④	⑤	⑥	⑦	⑧	⑨	ⓐ	ⓑ	ⓒ	ⓓ
13ス	⊖	⊕	⓪	①	②	③	④	⑤	⑥	⑦	⑧	⑨	ⓐ	ⓑ	ⓒ	ⓓ
14セ	⊖	⊕	⓪	①	②	③	④	⑤	⑥	⑦	⑧	⑨	ⓐ	ⓑ	ⓒ	ⓓ
15ソ	⊖	⊕	⓪	①	②	③	④	⑤	⑥	⑦	⑧	⑨	ⓐ	ⓑ	ⓒ	ⓓ
16タ	⊖	⊕	⓪	①	②	③	④	⑤	⑥	⑦	⑧	⑨	ⓐ	ⓑ	ⓒ	ⓓ
17チ	⊖	⊕	⓪	①	②	③	④	⑤	⑥	⑦	⑧	⑨	ⓐ	ⓑ	ⓒ	ⓓ
18ツ	⊖	⊕	⓪	①	②	③	④	⑤	⑥	⑦	⑧	⑨	ⓐ	ⓑ	ⓒ	ⓓ
19テ	⊖	⊕	⓪	①	②	③	④	⑤	⑥	⑦	⑧	⑨	ⓐ	ⓑ	ⓒ	ⓓ
20ト	⊖	⊕	⓪	①	②	③	④	⑤	⑥	⑦	⑧	⑨	ⓐ	ⓑ	ⓒ	ⓓ
21ナ	⊖	⊕	⓪	①	②	③	④	⑤	⑥	⑦	⑧	⑨	ⓐ	ⓑ	ⓒ	ⓓ
22ニ	⊖	⊕	⓪	①	②	③	④	⑤	⑥	⑦	⑧	⑨	ⓐ	ⓑ	ⓒ	ⓓ
23ヌ	⊖	⊕	⓪	①	②	③	④	⑤	⑥	⑦	⑧	⑨	ⓐ	ⓑ	ⓒ	ⓓ
24ネ	⊖	⊕	⓪	①	②	③	④	⑤	⑥	⑦	⑧	⑨	ⓐ	ⓑ	ⓒ	ⓓ
25ノ	⊖	⊕	⓪	①	②	③	④	⑤	⑥	⑦	⑧	⑨	ⓐ	ⓑ	ⓒ	ⓓ
26ハ	⊖	⊕	⓪	①	②	③	④	⑤	⑥	⑦	⑧	⑨	ⓐ	ⓑ	ⓒ	ⓓ
27ヒ	⊖	⊕	⓪	①	②	③	④	⑤	⑥	⑦	⑧	⑨	ⓐ	ⓑ	ⓒ	ⓓ
28フ	⊖	⊕	⓪	①	②	③	④	⑤	⑥	⑦	⑧	⑨	ⓐ	ⓑ	ⓒ	ⓓ
29ヘ	⊖	⊕	⓪	①	②	③	④	⑤	⑥	⑦	⑧	⑨	ⓐ	ⓑ	ⓒ	ⓓ
30ホ	⊖	⊕	⓪	①	②	③	④	⑤	⑥	⑦	⑧	⑨	ⓐ	ⓑ	ⓒ	ⓓ

2	解						答							欄		
	−	±	0	1	2	3	4	5	6	7	8	9	a	b	c	d
1ア	⊖	⊕	⓪	①	②	③	④	⑤	⑥	⑦	⑧	⑨	ⓐ	ⓑ	ⓒ	ⓓ
2イ	⊖	⊕	⓪	①	②	③	④	⑤	⑥	⑦	⑧	⑨	ⓐ	ⓑ	ⓒ	ⓓ
3ウ	⊖	⊕	⓪	①	②	③	④	⑤	⑥	⑦	⑧	⑨	ⓐ	ⓑ	ⓒ	ⓓ
4エ	⊖	⊕	⓪	①	②	③	④	⑤	⑥	⑦	⑧	⑨	ⓐ	ⓑ	ⓒ	ⓓ
5オ	⊖	⊕	⓪	①	②	③	④	⑤	⑥	⑦	⑧	⑨	ⓐ	ⓑ	ⓒ	ⓓ
6カ	⊖	⊕	⓪	①	②	③	④	⑤	⑥	⑦	⑧	⑨	ⓐ	ⓑ	ⓒ	ⓓ
7キ	⊖	⊕	⓪	①	②	③	④	⑤	⑥	⑦	⑧	⑨	ⓐ	ⓑ	ⓒ	ⓓ
8ク	⊖	⊕	⓪	①	②	③	④	⑤	⑥	⑦	⑧	⑨	ⓐ	ⓑ	ⓒ	ⓓ
9ケ	⊖	⊕	⓪	①	②	③	④	⑤	⑥	⑦	⑧	⑨	ⓐ	ⓑ	ⓒ	ⓓ
10コ	⊖	⊕	⓪	①	②	③	④	⑤	⑥	⑦	⑧	⑨	ⓐ	ⓑ	ⓒ	ⓓ
11サ	⊖	⊕	⓪	①	②	③	④	⑤	⑥	⑦	⑧	⑨	ⓐ	ⓑ	ⓒ	ⓓ
12シ	⊖	⊕	⓪	①	②	③	④	⑤	⑥	⑦	⑧	⑨	ⓐ	ⓑ	ⓒ	ⓓ
13ス	⊖	⊕	⓪	①	②	③	④	⑤	⑥	⑦	⑧	⑨	ⓐ	ⓑ	ⓒ	ⓓ
14セ	⊖	⊕	⓪	①	②	③	④	⑤	⑥	⑦	⑧	⑨	ⓐ	ⓑ	ⓒ	ⓓ
15ソ	⊖	⊕	⓪	①	②	③	④	⑤	⑥	⑦	⑧	⑨	ⓐ	ⓑ	ⓒ	ⓓ
16タ	⊖	⊕	⓪	①	②	③	④	⑤	⑥	⑦	⑧	⑨	ⓐ	ⓑ	ⓒ	ⓓ
17チ	⊖	⊕	⓪	①	②	③	④	⑤	⑥	⑦	⑧	⑨	ⓐ	ⓑ	ⓒ	ⓓ
18ツ	⊖	⊕	⓪	①	②	③	④	⑤	⑥	⑦	⑧	⑨	ⓐ	ⓑ	ⓒ	ⓓ
19テ	⊖	⊕	⓪	①	②	③	④	⑤	⑥	⑦	⑧	⑨	ⓐ	ⓑ	ⓒ	ⓓ
20ト	⊖	⊕	⓪	①	②	③	④	⑤	⑥	⑦	⑧	⑨	ⓐ	ⓑ	ⓒ	ⓓ
21ナ	⊖	⊕	⓪	①	②	③	④	⑤	⑥	⑦	⑧	⑨	ⓐ	ⓑ	ⓒ	ⓓ
22ニ	⊖	⊕	⓪	①	②	③	④	⑤	⑥	⑦	⑧	⑨	ⓐ	ⓑ	ⓒ	ⓓ
23ヌ	⊖	⊕	⓪	①	②	③	④	⑤	⑥	⑦	⑧	⑨	ⓐ	ⓑ	ⓒ	ⓓ
24ネ	⊖	⊕	⓪	①	②	③	④	⑤	⑥	⑦	⑧	⑨	ⓐ	ⓑ	ⓒ	ⓓ
25ノ	⊖	⊕	⓪	①	②	③	④	⑤	⑥	⑦	⑧	⑨	ⓐ	ⓑ	ⓒ	ⓓ
26ハ	⊖	⊕	⓪	①	②	③	④	⑤	⑥	⑦	⑧	⑨	ⓐ	ⓑ	ⓒ	ⓓ
27ヒ	⊖	⊕	⓪	①	②	③	④	⑤	⑥	⑦	⑧	⑨	ⓐ	ⓑ	ⓒ	ⓓ
28フ	⊖	⊕	⓪	①	②	③	④	⑤	⑥	⑦	⑧	⑨	ⓐ	ⓑ	ⓒ	ⓓ
29ヘ	⊖	⊕	⓪	①	②	③	④	⑤	⑥	⑦	⑧	⑨	ⓐ	ⓑ	ⓒ	ⓓ
30ホ	⊖	⊕	⓪	①	②	③	④	⑤	⑥	⑦	⑧	⑨	ⓐ	ⓑ	ⓒ	ⓓ

3	解						答							欄		
	−	±	0	1	2	3	4	5	6	7	8	9	a	b	c	d
1ア	⊖	⊕	⓪	①	②	③	④	⑤	⑥	⑦	⑧	⑨	ⓐ	ⓑ	ⓒ	ⓓ
2イ	⊖	⊕	⓪	①	②	③	④	⑤	⑥	⑦	⑧	⑨	ⓐ	ⓑ	ⓒ	ⓓ
3ウ	⊖	⊕	⓪	①	②	③	④	⑤	⑥	⑦	⑧	⑨	ⓐ	ⓑ	ⓒ	ⓓ
4エ	⊖	⊕	⓪	①	②	③	④	⑤	⑥	⑦	⑧	⑨	ⓐ	ⓑ	ⓒ	ⓓ
5オ	⊖	⊕	⓪	①	②	③	④	⑤	⑥	⑦	⑧	⑨	ⓐ	ⓑ	ⓒ	ⓓ
6カ	⊖	⊕	⓪	①	②	③	④	⑤	⑥	⑦	⑧	⑨	ⓐ	ⓑ	ⓒ	ⓓ
7キ	⊖	⊕	⓪	①	②	③	④	⑤	⑥	⑦	⑧	⑨	ⓐ	ⓑ	ⓒ	ⓓ
8ク	⊖	⊕	⓪	①	②	③	④	⑤	⑥	⑦	⑧	⑨	ⓐ	ⓑ	ⓒ	ⓓ
9ケ	⊖	⊕	⓪	①	②	③	④	⑤	⑥	⑦	⑧	⑨	ⓐ	ⓑ	ⓒ	ⓓ
10コ	⊖	⊕	⓪	①	②	③	④	⑤	⑥	⑦	⑧	⑨	ⓐ	ⓑ	ⓒ	ⓓ
11サ	⊖	⊕	⓪	①	②	③	④	⑤	⑥	⑦	⑧	⑨	ⓐ	ⓑ	ⓒ	ⓓ
12シ	⊖	⊕	⓪	①	②	③	④	⑤	⑥	⑦	⑧	⑨	ⓐ	ⓑ	ⓒ	ⓓ
13ス	⊖	⊕	⓪	①	②	③	④	⑤	⑥	⑦	⑧	⑨	ⓐ	ⓑ	ⓒ	ⓓ
14セ	⊖	⊕	⓪	①	②	③	④	⑤	⑥	⑦	⑧	⑨	ⓐ	ⓑ	ⓒ	ⓓ
15ソ	⊖	⊕	⓪	①	②	③	④	⑤	⑥	⑦	⑧	⑨	ⓐ	ⓑ	ⓒ	ⓓ
16タ	⊖	⊕	⓪	①	②	③	④	⑤	⑥	⑦	⑧	⑨	ⓐ	ⓑ	ⓒ	ⓓ
17チ	⊖	⊕	⓪	①	②	③	④	⑤	⑥	⑦	⑧	⑨	ⓐ	ⓑ	ⓒ	ⓓ
18ツ	⊖	⊕	⓪	①	②	③	④	⑤	⑥	⑦	⑧	⑨	ⓐ	ⓑ	ⓒ	ⓓ
19テ	⊖	⊕	⓪	①	②	③	④	⑤	⑥	⑦	⑧	⑨	ⓐ	ⓑ	ⓒ	ⓓ
20ト	⊖	⊕	⓪	①	②	③	④	⑤	⑥	⑦	⑧	⑨	ⓐ	ⓑ	ⓒ	ⓓ
21ナ	⊖	⊕	⓪	①	②	③	④	⑤	⑥	⑦	⑧	⑨	ⓐ	ⓑ	ⓒ	ⓓ
22ニ	⊖	⊕	⓪	①	②	③	④	⑤	⑥	⑦	⑧	⑨	ⓐ	ⓑ	ⓒ	ⓓ
23ヌ	⊖	⊕	⓪	①	②	③	④	⑤	⑥	⑦	⑧	⑨	ⓐ	ⓑ	ⓒ	ⓓ
24ネ	⊖	⊕	⓪	①	②	③	④	⑤	⑥	⑦	⑧	⑨	ⓐ	ⓑ	ⓒ	ⓓ
25ノ	⊖	⊕	⓪	①	②	③	④	⑤	⑥	⑦	⑧	⑨	ⓐ	ⓑ	ⓒ	ⓓ
26ハ	⊖	⊕	⓪	①	②	③	④	⑤	⑥	⑦	⑧	⑨	ⓐ	ⓑ	ⓒ	ⓓ
27ヒ	⊖	⊕	⓪	①	②	③	④	⑤	⑥	⑦	⑧	⑨	ⓐ	ⓑ	ⓒ	ⓓ
28フ	⊖	⊕	⓪	①	②	③	④	⑤	⑥	⑦	⑧	⑨	ⓐ	ⓑ	ⓒ	ⓓ
29ヘ	⊖	⊕	⓪	①	②	③	④	⑤	⑥	⑦	⑧	⑨	ⓐ	ⓑ	ⓒ	ⓓ
30ホ	⊖	⊕	⓪	①	②	③	④	⑤	⑥	⑦	⑧	⑨	ⓐ	ⓑ	ⓒ	ⓓ

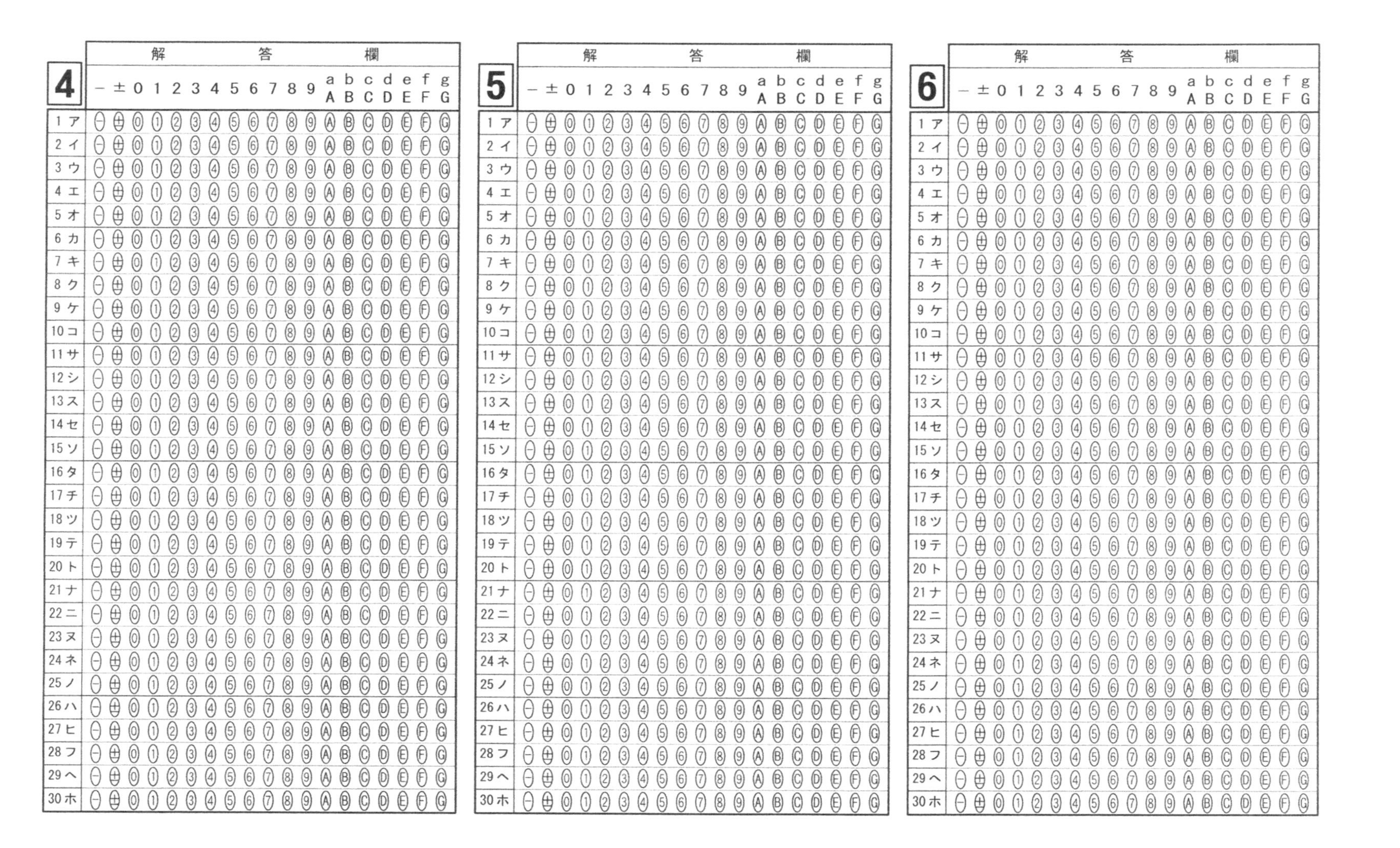

東海大学菅生高等学校　2024年度

◇英語◇

※ 115%に拡大していただくと，解答欄は実物大になります。

問	解答欄	問	解答欄	問	解答欄	問	解答欄
1	① ② ③ ④ ⑤ ⑥ ⑦ ⑧ ⑨ ⓪	26	① ② ③ ④ ⑤ ⑥ ⑦ ⑧ ⑨ ⓪	51	① ② ③ ④ ⑤ ⑥ ⑦ ⑧ ⑨ ⓪	76	① ② ③ ④ ⑤ ⑥ ⑦ ⑧ ⑨ ⓪
2	① ② ③ ④ ⑤ ⑥ ⑦ ⑧ ⑨ ⓪	27	① ② ③ ④ ⑤ ⑥ ⑦ ⑧ ⑨ ⓪	52	① ② ③ ④ ⑤ ⑥ ⑦ ⑧ ⑨ ⓪	77	① ② ③ ④ ⑤ ⑥ ⑦ ⑧ ⑨ ⓪
3	① ② ③ ④ ⑤ ⑥ ⑦ ⑧ ⑨ ⓪	28	① ② ③ ④ ⑤ ⑥ ⑦ ⑧ ⑨ ⓪	53	① ② ③ ④ ⑤ ⑥ ⑦ ⑧ ⑨ ⓪	78	① ② ③ ④ ⑤ ⑥ ⑦ ⑧ ⑨ ⓪
4	① ② ③ ④ ⑤ ⑥ ⑦ ⑧ ⑨ ⓪	29	① ② ③ ④ ⑤ ⑥ ⑦ ⑧ ⑨ ⓪	54	① ② ③ ④ ⑤ ⑥ ⑦ ⑧ ⑨ ⓪	79	① ② ③ ④ ⑤ ⑥ ⑦ ⑧ ⑨ ⓪
5	① ② ③ ④ ⑤ ⑥ ⑦ ⑧ ⑨ ⓪	30	① ② ③ ④ ⑤ ⑥ ⑦ ⑧ ⑨ ⓪	55	① ② ③ ④ ⑤ ⑥ ⑦ ⑧ ⑨ ⓪	80	① ② ③ ④ ⑤ ⑥ ⑦ ⑧ ⑨ ⓪
6	① ② ③ ④ ⑤ ⑥ ⑦ ⑧ ⑨ ⓪	31	① ② ③ ④ ⑤ ⑥ ⑦ ⑧ ⑨ ⓪	56	① ② ③ ④ ⑤ ⑥ ⑦ ⑧ ⑨ ⓪	81	① ② ③ ④ ⑤ ⑥ ⑦ ⑧ ⑨ ⓪
7	① ② ③ ④ ⑤ ⑥ ⑦ ⑧ ⑨ ⓪	32	① ② ③ ④ ⑤ ⑥ ⑦ ⑧ ⑨ ⓪	57	① ② ③ ④ ⑤ ⑥ ⑦ ⑧ ⑨ ⓪	82	① ② ③ ④ ⑤ ⑥ ⑦ ⑧ ⑨ ⓪
8	① ② ③ ④ ⑤ ⑥ ⑦ ⑧ ⑨ ⓪	33	① ② ③ ④ ⑤ ⑥ ⑦ ⑧ ⑨ ⓪	58	① ② ③ ④ ⑤ ⑥ ⑦ ⑧ ⑨ ⓪	83	① ② ③ ④ ⑤ ⑥ ⑦ ⑧ ⑨ ⓪
9	① ② ③ ④ ⑤ ⑥ ⑦ ⑧ ⑨ ⓪	34	① ② ③ ④ ⑤ ⑥ ⑦ ⑧ ⑨ ⓪	59	① ② ③ ④ ⑤ ⑥ ⑦ ⑧ ⑨ ⓪	84	① ② ③ ④ ⑤ ⑥ ⑦ ⑧ ⑨ ⓪
10	① ② ③ ④ ⑤ ⑥ ⑦ ⑧ ⑨ ⓪	35	① ② ③ ④ ⑤ ⑥ ⑦ ⑧ ⑨ ⓪	60	① ② ③ ④ ⑤ ⑥ ⑦ ⑧ ⑨ ⓪	85	① ② ③ ④ ⑤ ⑥ ⑦ ⑧ ⑨ ⓪
11	① ② ③ ④ ⑤ ⑥ ⑦ ⑧ ⑨ ⓪	36	① ② ③ ④ ⑤ ⑥ ⑦ ⑧ ⑨ ⓪	61	① ② ③ ④ ⑤ ⑥ ⑦ ⑧ ⑨ ⓪	86	① ② ③ ④ ⑤ ⑥ ⑦ ⑧ ⑨ ⓪
12	① ② ③ ④ ⑤ ⑥ ⑦ ⑧ ⑨ ⓪	37	① ② ③ ④ ⑤ ⑥ ⑦ ⑧ ⑨ ⓪	62	① ② ③ ④ ⑤ ⑥ ⑦ ⑧ ⑨ ⓪	87	① ② ③ ④ ⑤ ⑥ ⑦ ⑧ ⑨ ⓪
13	① ② ③ ④ ⑤ ⑥ ⑦ ⑧ ⑨ ⓪	38	① ② ③ ④ ⑤ ⑥ ⑦ ⑧ ⑨ ⓪	63	① ② ③ ④ ⑤ ⑥ ⑦ ⑧ ⑨ ⓪	88	① ② ③ ④ ⑤ ⑥ ⑦ ⑧ ⑨ ⓪
14	① ② ③ ④ ⑤ ⑥ ⑦ ⑧ ⑨ ⓪	39	① ② ③ ④ ⑤ ⑥ ⑦ ⑧ ⑨ ⓪	64	① ② ③ ④ ⑤ ⑥ ⑦ ⑧ ⑨ ⓪	89	① ② ③ ④ ⑤ ⑥ ⑦ ⑧ ⑨ ⓪
15	① ② ③ ④ ⑤ ⑥ ⑦ ⑧ ⑨ ⓪	40	① ② ③ ④ ⑤ ⑥ ⑦ ⑧ ⑨ ⓪	65	① ② ③ ④ ⑤ ⑥ ⑦ ⑧ ⑨ ⓪	90	① ② ③ ④ ⑤ ⑥ ⑦ ⑧ ⑨ ⓪
16	① ② ③ ④ ⑤ ⑥ ⑦ ⑧ ⑨ ⓪	41	① ② ③ ④ ⑤ ⑥ ⑦ ⑧ ⑨ ⓪	66	① ② ③ ④ ⑤ ⑥ ⑦ ⑧ ⑨ ⓪	91	① ② ③ ④ ⑤ ⑥ ⑦ ⑧ ⑨ ⓪
17	① ② ③ ④ ⑤ ⑥ ⑦ ⑧ ⑨ ⓪	42	① ② ③ ④ ⑤ ⑥ ⑦ ⑧ ⑨ ⓪	67	① ② ③ ④ ⑤ ⑥ ⑦ ⑧ ⑨ ⓪	92	① ② ③ ④ ⑤ ⑥ ⑦ ⑧ ⑨ ⓪
18	① ② ③ ④ ⑤ ⑥ ⑦ ⑧ ⑨ ⓪	43	① ② ③ ④ ⑤ ⑥ ⑦ ⑧ ⑨ ⓪	68	① ② ③ ④ ⑤ ⑥ ⑦ ⑧ ⑨ ⓪	93	① ② ③ ④ ⑤ ⑥ ⑦ ⑧ ⑨ ⓪
19	① ② ③ ④ ⑤ ⑥ ⑦ ⑧ ⑨ ⓪	44	① ② ③ ④ ⑤ ⑥ ⑦ ⑧ ⑨ ⓪	69	① ② ③ ④ ⑤ ⑥ ⑦ ⑧ ⑨ ⓪	94	① ② ③ ④ ⑤ ⑥ ⑦ ⑧ ⑨ ⓪
20	① ② ③ ④ ⑤ ⑥ ⑦ ⑧ ⑨ ⓪	45	① ② ③ ④ ⑤ ⑥ ⑦ ⑧ ⑨ ⓪	70	① ② ③ ④ ⑤ ⑥ ⑦ ⑧ ⑨ ⓪	95	① ② ③ ④ ⑤ ⑥ ⑦ ⑧ ⑨ ⓪
21	① ② ③ ④ ⑤ ⑥ ⑦ ⑧ ⑨ ⓪	46	① ② ③ ④ ⑤ ⑥ ⑦ ⑧ ⑨ ⓪	71	① ② ③ ④ ⑤ ⑥ ⑦ ⑧ ⑨ ⓪	96	① ② ③ ④ ⑤ ⑥ ⑦ ⑧ ⑨ ⓪
22	① ② ③ ④ ⑤ ⑥ ⑦ ⑧ ⑨ ⓪	47	① ② ③ ④ ⑤ ⑥ ⑦ ⑧ ⑨ ⓪	72	① ② ③ ④ ⑤ ⑥ ⑦ ⑧ ⑨ ⓪	97	① ② ③ ④ ⑤ ⑥ ⑦ ⑧ ⑨ ⓪
23	① ② ③ ④ ⑤ ⑥ ⑦ ⑧ ⑨ ⓪	48	① ② ③ ④ ⑤ ⑥ ⑦ ⑧ ⑨ ⓪	73	① ② ③ ④ ⑤ ⑥ ⑦ ⑧ ⑨ ⓪	98	① ② ③ ④ ⑤ ⑥ ⑦ ⑧ ⑨ ⓪
24	① ② ③ ④ ⑤ ⑥ ⑦ ⑧ ⑨ ⓪	49	① ② ③ ④ ⑤ ⑥ ⑦ ⑧ ⑨ ⓪	74	① ② ③ ④ ⑤ ⑥ ⑦ ⑧ ⑨ ⓪	99	① ② ③ ④ ⑤ ⑥ ⑦ ⑧ ⑨ ⓪
25	① ② ③ ④ ⑤ ⑥ ⑦ ⑧ ⑨ ⓪	50	① ② ③ ④ ⑤ ⑥ ⑦ ⑧ ⑨ ⓪	75	① ② ③ ④ ⑤ ⑥ ⑦ ⑧ ⑨ ⓪	100	① ② ③ ④ ⑤ ⑥ ⑦ ⑧ ⑨ ⓪

◇国語◇

東海大学菅生高等学校　２０２４年度

※１３０％に拡大していただくと、解答欄は実物大になります

一

問一　1　2　3　4　5

問二　1　る　2　やか　3　4　げる　5

問三　1　2　3　4　5

二

問一　〜

問二

問三　(1)　(2)

問四

問五　A　B　C

問六　(1)　(2)

問七

三

問一　問二　問三　問四

問五　問六　問七

問八　問九

四

問一　問二　問三

問四　問五

東海大学菅生高等学校　2023年度

◇数学◇

※ 125％に拡大していただくと，解答欄は実物大になります。

1

(1)	(2)
(3)	**(4)**
	＜　＜
(5)	**(6)**
$x=$	$S=$

2

(1)	(2)
(3)	**(4)**
$\leqq y \leqq$	$\angle x=$　°

3

(1)	(2)
$a=$	
(3)	

4

(1)	(2)
cm^2	BP：PD＝　：
(3)	**(4)**
BQ：QD＝　：	cm^2

5

(1)	(2)
通り	通り
(3)	
通り	

東海大学菅生高等学校　2023年度

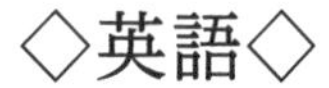

※ 122％に拡大していただくと，解答欄は実物大になります。

1

1		2		3		4		5	
6		7		8		9		10	

2

1		2		3		4	

3

1		2		3		4		5	

4

1		2		3		4		5	

5

1	①	②	2	①	②
3	①	②	4	①	②
5	①	②			

6

1		2		3		4		5	

7

1		2		3		4		5	

8

1		2		3		4		5	

9

1		2		3		4		5	
6		7		8		9		10	
11		12		13					

◇国語◇

東海大学菅生高等学校　２０２３年度

※１３３％に拡大していただくと、解答欄は実物大になります

一

問一　1　2 に　3　4 る　5 れる

問二　1　2 に　3 やかに　4　5 れた

問三　1　2　3　4　5

二

問一

問二　1　2　3　4

問三

問四　〜

問五　問六　問七

問八　1　2

問九

三

問一

問二　問三

問四

問五　問六

問七

問八　問九

問十

四

問一

問二　問三　問四　問五

東海大学菅生高等学校　2022年度

◇数学◇

※ 125%に拡大していただくと，解答欄は実物大になります。

1

(1)	(2)
(3)	(4)
	円
(5)	(6)
$x=$,	$x=$, $y=$
(7)	(8)
$y=$	$\angle x=$ °

2

(1)	(2)
m	
(3)	
通り	

3

(1)			
(2)			
①		②	

4

(1)	(2)
cm^3	cm^2
(3)	
cm^3	

5

(1)	(2)
(3)	

東海大学菅生高等学校　2022年度

◇英語◇

※ 122%に拡大していただくと，解答欄は実物大になります。

1

1		2		3		4		5	
6		7		8		9		10	
11		12		13		14			

2

1		2		3		4		5	

3

1			2		
3			4		
5					

4

1		2		3		4		5	

5

1			2		
3			4		
5					

6

1	(1)		(2)		(3)		(4)		(5)	
2	(1)		(2)		(3)		(4)			

7

1	(1)		(2)		(3)		(4)	

2	(1)			(2)		
	(3)			(4)		
	(5)			3		

8

1	(1)		(2)		(3)		(4)		(5)	
	(6)		(7)		(8)		(9)		(10)	

2	①		②		③		④		⑤		⑥	
	⑦		⑧		⑨		⑩		⑪		⑫	

◇国語◇

東海大学菅生高等学校　２０２２年度

※１３３％に拡大していただくと、解答欄は実物大になります

一

問一　1 する　2　3 する　4 い　5 る

問二　1　2 する　3　4　5 う

問三　1　2　3　4　5

二

問一　1　2　3

問二　〜

問三　問四

問五　ア　イ

問六　問七　問八　問九

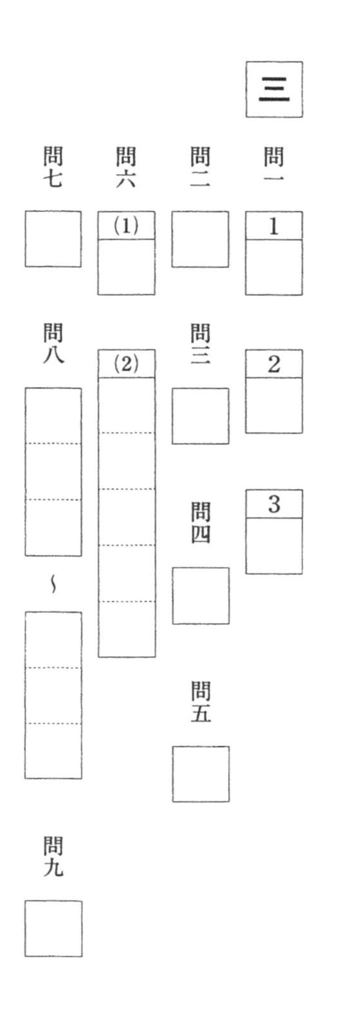

三

問一　1　2　3

問二　問三　問四　問五

問六　(1)　(2)

問七　問八　〜　問九

四

問一　(1)　・　(2)　・

問二　問三

東海大学菅生高等学校　2021年度　　◇数学◇

※ 127%に拡大していただくと，解答欄は実物大になります。

1

(1)	(2)
(3)	(4)
(5)	(6)
$x=$ 　　　, $y=$	$x=$ 　　　,
(7)	

2

(1)	(2)
$a=$ 　　　, $b=$	
(3)	(4)
	$x=$ 　　　°

3

(1)	(2)
(3)	
E（　　　,　　　）	

4

(1)	(2)
∠ACE=　　　°	∠ECF=　　　°
(3)	
AB=	

5

(1)	(2)
個	個
(3)	
個	

東海大学菅生高等学校　2021年度

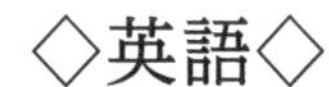

※ 125%に拡大していただくと，解答欄は実物大になります。

1

(1)		(2)		(3)		(4)		(5)	
(6)		(7)		(8)		(9)		(10)	

2

(1)		(2)	
(3)		(4)	
(5)		(6)	

3

(1)		(2)		(3)		(4)		(5)	

4

(1)		(2)		(3)		(4)		(5)	

5

(1)			
(2)		(3)	

6

(1)		(2)		(3)	

7

(1)		(2)		(3)		(4)	

8

(1)		(2)		(3)		(4)		(5)	

◇国語◇

東海大学菅生高等学校　２０２１年度

※１４３％に拡大していただくと、解答欄は実物大になります

一

問一　1　2　3　4 える　5 う

問二　1　2 らぐ　3　4 く　5

問三　1　2　3　4　5

二

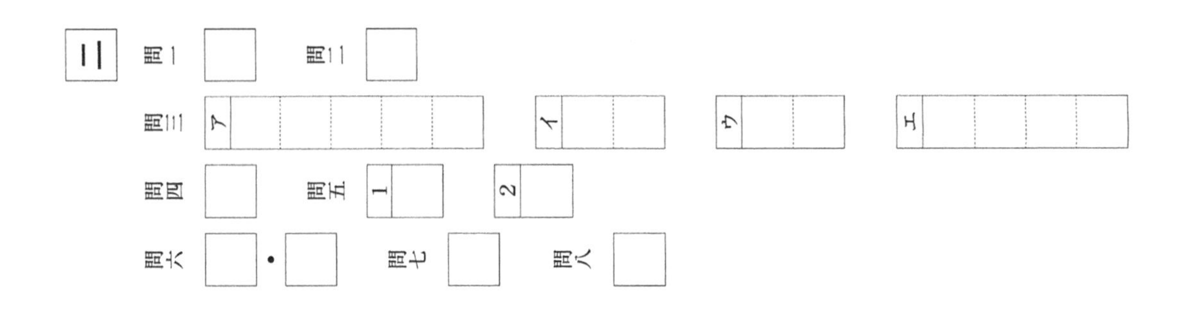

三

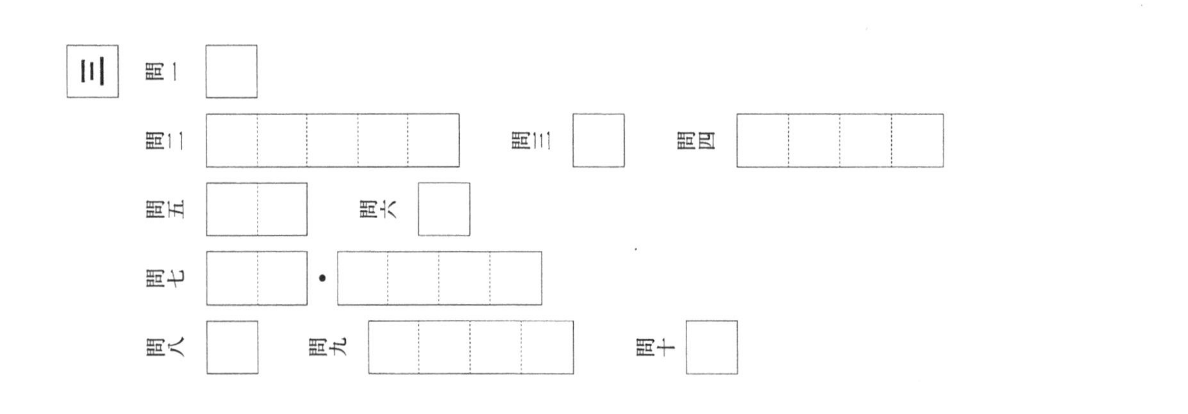

四

問一　問二　問三　問四　問五

東海大学菅生高等学校　2020年度

◇数学◇

※124％に拡大していただくと，解答欄は実物大になります。

1

(1)	(2)
(3)	**(4)**
(5)	**(6)**
$x=$	$x=$ 　　, $y=$

2

(1)	(2)
$a=$ 　　, $x=$	$n=$
(3)	**(4)**
°	cm^2

3

(1)	
(ア)	(イ)
	E (　　,　　)
(2)	
(ア)	(イ)
$a=$	

4

(1)	(2)
cm	cm^2
(3)	
cm	

5

(1)	(2)
(3)	

東海大学菅生高等学校　2020年度

◇英語◇

※120%に拡大していただくと，解答欄は実物大になります。

1

1		2		3		4		5		6	
7		8		9		10		11		12	

2

1		2		
3			4	
5				

3

1		2			
3			4		
5			6		

4

1		2		3		4		5	

5

(1)		(2)		(3)		(4)		(5)	

6

1		2		3		4	
5							

7

1			2		
3		4		5	

8

1	(1)		(2)		(3)		(4)		2		

◇国語◇

東海大学菅生高等学校　２０２０年度

※１３２％に拡大していただくと、解答欄は実物大になります。

一

問一　1　2　3　4　5　る

問二　1　2　3　4　5

問三　1　2　3　4　5

二

問一　問二

問三　問四

問五　問六

問七　・　問八　問九

問十

三

問一　A　B　問二

問三　問四

問五　問六

問七　とき

問八　問九

四

問一　問二

問三

問四　問五

〈ダウンロードコンテンツについて〉

本問題集のダウンロードコンテンツ、弊社ホームページで配信しております。現在ご利用いただけるのは「2025年度受験用」に対応したもので、**2025年3月末日**までダウンロード可能です。弊社ホームページにアクセスの上、ご利用ください。
※配信期間が終了いたしますと、ご利用いただけませんのでご了承ください。

高校別入試過去問題シリーズ
東海大学菅生高等学校　2025年度
ISBN978-4-8141-2933-1

[発行所] 東京学参株式会社
〒153-0043　東京都目黒区東山2-6-4

書籍の内容についてのお問い合わせは右のQRコードから ⇒

※書籍の内容についてのお電話でのお問い合わせ、本書の内容を超えたご質問には対応できませんのでご了承ください。

2024年7月11日　初版